广视角·全方位·多品种

权威·前沿·原创

皮书系列为
"十二五"国家重点图书出版规划项目

上海蓝皮书

BLUE BOOK OF SHANGHAI

总 编/王 战 潘世伟

上海法治发展报告（2014）

ANNUAL REPORT ON DEVELOPMENT OF RULE OF LAW IN SHANGHAI (2014)

主 编/叶 青
执行主编/史建三

社会科学文献出版社
SOCIAL SCIENCES ACADEMIC PRESS (CHINA)

图书在版编目(CIP)数据

上海法治发展报告. 2014/叶青主编. —北京：社会科学文献出版社，2014.4
 （上海蓝皮书）
 ISBN 978-7-5097-5865-6

Ⅰ.①上… Ⅱ.①叶… Ⅲ.①社会主义法制-建设-研究报告-上海市-2014　Ⅳ.①D927.51

中国版本图书馆 CIP 数据核字（2014）第 067174 号

上海蓝皮书
上海法治发展报告（2014）

主　　编 / 叶　青
执行主编 / 史建三

出 版 人 / 谢寿光
出 版 者 / 社会科学文献出版社
地　　址 / 北京市西城区北三环中路甲29号院3号楼华龙大厦
邮政编码 / 100029

责任部门 / 皮书出版分社（010）59367127　　责任编辑 / 郑庆寰　陈　颖
电子信箱 / pishubu@ssap.cn　　　　　　　　责任校对 / 杜若普
项目统筹 / 郑庆寰　　　　　　　　　　　　　责任印制 / 岳　阳
经　　销 / 社会科学文献出版社市场营销中心（010）59367081　59367089
读者服务 / 读者服务中心（010）59367028

印　　装 / 北京季蜂印刷有限公司
开　　本 / 787mm×1092mm　1/16　　印　张 / 20.75
版　　次 / 2014年4月第1版　　　　 字　数 / 336千字
印　　次 / 2014年4月第1次印刷
书　　号 / ISBN 978-7-5097-5865-6
定　　价 / 69.00元

本书如有破损、缺页、装订错误，请与本社读者服务中心联系更换
▲ 版权所有　翻印必究

上海蓝皮书编委会

总　编　王　战　潘世伟
副总编　黄仁伟　洪民荣　叶　青　谢京辉　王　振
委　员（按姓氏笔画排序）
　　　　　左学金　卢汉龙　杨亚琴　刘世军　沈开艳
　　　　　陈圣来　周冯琦　周振华　周海旺　荣跃明
　　　　　强　荧　蒯大申　屠启宇　李安方　季桂保

《上海法治发展报告（2014）》专家委员会

（按姓氏拼音排序）

陈春兰　陈辐宽　丁　伟　谷继明　何勤华
林国平　刘　华　刘　平　沈志先　盛雷鸣
盛勇强　周永年

《上海法治发展报告（2014）》编委会

主　　　编　叶　青

执 行 主 编　史建三

执行副主编　王海峰　孟祥沛　彭　辉　姚　魏　徐加喜

撰　稿　人　（按姓氏拼音排序）
　　　　　　　曹云霞　陈辐宽　成月华　丁　伟　范政强
　　　　　　　高明生　顾伟强　韩红根　何家华　李瑜青
　　　　　　　刘建平　刘哲昕　彭　辉　史建三　宋　晨
　　　　　　　汤啸天　陶建平　万海富　王　丹　王海峰
　　　　　　　王　朋　王睿哲　吴金水　徐加喜　姚　魏
　　　　　　　于　琼　袁海勇　曾凡证　张　玲　张明君
　　　　　　　章亮亮

主要编撰者简介

叶 青 法学博士，教授、博士生导师。第三届全国法律专业学位研究生教育指导委员会委员，第五届上海市教学名师。曾任华东政法大学副校长。现任上海社会科学院副院长、法学研究所所长。

曾赴澳大利亚哥伦比亚学院，英国剑桥大学、牛津大学、华威大学和威斯敏士特大学，美国威斯康辛州立大学、旧金山大学，加拿大多伦多大学，日本青山学院大学等法学院学习访问。新加坡国立大学法学院访问学者。2006年荣获上海市第三届优秀中青年法学家称号。2013年获评上海市领军人才。

著有《刑事诉讼证据问题研究》、《我国审判公开中法院管理创新的思考》等。主编《刑事诉讼法学教学研究资料汇编》第1辑和第2辑、《我国审判公开问题实证考察与对策研究》、《证据法学：问题与阐释》、《归侨侨眷维权问答手册》、《刑事诉讼法学》、《刑事诉讼法：图表与案例》、《案例刑事诉讼法学》等。先后在法学专业核心刊物上发表论文120多篇。

现兼任中国刑事诉讼法学研究会副会长、中国行为法学会常务理事、上海市法学会副会长、上海市法学会立法学研究会会长、上海市诉讼法学研究会副会长、上海律师学院特聘教授、上海市公安局专家顾问、上海市人民检察院特邀研究员、上海市高级人民法院和第二中级人民法院专家咨询员。

史建三 法学硕士，经济学博士，上海社会科学院法学研究所研究员。

近年来的主要研究领域为地方法治建设。独著及与他人合著有：《地方立法后评估的理论与实践》、《上海法治建设与政治文明：实践与经验》、《上海法治建设30年专题研究》、《在规则与现实之间——上海市地方立法后评估报告》、《上海律师业发展战略研究》、《律师眼中的上海法治建设》等。撰写的论文、报告主要有：《地方立法质量：现状、问题与对策》、《关于完善地方立法后评估制度的研究报告》、《世博立法后评估研究》、《上海法治政府30年回顾、现状与展望》、《依法行政状况律师满意度评估报告》、《法治静安指数指标评估体系研究》、《构建和谐社会的纠纷解决机制》、《改革开放以来的上海律师业——回眸、憧憬与新目标的实现路径》、《上海现代涉外法律服务市场的问题与对策》等。

摘　要

《上海法治发展报告（2014）》对2013年上海地方法治建设进行了系统的回顾和梳理，展现了上海一年来在地方立法、依法行政、公正司法、社会治理等方面取得的成绩和存在的问题。

总报告全面回顾了上海法治工作在经济、政治、文化、社会和生态文明建设等方面的制度创新，以及为推进城市"五位一体"总布局的有序发展所发挥的重要作用。

时隔两年，本书在《上海法治发展报告（2012）》的"上海市法治建设状况调查问卷"的基础上，综合运用法学和社会学等学科的研究方法，再次对市民、法律专业人士和执业律师进行问卷调查，形成了"2014版上海法治建设状况满意度分析报告"。评估篇从民主政治、法治政府、司法公正、社会治理四个方面评判上海法治建设状况，并与2012年的评估报告进行比较。报告显示，市民对上海法治状况满意度有所提高，特别是在民主政治、司法公正方面给予了较好评价，但法治政府建设和社会治理等环节与市民的要求和期望还存有差距，是今后上海法治建设亟待完善的方面。

专题篇重点介绍了自贸试验区法治建设、人大编制五年立法规划、政府行政复议、政务诚信制度、法院"12368"诉讼服务平台、检察院实施修改后的刑诉法情况、基层民主治理、城镇化发展法律体系、公安机关规范化执法的新举措、以"自治金"项目为代表的社区自治新模式等内容。

热点篇对《上海市轨道交通管理条例（修订草案）》立法听证会情况做了简要介绍，探讨了这种民主立法新形式带来的影响及意义。

Abstract

The local legal construction has been reviewed and organized systematically in *Annual Report on Development of Rule of Law in Shanghai* (2014), which plays a vital role in the process of developing the construction involving economy, democracy, culture, social and ecological civilization. Through seminars, analyzing typical cases and questionnaire, the report reflects the achievement and reveals the problems that Shanghai has already done in local legislation, law - based administration, judicial justice, social governance last year.

Compiling of *Annual Report on Development of Rule of Law in Shanghai* (2012) is continued in this report, which integrates the research methods of both law and sociological. From the latest questionnaire among the public, law professionals and government personnels, a satisfaction analysis report about Shanghai's legal construction for 2014 has been summarized. The respondents demonstrate an enhance to the satisfaction degree on Shanghai's legal construction status, especially in the fields of democratic politics and judicial work. Meanwhile, there still remain some space to improve in the area of legal government construction and social governance.

The "Special Reports" mainly focuses on the following aspects, such as: five - year legislation plan of the National People's Congress, reconsideration of government administration, the government credibility system, "12368" —the litigation service platform of the Supreme People's Court, legal governance of grassroots level, the urbanization development of legal system and legal construction of Shanghai Free Trade Zone, the new methods and experience of Shanghai local legal construction, to be specific, the section suggests a new pattern of community autonomy and standardization execution of the public security bureau, etc.

The "Discussion Reports" introduces hearing of the *Regulations of Shanghai City Track Traffic Management* (Revised draft), and discuss its effect and meaning.

目录

BⅠ 总报告

B.1 2013年上海法治建设状况与2014年展望
　　………………………………… 上海法治市情研究中心 / 001
　一　2013年上海法治建设状况……………………………… / 002
　二　2014年上海法治建设展望……………………………… / 019

BⅡ 评估篇

B.2 上海市法治建设状况满意度分析总报告
　　………………………………… 上海法治市情研究中心 / 025
B.3 民主政治工作满意度分析报告 ………………… 彭　辉 / 057
B.4 政府法治状况满意度分析报告 ………………… 姚　魏 / 066
B.5 公正司法状况满意度分析报告 ………… 王海峰　宋　晨 / 082
B.6 社会治理状况满意度分析报告 ………… 徐加喜　章亮亮 / 097

BⅢ 专题篇

B.7 上海推进中国（上海）自由贸易试验区法治建设专题报告
　　……………………………………… 史建三　于　琼 / 115
B.8 上海市人大常委会编制五年立法规划专题 …… 丁　伟　张明君 / 131

B.9 上海市行政复议委员会试点情况专题研究 …… 刘建平　袁海勇 / 140

B.10 上海法院"12368"诉讼服务平台运行初期情况回顾
　　　　　　…………… 顾伟强　吴金水　高明生　曹云霞 / 147

B.11 上海检察机关实施修改后刑诉法情况的专题研究
　　　　　　……………………… 上海市人民检察院课题组 / 154

B.12 上海政务诚信制度建设研究 …………… 王　丹　刘哲昕 / 167

B.13 2013年闵行区依法治区工作评估 ……… 李瑜青　张　玲 / 183

B.14 上海城镇化发展的法制保障专题研究 ………… 韩红根 / 195

B.15 浦东新区陆家嘴街道"自治金"项目探索
　　　　　　………………………………… 史建三　范政强 / 208

B.16 上海公安机关执法规范化建设专题研究 ……… 何家华 / 221

B Ⅳ 热点篇

B.17 参加上海市立法听证会引发的思考与建议 …… 汤啸天 / 231

B.18 《上海市轨道交通管理条例》制定过程评述 …… 范政强 / 240

B.19 从《上海市轨道交通管理条例》修订看回应型立法趋势
　　　　　　………………………………… 曾凡证　章亮亮 / 250

B Ⅴ 附　录

B.20 附录一　2013年上海法治大事记 …………………… / 259

B.21 附录二　上海市法治建设状况调查问卷（法律专业人士）…… / 263

B.22 附录三　上海市法治建设状况调查问卷（市民）……… / 271

B.23 附录四　上海市法治建设状况问卷满意度单项分布状况 …… / 275

B.24 后　记 …………………………………………………… / 313

皮书数据库阅读**使用指南**

CONTENTS

B I General Report

B.1 Development of Rule of Law in Shanghai in 2013: Analysis and
Prospect   *The City Research Center of Shanghai Rule of Law and State* / 001

B II Evaluation Reports

B.2 Satisfaction Evaluation Report on Construction of Rule of Law in
Shanghai   *The City Research Center of Shanghai Rule of Law and State* / 025

B.3 Satisfaction Evaluation Report on Democratic Politics
Status   *Peng Hui* / 057

B.4 Satisfaction Evaluation Report on Law-based Government
Status   *Yao Wei* / 066

B.5 Satisfaction Evaluation Report on Judicial Justice
Status   *Wang Haifeng, Song Chen* / 082

B.6 Satisfaction Evaluation Report on Social Governance
Status   *Xu Jiaxi, Zhang Liangliang* / 097

B III Special Reports

B.7 Subjective Research on Promoting Rule of Law in China (Shanghai)
Pilot Free Trade Zone   *Shi Jiansan, Yu Qiong* / 115

B.8 Report on the Five-year Legislation Plan of Shanghai Municipal
People's Congress Standing Committee System   *Ding Wei, Zhang MingJun* / 131

B.9 Subjective Research on the Administrative Reconsideration
Committee Pilot in Shanghai   *Liu Jianping, Yuan Haiyong* / 140

B.10 Review of the Operation of "12368" Litigation Service Platform of
Shanghai Courts   *Gu Weiqiang, Wu Jinshui, Gao Mingsheng and Cao Yunxia* / 147

B.11 Research on Shanghai Prosecutors Executing Criminal Litigation Law
after Modification   *The Research Group of Shanghai Prosectuion Service* / 154

B.12 Research on Credibility System Construction of Government Affairs in
Shanghai   *Wang Dan, Liu Zhexin* / 167

B.13 Evaluation for Governing Minhang District by Law
    Li Yuqing, Zhang Ling / 183

B.14 Research on Legal Safeguard for Shanghai Urbanization
Development   *Han Honggen* / 195

B.15 Exploration of Project "Self-governing Fund" in Lujiazui Street,
Pudong New District   *Shi Jiansan, Fan Zhengqiang* / 208

B.16 Construction on the Standardization of Law Enforcement by
Public Security Organ in Shanghai   *He Jiahua* / 221

B IV   Discussion Reports

B.17 Thoughts and Suggestions Provoked by Legislative Hearing in
Shanghai   *Tang Xiaotian* / 231

B.18 Narrative and Comments on the Process of Enacting "Regulations
of Shanghai Municipality on the Administration of City
Railway Communication"   *Fan Zhengqiang* / 240

B.19 Responsive Legislation Tendency Seen from the Modifying of
"Regulations of Shanghai Municipality on the Administration
of City Railway Communication"   *Zeng Fanzheng, Zhang Liangliang* / 250

CONTENTS

Ⅳ Appendix

B.20 Records of Promotion of Rule of Law in Shanghai in 2013 / 259

B.21 Questionnaire for Shanghai's Legal Construction Status (Legal Professionals) / 263

B.22 Questionnaire for Shanghai's Legal Construction Status (City Residents) / 271

B.23 The Single Distribution of Questionnaire for Shanghai's Legal Construction Status / 275

B.24 Postscript / 313

总报告

General Report

B.1
2013年上海法治建设状况与2014年展望

上海法治市情研究中心*

摘　要：
2013年，上海经济建设、政治建设、文化建设、社会建设和生态文明建设领域中的法治工作取得新的进展，经济领域法治建设深入推进，政治领域法治建设开拓创新，文化领域法治建设初见成效，社会领域法治建设卓有成效，生态文明领域法治建设逐步到位。同时，上海的法治建设也面临诸多问题和挑战，主要表现为地方立法对经济社会发展的引领、推动和保障作用尚未充分显现，政府职能转变的力度、信息公开透明度和行政执法能力有待进一步加强，司法权威、司法公信力尚待进一步提升，维护城市公共安全存在压力巨大。为此，应当把握规律

---
* 本文由上海法治市情研究中心史建三、王海峰、孟祥沛、彭辉、姚魏、徐加喜等共同讨论完成。史建三研究员、王海峰研究员、彭辉副研究员、王睿哲研究生执笔。

特点,深入推进上海法治建设;加强制度创新,探索社会共治新路径;创新社会治理,着力深化"平安上海"建设;全面履行司法职能,努力维护社会公平正义;聚焦"群众需求",在便民利民上花更大的功夫;启动上海地方法治数据库建设,完善法治评估机制。

关键词:

上海 法治建设 状况 五位一体

党的十八大报告指出,建设中国特色社会主义,需要依循经济建设、政治建设、文化建设、社会建设、生态文明建设"五位一体"的总布局。在十八大报告精神的指引下,上海法治建设正按照"五位一体"的战略布局推进。其具体目标是:推进经济法治建设,保障科学发展;推进政治法治建设,保障政治清明;推进文化法治建设,保障文化繁荣;推进社会法治建设,保障社会和谐;推进生态文明法治建设,保障生态优美。这就要求法治建设与经济建设、政治建设、文化建设、社会建设、生态文明建设同步部署,同步落实,同步推进,同时也要和党的建设保持一致。

一 2013年上海法治建设状况

(一)经济领域法治建设深入推进

2013年,上海在经济建设方面继续站在改革最前沿,按照全面深化改革的总体部署和要求,重在制度创新,以地方立法来推动和保障经济协调发展。主要体现在以下三个方面。

1. 为激发市场经济活力和改革创新提供立法保障

为充分发挥市场在资源配置中的基础性作用,减少政府对微观经济活动的干预,深化行政审批制度改革,加强对市场主体、市场活动监督管理,上海市人大常委会于2013年6月19日发布了《上海市人民代表大会常务委员会关于促进改革创新的决定》（以下简称《决定》），并于2013年6月20日起施行。《决定》在支持和推进上海经济建设方面的亮点主要体现为：在简政放权、激发市场活力方面，规定用政府权力的"减法"换取市场、社会活力的"加法"；在消除顾虑、推进改革创新方面，规定着力破解束缚经济社会发展的瓶颈障碍；在激励保障、解决后顾之忧方面，规定保障改革创新，宽容失败，"改革创新未能实现预期目标，但有关单位和个人依照国家和本市有关规定决策、实施，且勤勉尽责、未牟取私利的，不作负面评价，依法免除相关责任"。①

2. 全面启动中国（上海）自由贸易试验区建设的法制保障工作

为了加速政府职能转变，创新对外开放模式，进一步探索深化改革开放的经验，2013年8月30日，第十二届全国人民代表大会常务委员会第四次会议通过了《全国人民代表大会常务委员会关于授权国务院在中国（上海）自由贸易试验区暂时调整有关法律规定的行政审批的决定》，授权国务院在中国（上海）自由贸易试验区内，对国家规定实施准入特别管理措施之外的外商投资，暂停实施《外资企业法》、《中外合资经营企业法》和《中外合作经营企业法》规定的部分行政审批，未来三年内由审批制改为备案制。2013年9月18日，国务院批准并印发《中国（上海）自由贸易试验区总体方案》（以下简称《总体方案》）。9月29日，中国（上海）自由贸易试验区（以下简称"自贸试验区"）正式挂牌成立。

为了进一步贯彻落实全国人大常委会的决定，2013年9月26日，上海市人大常委会公布了《上海市人民代表大会常务委员会关于在中国（上海）自由贸易试验区暂时调整实施本市有关地方性法规规定的决定》，此决定自2013年10月1日起施行。据此，在上海自贸试验区内对国家规定实施准入特别管理措施之外的外商投资，停止实施《上海市外商投资企业审批条例》。上海市政府在国务院《总体方案》的指导下，相继出台了《中国（上海）自由贸易试验区管理办法》、《中国（上海）自由贸易试验区外商投资项目备案管理办法》、《中国（上海）自由贸易试验区境外投资项目备案管理办法》、《中国

---

① 参见《上海市人民代表大会常务委员会关于促进改革创新的决定》。

(上海)自由贸易试验区外商投资企业备案管理办法》、《中国(上海)自由贸易试验区境外投资开办企业备案管理办法》、《中国(上海)自由贸易试验区外商投资准入特别管理措施(负面清单)(2013年)》等。

此外,为了在工作中进一步贯彻落实市政府制定的规章及规范性文件,上海市政府相关部门出台了配套规范性文件及各项办事指南。例如,上海海关制定并实施了《关于在中国(上海)自由贸易试验区设立海关业务窗口的公告》,办事指南则涵盖外商投资、规划土地、建设管理、环保审批、工商、质检、税务、公安、检验检疫等各个方面。

在自贸试验区挂牌后,上海市高级人民法院为服务自贸试验区建设,开展司法服务保障专题研究,研究制定了《上海法院服务保障中国(上海)自由贸易试验区建设的若干意见》,力求从更新司法理念、健全审判组织、完善专业审判机制、加强队伍专业化建设等多方面为自贸试验区提供司法保障。在完善专业审判机制方面,2013年11月5日在上海市高级人民法院的指导下,浦东新区人民法院成立自贸试验区法庭,至2013年12月底共受理案件50件、审结5件,很好地发挥了司法审判的规范和引导功能。上海市人民检察院也于2013年11月5日正式成立上海市检察院派驻自贸试验区检察室。作为本市检察机关服务自贸试验区的窗口,检察室履行七大职能,包括办理区内刑事案件,查处区内职务犯罪,履行法律监督职能,参与自贸试验区有关法律调整制定并提出相关检察意见等。2013年10月22日,由上海国际经济贸易仲裁委员会(上海国际仲裁中心)设立的自贸试验区仲裁院正式揭牌。该仲裁院的设立,将进一步提升上海商事仲裁的专业化、国际化程度。当然,自贸试验区的建设是国家从更高层面实施的对外开放的重大战略,重在制度创新,重在可推广、可复制,其制度建设同样离不开国务院各部委的大力支持。

3. 以法治方式推动上海亚太地区知识产权中央商务区先行先试

上海市政府发布的《上海知识产权战略纲要(2011~2020年)》,提出了建设"创新要素集聚、保护制度完备、服务体系健全、高端人才汇聚"的亚太地区知识产权中心城市的宏伟设想。这是根据党的十八大精神和上海市委、市政府"创新驱动、转型发展"的战略部署,在借鉴国内外知识产权市场经验教训的基础上,围绕探索知识产权服务经济发展的市场创新机制,推动上海建设亚太地区知识产权中心城市的总目标而率先提出的创新项目。① 与以往由政府主导的知识产权园区不同，该项目最大的亮点是，由民营企业提出并自主投资、自主建设、自主运营，促进了知识产权项目、科技成果与民间资本有机融合，实现了"以政策引导，以创新为主动力"。这是政府观念的巨大转变，打造亚太知识产权中心过程中政府由原来的"社会管理管控式思维"转向了"社会治理参与型思维"，是政府职能转变迈出的一大步。

上海是全国最早设立知识产权审判庭的地区之一，每年审理知识产权案件的增长率约20%。2013 年，上海法院继续积极发挥知识产权司法保护的主导作用。全年共受理一审知识产权案件 4709 件，审结 4444 件，同比分别上升 33.7%和 26.8%。② 最高人民法院发布的全国八件知识产权司法保护典型案例中，上海法院审理的案件有两件入选，其中涉及的强生公司纵向垄断协议纠纷案的判决被最高人民法院赞誉为"在我国反垄断审判发展中具有里程碑意义的判决"。此外，为加大对知识产权的保护力度，完善知识产权司法保护体系，上海正在积极筹备成立知识产权法院。

（二）政治领域法治建设开拓创新

2013 年，上海市积极推进法治上海的建设：在立法工作过程中，充分发扬民主，引导公民有序参与政治，保障公民政治权利；在反腐倡廉工作中，继续坚持对腐败的"零容忍"态度，坚决贯彻中央"老虎、苍蝇一起打"的方针，同时加强反腐败的制度设计，积极探索建设一套权力运行监督和制约体系；在基层民主建设工作中，不断推进制度创新，充分发挥居（村）委会等基层组织的作用；加深公众对政府工作的了解、加强公众的监督及公众民主权利的保障，进一步完善政府信息公开工作。

1. 法治思维和法治理念不断提升

以法治思维和法治方式深化改革、推动发展、化解矛盾和维护稳定已成为法治上海建设的共识。2013 年，在中共上海市委的坚强领导下，上海市依法

---

① 参见《上海亚太地区知识产权中央商务区建设日前启动》，http://shzw.eastday.com，2014 年 3 月 20 日。

② 参见《2014 年上海市高级人民法院工作报告》。

治市办围绕上海法治建设工作做出了不懈的探索和努力,取得了卓有成效的成绩。首先,依法治市领导小组成员单位做了重大调整,增加了社会工作党委、政协社法委、工商局、国(地)税局、质监局、安监局、食药监局、环保局等单位和各县区有关部门。同时,根据市委要求,调整、充实了依法治市的成员单位,由原来的30家增加至现在的55家,办公室领导岗位增加至9个,这就使依法治市的领导机构运转趋于常态化和实效化,大大提升了依法治市领导小组统筹协调的能力,这些举措有助于进一步推进上海的法治建设工作。其次,法治进步已成为助推上海发展的新动力。2013年,浦东、黄浦和闵行三个区荣获"第二批全国法治城区单位"称号,依法治市的优秀案例涵盖了全市18个条线、15个区县。最后,法治创建活动成熟运作、滚动开展,第二批依法行政示范单位创建活动已扩展至17个区县、14个条线的45家单位,12个区县的14个街镇创建试点也在稳步开展。2013年下半年,上海市依法治市办公室起草了《法治上海建设三年行动计划(2014－2016)》,并将其作为全面推进上海依法治市的纲领性文件。

为推进上海经济转型升级、回应社会关切、实现改革决策与立法决策相结合,切实提高地方立法质量,上海市人大常委会于2013年12月11日编制了《上海市十四届人大常委会五年立法规划(2013年－2017年)》。其项目分为三类:第一类是立法条件比较成熟、任期内拟提请审议的正式立法项目,共计45件,其中制定22件、修改23件,包括《中国(上海)自由贸易试验区条例》、《上海市预防职务犯罪工作条例》等;第二类是需要抓紧工作、待条件成熟时提请审议的预备立法项目,共计32件,其中制定15件,修改17件,包括《上海市民间融资管理办法》(暂定名)、《上海市见义勇为人员奖励和保护条例》(暂定名)等;第三类是立法条件尚不完全具备、需要继续研究论证的调整立法项目,共计21件,其中制定10件、修改11件,包括《上海市预防未成年人犯罪条例》(暂定名)等。

2013年10月21日,上海市人民政府在《上海市依法行政"十二五"规划》的基础上印发《关于2013～2017年本市进一步推进法治政府建设的意见》的通知,要求政府职能转变取得突破,行政管理水平显著提升,公众参与机制有效运行,运用法治思维和法治方式解决问题的能力明显提高,围绕加快推进"四个率先"、加快建设"四个中心"和社会主义现代化国际大都市的中心工作,遵循上海经济社会发展的需求和规律,科学谋划部署上海法治政府建设的新任务,全力推动全市依法行政工作取得新进展。为了保证《关于2013~2017年本市进一步推进法治政府建设的意见》中的任务得以落实完成,上海市政府制定了一个任务清单,涉及各级政府及其所属部门,部分清单任务项目已经启动。

2. 继续推进科学立法、民主立法

党的十八大报告指出,要扩大公民的有序政治参与。让公众参与政治的一个很好方式就是对关系民生、公众关注度高的立法项目进行公开立法听证。通过科学、公开、严谨的程序设计,使各利益群体公开表达诉求,将有利于立法者做出更加科学民主的决策。据不完全统计,2013年上海市政府法制办举行的立法听证会有《上海市非机动车管理办法(修订草案)》、《上海市电梯安全管理办法(草案)》、《上海市生活饮用水卫生监督管理办法(草案)》、《上海市促进生活垃圾分类减量办法(草案)》、《上海市旅游业管理办法(草案)》等。

2013年8月,上海市人大常委会就《上海市轨道交通管理条例(修订草案)》举行立法听证会,围绕"修订草案"中轨道交通企业应当履行的服务职责的规定是否合理,对地铁逃票行为的处置措施是否必要、可操作,地铁内乘客禁止行为如何设置更合理、可行等三个议题进行了听证[①],并由东广新闻台、东方网、公众网等媒体进行了全程现场直播,做到了全公开、全透明,进一步扩大了市民有序参与立法的范围。

3. 积极稳步推进司法反腐工作

面对国家工作人员职务犯罪与司法腐败的严峻局面,司法机关坚定严惩腐败的决心,以维护公平正义、践行司法为民、彰显法治精神为己任。2013年,上海各级人民检察院积极加强和各级纪委及公安、工商、审计、海关等行政执法部门的联系,努力构建、完善全市反贪办案"上下一体、左右联动、指挥

---

① 参见《上海市人大常委会举行轨道交通管理条例立法听证会》,http://www.npc.gov.cn/npc/xinwen/dfrd/sh/2013-08/19/content_1803326.htm,2014年3月20日。

有力、协调高效"的侦查一体化机制,重拳打击腐败。加大了对渎职侵权犯罪的打击力度,集中力量查处贪污贿赂大案要案,共立案侦查贪污贿赂案件325件405人,人数同比上升1.3%,其中大案308件,查出局级干部4人、处级干部39人。

2013年8月2日,网络曝光了上海市高级人民法院四名法官"嫖娼"事件,上海市高级人民法院态度鲜明、当机立断、严肃处理,并迅速部署开展以"严肃教育、严明纪律、严格管理、严惩腐败"为主题的队伍集中教育专项整顿活动。法院系统坚持严惩腐败,认真核查所有举报,逐一约谈被举报人,由被举报人做出廉政承诺。全市法院系统认真核查处理举报616件次,全年查处违纪违法案件2件5人(其中移送检察机关1件1人)。① 为了增强职业操守,强化自律意识,真正彻底地从思想上抵制腐败的不正之风,法院系统制定了《上海法院"八个禁止"的规定》与《上海法院法官业外活动行为规范及监督管理规定(试行)》,明确为法官量身打造行为规范,约束法官"不踩雷区"。前事不忘后事之师,上海市各级法院加强思想政治建设和制度建设,强化"一岗双责",全面推行案件廉政回访制度,运用"廉政风险环节监督提示系统",加强对司法权运行重点领域和关键环节的监督,并做到防微杜渐。打造一支理想信念坚定,职业道德崇高,职业良知不泯,司法作风清明,整体素质高上的正规化、专业化、职业化的法官队伍,从根本上杜绝关系案、人情案、金钱案。

4. 着力推动基层民主法治建设

2013年,在基层民主建设的法治工作方面,上海注重在城区不断提升依法治市民主化和科学化水平,在农村巩固人民群众的主体地位,把"民力"作为实施决策的动力。其中有两个亮点:一是人民建议征集制度,二是城乡社会自治制度创新。

上海市人民建议征集制度建设是指让政府各职能部门转变理念,进一步保障民意表达渠道的畅通,实现公众有序参与政治。人民建议征集制度是"上海2012社会建设十大创新项目"之一,其宗旨是缓和社会矛盾,增加社会管

---

① 参见《关于上海法院队伍建设情况的专题报告》,2013年12月9日。

理层面，鼓励群众参政议政，促进政府和社会的和谐互动。在这个宗旨的指导下，2013年，信访工作机构依法定职责开展人民建议征集工作，从群众中来，到群众中去，采用阅读人民群众建议意见类来信、召开建议人座谈会、召集职能部门会商等形式推动信访渠道的拓宽延长，解决群众普遍反映的问题，推动人民建议"开花结果"。上海市人民建议征集工作成果丰硕，截至2013年9月，市政府信访办共编写《人民建议专报》27期、《人民建议摘报》227期，市领导先后批示多达310条。各职能部门的按期办结率为100%，建议采纳率达75.5%。① 通过人民群众建议征集制度建设，相关部门可以更真实地捕捉民意，发现现实问题，在广大人民群众智慧和热情的基础上推动了依法治市工作的民主决策和科学决策。

在深化社会自治、强化人民群众对基层公共事务的自我管理方面，上海城乡社会自治制度创新取得了较好的成效。自2011年浦东新区与南汇区合并后，新区政府采用"以奖代补"的政策给各街道必要的经费，陆家嘴街道党工委和街道办事处利用这笔款项和街道办事处的自筹资金设立了社区"自治金"，专项用于扶持居民区自我服务和自我管理项目。"自治金"项目以居委会为中坚力量，调动了社区居民的积极性，优化了自治管理机制，动员了更多的社区资源参与自治家园建设。这些项目的共同目标是建设资质团队，实现居民自我管理、自我教育、自我服务、自我监督的"四自"管理模式。经过三年的摸索，"自治金"项目现在趋于成熟：各部门分工配合度高，社区居民参与度高，项目内容覆盖面广，开创了基层群众自治的活跃局面。开展"自治金"项目以来，社区居民的主人翁意识大为提高，社区和居民关系也更为和谐。据第三方对居民的满意度统计显示，2012年工作满意度为78%，2013年的居民满意度则上升到97%。在农村的基层民主建设工作上，上海探索建立"村民议事中心"制度，为解决农村基层各类矛盾，推进基层民主自治注入了新活力。这一制度现已经在奉贤区60%的村开展实施，"村民议事中心"制度让群众来做群众工作，使村民信服，在基层党组织领导下，发动群众共同参与管理

---

① 参见《上海：创新人民建议征集制度推动信访工作转型发展》，中国共产党新闻网，www.cpcnews.cn，2014年3月20日。

事务，解决村民诉求，提高了村民参加村务管理的积极性。

5. 以制度建设为保障，推动信息公开的规范化

知情权、表达权、参与权和监督权是公民的基本权利，其中知情权是其他三项权利的基础。为了保障公民的知情权，提高信息公开透明度，让权力在阳光下运行，2013年上海市积极开展与媒体的合作，充分利用网络的功能，进一步推进政务公开；重视人民群众关注的焦点问题，不断加大重点领域的政务信息公开力度；加强信息平台的建设，不断提高信息公开透明度。

2013年，上海市政府印发了《本市当前政府信息公开重点工作安排》，要求以行政透明度最高为目标，紧密结合正在开展的党的群众路线教育实践活动，提高行政审批、财政信息、食品药品安全、保障性住房、安全生产、公共企事业单位、价格和收费信息、征地拆迁、环境保护等9个重点领域的信息公开透明度，并提出在2014年力争实现对市、区（县）、乡（镇）三级政府"三公"经费的全公开。

上海法院认真贯彻落实宪法、法律和最高人民法院在司法公开方面的有关规定，高度重视推进司法公开工作。据2013年2月中国社会科学院发布的《中国法治发展报告（2013）》显示，上海市高级人民法院司法透明度总分位列全国第一。迄今为止，上海全市法院已累计庭审直播2368件案件，网上点击率超过1亿人次；已累计接待社会公众查阅电子诉讼档案8万余件次；先后有66万余篇裁判文书在互联网上公开，其中2013年生效裁判文书上网12.29万篇。2013年上海法院通过上海法院门户网站将2.7万余条不履行生效法律文书确定义务的被执行人信息公布，将1049名被执行人信息纳入"最高人民法院失信被执行人名单库"。① 为解决群众反映的"案件查询难"、"诉讼咨询难"、"电话找法官难"等有关诉讼的难题，建设了"上海法院12368诉讼服务平台"，并于2013年12月投入试运行。

（三）文化领域法治建设初见成效

加强文化领域的法治建设包括三个层面的内容：一是加快公共文化领域

---

① 参见《上海高院打造司法公开七大平台》，《人民法院报》2014年3月17日。

的立法，使公共文化管理有法可依；二是繁荣法治文化建设，使人们了解法治精神、理念、原则、制度和运行实践，自发地推动法治建设；三是打造法治文化品牌，通过群众喜闻乐见的方式普及法律知识。

1. 法治公共文化建设水平明显提升

2013年4月1日，全国首部关于社区层面公共文化的法规《上海市社区公共文化服务规定》（以下简称《规定》）开始施行，这意味着社区文化服务无法可依的空白被填补。该《规定》指出，基本公共文化服务项目应当免费向公众开放；国家法定节假日和学校寒暑假期间，应当适当延长开放时间，并增设相应的文化服务项目；鼓励有条件的社区公共文化设施延长开放时间。该规定实施以后，任何单位和个人发现有违反该规定的行为，可以向文化行政部门或者其他相关部门投诉，经核实确实违反本规定的单位和个人，将被责令改正，情况严重的还将接受经济、行政，甚至刑事处罚。该规定的实施对社区文化发展起到了规范、指导作用，让原本自发的社区文化建设有据可依，对原本不合理的行为进行了限制并加以处罚，保障了社区文化有序发展。

根据市民和人大代表、政协委员的建议，2013年上海市人大对上海街头艺人管理进行立法调研。此外，为推动上海市文化建设和发展提供法制保障，在《上海市十四届人大常委会五年立法规划（2013年－2017年）》中，上海市人民政府加快《上海市实施〈中华人民共和国文物保护法〉办法》（暂定名）和《上海市非物质文化遗产保护条例》的起草，对《上海市历史文化风貌区和优秀历史建筑保护条例》进行了修改，进一步完善了文化领域的法制保障。

2. 新媒体法治宣传水平逐步提高

2013年，上海市通过法治宣传带动法治互动，以期实现社会共治。上海市人大常委会在2013年立法工作中坚持"微创新"，首次邀请上海广播电视台对《上海市轨道交通管理条例》立法听证会进行广播直播，首次以政务微博"上海发布"来介绍新通过的地方性法规的主要内容。这一系列法治宣传方式从多种渠道拉近了法制与普通群众之间的距离，为营造全社会学法、遵法、守法、用法的良好氛围奠定了基础。上海市人民政府办公厅《关于印发

《2013年度上海市政府信息公开和政务公开考核评估实施方案》的通知》中指出，要重点督查"中国上海"门户网站、"上海发布"办公室分别提供政府网站政府信息公开专栏建设、政务微博公开政府信息的评估结果。上海在运用政务微博来管理和服务群众的创新做法始终走在全国前列。2013年，上海共有1735个政务微博在线运行，活跃于公安、交通、消防、旅游等多个领域，它们承担了沟通政府和民众的任务，成为政府政务工作的新平台。这些政务微博各具特色，但都是用"以人为本"的理念打造"打捞沉默声音的平台"，利用微博发布民生信息和社会热点信息并与网民继续互动。据人民网舆情监测室联合新浪共同发布的《2013年新浪政务微博报告》，上海市政府新闻办公室官方微博"上海发布"凭借活跃度、传播力、引导力三个指标的优异表现，蝉联"全国百大政务微博排行榜"年度第一。① "上海发布"在2013年腾讯网、腾讯微博、腾讯·大申网联合评选的"上海十大最具影响力政务机构微博"中高居榜首。它在腾讯微博上有540多万名听众。② 同时，上榜2013年上海十大影响力政务微博的还有"警民直通车·上海"、"上海检察"、"上海工商"、"上海消防"等四家，涵盖了司法机关和政府机构。这些成绩显示了司法机关和政府部门的权威性和公信力，提高了决策的科学化和民主化程度，对推进法治建设大有裨益。

3. 法治文化品牌建设稳步推进

2013年，法治文化建设和培育受到了高度的重视。上海市除了着力打造"东方大律师"等在全市推广的法治媒体品牌外，还十分重视各区的地域性法治文化品牌建设工作。各区区委、区政府根据本区域的特色，不断加大对法治文化建设的投入力度，持续注入专项资金，区司法局的协助使各项具有特色的法治文化活动"遍地开花"，充分发挥了法治文化在各个区的引领作用，使法治文化成果惠及群众，打造出一批优秀的区域法治文化品牌。

金山区在打造特色法治文化品牌过程中大力推进"一镇一品"项目建设，

---

① 参见《2013年度新浪政务微博报告》，http://yuqing.people.com.cn/n/，2013年12月26日。
② 参见《2013上海政务微博影响力年度排行榜正式揭晓》，www.shanghai.gov.cn，2014年1月20日。

利用"故事之乡"来誉称"法制故事宣讲队"。此外，朱泾镇"流动法律诊所"、漕泾镇"来沪人员法制之家"、石化街道"雨露普法工作室"和"0726法制学习班"、金山卫镇"老年法制学校"、亭林镇"青少年法制学校"、工业区"法律进两新组织"、吕巷镇"法律进农民合作社"、廊下镇"法律进旅游点"等项目都办得有声有色，各地的法治文化项目蓬勃发展。带有"金山特色"的法治文化品牌用文化这一软载体很好地宣传了法治，达到了让不同知识层面的群众都能轻松愉快地认识法治的普法效果。

（四）社会领域法治建设卓有成效

社会建设的出发点是提升百姓的安全感和幸福感，进行平安建设，解决人民群众关心的社会管理和社会治安突出问题，牢记"发展是第一要务，稳定是第一责任"；社会建设的落脚点是解决民生问题，民生问题就是关心广大人民群众切身利益，而"群众利益无小事"。如何回应人民群众特别关心的食品安全、住房保障、户籍制度等民生问题，是2013年上海市社会建设领域中法治工作的重心。

1. 平安上海建设推进模式不断优化

2013年上海市把平安上海建设的重点放在深化平安建设的工作框架，深入开展矛盾纠纷的排查化解工作，探索并逐步优化城市综合管理联勤联动机制，继续推动基层社会管理创新探索和完善见义勇为奖励保护工作机制上。上海市综治委结合人民群众反映强烈的社会管理和社会治安突出问题共确定了9项平安建设实事项目：整治非法客运，维护交通秩序；整治"群租"行为，维护群众利益；防范和打击电信诈骗，提高群众防范能力；加强"城中村"社会管理，消除各类隐患；严厉打击欺行霸市行为，推进"平安市场"建设；规范物业保安管理，提高小区防范水平；防范和打击医保欺诈，确保医保基金安全；防范和打击无证行医，确保就医安全和加强高校周边综合治理，营造良好环境。面对这些有反复、反弹和回潮问题的社会"顽疾"，各区县和街道乡镇、市综治委各成员单位高度重视，加强长效机制建设，加强法治建设和在基层落实各级各部门责任。除9项"规定项目"外，各级部门针对各地区存在的问题履行职责，提出和推进了一批以解决社会管理和社会治安突出问题为重点的"自选"实事项目。

2013年，上海市对社会治安的综合治理工作不断加强，推进落实三级平安建设实事项目共502项，解决了一批群众反映强烈的治安问题。公安机关严格落实安保责任和措施，打赢了国庆安保、党的十八届三中全会维稳等一系列硬仗。此外，还深入推进"打盗抢、防诈骗、严管理、保平安"等系列专项打击整治行动，切实维护了良好的社会治安秩序。上海市政法系统在对社会顽疾进行专项整治的同时，大力开展"法治上海、平安建设"主题宣传活动，营造和谐稳定的舆论环境。全年上海公众安全感总体评价指数为83.31，同比上升0.03。

2. 食品安全监管措施更为有力

2013年，上海市委、市政府高度重视食品安全，监管部门加强执法力度，严厉打击食品安全的违法犯罪行为，在食品安全监管上着力构建食品安全社会共治的格局。

2013年，上海监管部门继续恪守"五个最严"（最严的准入、监管、执法、处罚、问责），以错时监管、飞行检查为主要手段，开展日常巡查、监督检查和专项执法检查共计55.5万余次，同比增加38.8%；发现问题企业1.7万户次并予以整改和处罚，违法企业数量同比下降24.3%。各区县、监管部门密切配合，以突出问题为重点，集中力量，联合执法。①

加强食品安全监管要依靠社会共治，在此方面上海市松江区积极探索了一条区域食品安全一体化监管道路。食品安全一体化监管要求以政府为主导，发挥食安委的核心作用，集中食安办、食药监、工商、质监等机构，突出企业主体责任进行信息共享、工作联动，以社会共治的监管模式加强食品安全监督工作。这种工作思路实现了区域内食品安全工作统一规划和协调管理，弥补了食品安全法治环境和政策法规的缺陷，提升了区域食品安全水平，切实提高了解决食品安全问题的能力。

据国家统计局上海调查总队最新发布的《上海市民食品安全知识知晓程

---

① 参见上海市食品安全委员会办公室、上海市食品药品监督管理局编制，"2013年上海市食品安全白皮书"，http://www.yybnet.com/www/news/10/111975.html，2014年3月18日。

度调查报告》显示，觉得上海食品安全状况"很安全"、"比较安全"和"一般"的市民共计92.3%，同比提高了4.6个百分点。① 这说明多方措施使百姓对食品安全环境的信心有所加强。

3. 法治模式下保障性住房建设有序进行

保障性住房一直是民生问题中令人瞩目的焦点问题。2013年上海市政府针对保障资格审核标准、操作办法、监督方式和退出机制提出了更严密的方案，不断加紧完善保障房管理制度，特别是对分配、监管环节加大管理力度，保障性住房的建设井然有序。为有效整合住房保障资源，提高政府资金和房源使用效率，促进保障性住房的建设和可持续发展，切实实现民生"安居"。上海市住房保障和房屋管理局在2013年全年公开了《上海市人民政府批转市住房保障房管理局等五部门关于本市廉租住房和公共租赁住房统筹建设、并轨运行、分类使用实施意见的通知》、《关于提供2013年度本市保障性住房在建住宅项目清单的函》、《关于印发〈上海市共有产权保障住房（经济适用住房）申请户摇号排序工作规则〉的通知》等多个文件，这些文件公开了分配房源、分配对象、分配过程、分配结果、配后管理、退出情况等所有环节的信息，贯彻执行了保障性住房建设、分配和退出的信息公开工作，增强了对廉租住房政策标准调整完善等信息的公开力度，让保障性住房的信息全部展现在百姓眼前。

上海市政府在公租房管理上采用"市区联手、以区（县）为主"的管理方式，不同层级政府承担不同的责任，市政府主要负责全市公租房的政策制定、制度安排和统筹规划。政府在资源配置过程中充分发挥政策支持作用，但并不承担全部责任，是名副其实的有限责任型政府。这种政府职能的转变是政府正确界定自己在社会中角色的表现，使政府承担了更多的管理责任，提高了居民对公租房政府实事工程性质的认同度。②

4. 积极推进户籍制度创新改革

2013年上海为了贯彻国家改革的精神，应对城市对"创新驱动、转型发

---

① 参见《守住舌尖上的安全防线 2013上海市食品安全白皮书发布》，http：//sh.wenming.cn/yw1/201401/t20140128_1722068.htm，2014年3月18日。
② 参见卢汉龙、周海旺主编《上海社会发展报告（2014）》，社会科学文献出版社，2014，第153～159页。

展"的需要，启动了户籍制度改革。2013年5月20日，上海市政府第九次常委会议通过了《上海市居住证管理办法》，并于当年7月1日期开始实施。该文件体现了上海户籍制度改革的核心思路，明确了居住证办理的条件和享受公共服务所需要达到的前提条件。根据该文件的精神，在上海市合法稳定居住和合法稳定就业的持证人可以获得相应的积分，该积分将随着在上海市居住年限、工作年限、缴纳社会保障年限的增加和学历、职称的提升而做相应的累积。积分达到标准分值的，就可以享受相应的公共服务待遇。这样确保了上海市对人才的吸引力。同时该规定还明确了持有一般居住证的居民可以在积分达到一定分值享受一定差异性的公共服务，包括子女教育、社会保险、住房和基本公共卫生等内容。

为了确保上述办法的实行，上海市还先后颁布了《上海市居住证积分管理试行办法》和《上海市居住证申办实施细则》作为实施的依据。在上述两份文件中，详细规定了积分的规则及积分加减的内容。根据文件的相关规定，只要达到积分标准的居住证持有者，即使无法获得真正的上海户籍，依然可以享受到与本地户籍人口同等的基本公共服务，这在一定程度上淡化了原来依附于户籍上的社会福利，增加了居住证的福利含金量。2013年的上海户籍新政在总体上进一步放宽了居住证和户籍的准入条件，考虑了个人对城市的实质性贡献，改变2009年所执行的人才居住证必须满7年才可以拥有户籍的硬性规定。

（五）生态文明领域法治建设逐步到位

2013年，上海市将生态文明和法治建设密切关联，实施环保三年行动计划，建设生态文明和美丽城市。全年，上海市在预防和治理雾霾、水源和土壤方面创设了不少制度，做了很多工作；在生活垃圾分类减量方面做出了很多努力。

1. 以法治思维"驱散"雾霾

大气污染防治工作一直和人民群众的身体健康密切相关，其历来是生态文明建设的重要内容。从削减"机动车排放"到限制"餐饮油烟"，上海出台了一系列法规遏制雾霾发生源以治理雾霾等大气污染。2013年，上海市政府公布了《上海市清洁空气行动计划（2013～2017）》，其行动目标是到2017年上海空气质量明显改良,重污染天气大幅减少,PM2.5年均浓度比2012年下降20%。2013年11月20日,上海市政府提请上海市十四届人大常委会第九次会议对《上海市实施〈中华人民共和国大气污染防治法〉办法(修订草案)》进行审议。这次的修订草案专门针对PM2.5污染的防治制定了一系列制度措施。草案规定,上海行驶的机动车不得排放明显黑烟,否则最高可罚500元;在城镇居民住宅楼内,不得新建产生油烟污染的餐饮场所。草案还规定,本市应建立重污染天气预警机制,大气受到重度或严重污染时,采取暂停或者限制排污单位生产、限制机动车行驶等应急措施,并向社会公告。①

2013年12月26日,市十四届人大常委会还就本市环境保护工作情况开展专题询问。专题询问会上,22位常委会组成人员围绕大气这一重点领域就空气质量应急预警机制、建立长三角联防联控协调机制和环境综合执法体制机制、加大环保监管执法力度、淘汰落后产能与调整产业机构等群众高度关注的内容进行了询问,到会应询的市环保局、市发改委、市经信委、市商务委、市农委、市建设交通委、市水务局、市绿化市容局、市规土局、市教委、市公安局交警总队、市人保局、市气象局、市财政局、市应急办、市交通港口局等16个政府部门负责人,一一对问题做了回应。本次面对面的询问加快了环境保护工作合力的形成,有利于将"源头严防、过程严管、后果严惩"的要求落到实处。

环境污染有"牵一发而动全身"的特点,上海市认识到治理环境单打独斗的效果远不如多城联动效应。2014年,上海市政府工作报告中提出了"大气污染区域联防联控"的概念,长三角区域大气污染防治协作机制随后正式启动。按照计划,上海将牵头筹建长三角区域空气质量预报预警中心,届时上海将成为长三角地区大气污染的数据、研判和会商中心。

2. 加强土壤和水环境保护的制度创新

上海在土壤和水环境治理保护方面注重强调制度建设。市环保局研究出台了土壤综合治理的实施意见,从政策、标准、规范、资金和公共参与这几个层面多方面、多角度地进行土壤污染的治理,并正在探索建立污染者付费机制。

---

① 参见《重污染天机动车或限行》,《东方早报》2013年11月21日。

2013年，上海正制定按照污染者付费、土地开发受益者出资的资金投入机制，按照"谁使用、谁负责、谁投资、谁受益"的原则，充分利用市场机制引导和鼓励社会资金投入土壤污染的治理和修复。

上海在研究制定土壤综合治理实施的意见中，将引导公众参与作为重要的组成部分。同时，借助国际旅游度假区的建设，上海市积极开展土壤治理和保护相关的宣传，提高公众参与土壤保护的积极性，取得了良好的效果。上海市受到污染的土地大多数位于比较繁华的地区，在治理的过程中容易对周边居民造成各种各样的影响，还容易牵涉多方的利益主体。而对土壤污染治理和环保的宣传有助于提高公民对土壤污染治理的认识，缓解公众与企业、公众与政府之间在土壤污染防治中不必要的利益冲突，防范环境风险，提高了污染防治的科学化和规范化。

上海对水环境的治理严格按照法规、规划进行。2013年10月，上海市委、市政府审议通过了黄浦江上游水源方案，规划将西南五区现有的取水口归并到太浦河金泽和松浦大桥两个取水点，提高了供水安全保障能力。同时，按照《上海市饮用水水源保护条例》的要求推进一、二级保护区污染源清拆整治和截污纳管工作，将饮用水取水口从2008年的70个减少到35个。2013年11月上海市政府常务会议通过了《上海市建成区直排污染源截污纳管攻坚战实施方案》，提出到2015年年底要实现本市建成区直排污染源全部纳管。

上海对水环境的治理和保护主要利用政府主导，公众参与的方法进行多角度、多层次的治理。上海市环境保护局在"上海环境"网站上对水污染环境监督进行了广泛的信息公开。2013年公布了国家重点监控废水企业名单、国家重点监控污水处理厂相关信息和46家废水国家重点监控企业。这为公众参与和公众监督提供了重要的基础。2013年第二季度，上海公布了国有控股企业污染源废水监测数据和国有控股重点企业排污费用的征收情况，做到了主要内容包括企业名称、排污费用及入库金额三公开。除了"上海环境"平台之外，上海其他有关水环境保护的相关部门也纷纷建立了相应的信息公开平台。上海市环境保护局、上海市环境监测中心联合建立了"上海市水污染源监测数据发布平台"。上海市水务局建立了"上海水务"平台向公众公布供水信息。

3. 提升生活垃圾分类减量立法的针对性、有效性

2013年，上海市政府根据《中华人民共和国固体废物污染环境防治法》、《上海市市容环境卫生管理条例》等有关法律、法规，结合本市实际，通过了《上海市促进生活垃圾分类减量办法（草案）》，自2014年5月1日起施行。积极推动生活垃圾分类减量化法治工作，为垃圾"减量化、资源化、无害化"，推进生态文明建设，提高城市管理水平尽快提供规范保障。同时，在《上海市促进生活垃圾分类减量办法（草案）》的审议过程中，公开征求意见，鼓励上海市民和有关单位就该办法的内容提出意见和建议，激励广大市民参与到生活垃圾分类减量工作中来，强化群众的环保自觉性和能动性。

上海市各级政府和有关部门在生活垃圾分类问题上大量采取激励措施，包括发放垃圾桶、垃圾袋、绿色账户、积分兑换等，有效激励市民生活垃圾分类的积极性。除此之外，上海市建设交通委开展再生产品应用试点示范工作；规划土地和房管部门积极推行全装修住宅工业化，从源头减少建筑垃圾；食药监管理部门推进餐饮服务单位油水分离器安装；上海市文明办将垃圾减量分类工作列入《上海市精神文明建设"十二五"规划》和文明单位、文明小区测评标准；上海市妇联运用各种宣传手段，促使市民养成分类习惯。三年来，共发放《百万家庭低碳行垃圾减量和分类指导手册》162万份，分类指导宣传单页50万份，举行环保培训讲座7727场次，涉及人数69.8万，开展"绿色星期六——社区资源回收日"活动3385场，参与人次近35万。各部门联动推动生活垃圾分类减量工作的进展。

二 2014年上海法治建设展望

2013年的上海法治建设在取得显著成效的同时，也存在着一些薄弱环节和严峻挑战，主要表现在以下四个方面。

1. 地方立法对经济社会发展的引领、推动和保障作用应进一步发挥

对经济社会发展迫切需要、群众关注度高、代表呼声较大的法规，制定和修改不及时，缺乏相应的地方性法规，文化建设领域的地方性法规过少，在环境保护中没有完善关于公众参与的制度保障等。另外，人大代表在地方立法中的积极作用没有充分发挥，公众依法参与的内容和渠道仍然较窄，且缺乏相应的法律程序保障，立法过程中部门存在利益化倾向等问题仍有待破解。如何加强立法工作组织协调，加强重点领域立法，增强立法的系统性、协调性和及时性，切实发挥人大及其常委会在立法工作中的主导作用，还需要付出艰辛的努力。

2. 政府职能转变的力度、信息公开透明度和依法行政能力有待进一步加强

以信息公开为例，就主动公开政府信息而言，公开内容出现偏差，重形式、轻内容，重数量、轻质量，仍有避重就轻之嫌，这使得许多本应主动公开的信息转化为依申请才可能公开；就公开范围来看，在政府主动公开信息或依申请公开有关信息的过程中，政府信息公开范围往往存在很大争议；就公开实施监督而言，在政府信息公开制度实施的监督问题上，比较侧重事前投入，而忽视事后监管；重形式统计结果，轻实质过程监督。再以依法行政能力为例，上海社科院法学研究所对2011年度和2013年度社会公众及法律专业人士法治建设满意度调查统计结果表明：相比法治建设的其他领域，依法行政连续两次都位于满意度的"洼地"，可见依法行政的现状与社会公众及法律专业人士的期待仍有较大的差距。

3. 司法权威、司法公信力需要进一步提升

司法理念、思想观念、方法措施、司法工作体制机制、司法能力还不能完全适应新形势、新任务、新要求；司法队伍整体素质与党和人民群众的期待要求还有一定差距，特别是有的司法干警"执法为民"意识不强、作风不正，个别司法干警违法违纪现象仍时有发生，极少数司法干警违纪违法所造成的负面影响依然存在。

4. 维护城市公共安全的压力巨大

上海人口总量持续攀升，对城市资源和公共服务带来了巨大挑战。当前，上海人口总量已超过2500万，其中流动人口近1100万，流动人口的大量无序涌入，导致非法就业、非法占道设摊、"群租"等现象屡禁不止，各类"市霸"、"黑车"、违章搭建、乱设摊、医闹等社会治理顽疾难以根除。因此，如何运用法治思维和方式解决这一问题，对上海法治实务部门和理论界而言是一个巨大的挑战。

面对法治建设的薄弱环节和严峻挑战,2014年上海应注重在如下几个方面着力推进法治建设。

(一)把握规律特点,深入推进法治上海建设

法治是维护社会秩序的基石。必须坚持依法治国、依法执政、依法行政共同推进,法治国家、法治政府、法治社会一体化建设。一是着力提升各级领导干部运用法治思维和法治方式分析问题、处理问题和解决问题的能力,带头依法办事,带头遵守法律。在当下传统"人治"痕迹依然较深的状况下,领导干部言行的正面示范效应和负面扩散影响都不容小觑。因此,要加强领导干部的法治培训,强化法治理念,始终对宪法法律怀有敬畏之心,牢固确立法律红线不能触碰、法律底线不能逾越的观念,学会善于运用民主协商的办法凝聚群众共识,提高运用法治思维和法治方式的能力,自觉做到依法用权、依法履职。二是着力营造信仰法治、坚守法治的社会氛围。要推进依法治市,全面实施法治上海建设三年行动计划,推动全社会学法、遵法、用法,提升全市依法治理水平。以新时期新传媒时代社会公众能够接受的方式深入开展法治宣传教育,弘扬社会主义法治精神,培育社会主义法治文化,引导群众遇事找法、解决问题靠法。三是着力推进司法改革,让执法司法权在制度的笼子里运行。要提高司法人员的专业化、职业化水平,严格依法履职,强化证据意识、程序意识、权限意识和接受监督意识,在执法办案各个环节都设置"隔离墙"、拉上"高压线",从实体和程序上充分体现维护社会公平正义的要求,努力使每一起案件的办理、每一件事情的处理都成为维护社会公平正义的生动实践。四是坚定支持执法机关严格执法。严格文明公正执法是一个整体,文明、公正执法要强调,严格执法也要强调。在充分考虑执法对象的切身感受,规范执法言行的同时,对违法行为一定要严格尺度、依法处理,进一步完善行政执法与刑事司法相衔接的制度安排,加大对各类违法犯罪行为的依法打击力度,彰显法律的威慑力。

(二)加强制度创新,探索共同治理新路径

共同治理作为一种不同于单边治理的模式,得到了理论界的认同与重视。上海在自贸试验区先行先试过程中,要积极探索开放型市场监管体系下的共同

治理基本框架及内在结构，为形成可复制可推广的社会共同治理模式做出努力。以构建自贸试验区开放型市场共同监管体系为例，该体系应当是"一个信息平台，三个行为主体，分清法律责任，相互监督制约"的系统。在这个系统中，政府、社会组织与企业三者的行为与责任由法律予以规范，三者提供的信息对接于一个平台，也从其获得信息；法律明确各自提供信息的真实性，形成一个相互制约的关系。在自贸试验区探索过程中，要注意小区域试验存在的局限性，上海要利用自贸试验区建设的契机，在上海经济建设领域推进这一体制，进而推广到社会治理的各个领域。

（三）创新社会治理，着力深化"平安上海"建设

平安既是最基本的发展环境，也是极为重要的民生需求。一是进一步创新社会治理，把平安建设融入经济、政治、文化、社会、生态文明建设各个方面，处理好维护社会秩序与激发社会活力的关系，更多运用信息化手段处理、分析、管理公共安全，提高公共安全数字化、网格化、智能化水平，不断提高人民群众的安全感和满意度。二是加大拆违力度，打击欺行霸市、整治无照经营、加快治理非法客运、电信诈骗、"城中村"及城市交通等问题，确保突出问题常态抓、有效抓。三是建立健全群众评判、监督工作的机制，跟踪掌握社情民意，及时整改问题隐患，真正赢得群众的认同和拥护。四是强化道路交通、消防、轨道交通等重点领域安全管理，完善特殊群体救治管理机制，采取有针对性的强力措施，解决影响社会治理的重点、难点和瓶颈问题。五是坚持以法治思维、法治方式维护社会稳定，教育引导群众依法维权，对极少数违法闹访缠访的，一旦触及维稳底线，坚决依法果断处置。

（四）履行司法职能，努力维护社会公平正义

牢固坚持司法为民、公正司法，公正高效地审理好每一起案件。一是进一步增强执法办案是第一要务、公正司法是第一责任的意识，继续抓好执法办案的质量、效率和效果。二是恪守职业良知，规范司法行为，提升司法质效，确保本市司法绩效继续走在全国前列。三是完善司法权力运行机制，优化司法职权配置，推进审判公开、检务公开，严格规范减刑、假释、保外就医程序，强

化制约监督。积极应对劳教制度改革,探索推进轻微刑事案件快速办理工作,扩大短期自由刑适用范围。四是进一步推进"两法"实施后的相关配套制度建设,对简易程序出庭、羁押必要性审查、强制医疗、刑事和解、未成年人附条件不起诉等已经出台或即将出台规范性文件的,进一步严格制度的执行,确保依法规范实施。

(五)聚焦"群众需求",在便民利民上下更大功夫

把"依法履职"与"为民服务"结合起来,坚持以人为本。一是推进和完善并联审批、网上审批、加强政务服务体系建设和标准化建设;建立行政执法自由裁量权基准制度,严格规范行政执法自由裁量权行使,细化量化基层部门行政执法裁量标准,避免执法随意性和不公平。二是行政权力依法规范公开运行平台,社会公众可上网查询行政权力事项自由裁量信息,还可比照相关信息跟踪行政处罚范围是否符合自由裁量规定;加快推进工商注册登记全程电子化和电子营业执照,消除个体工商户转变为企业的体制性障碍。① 三是提高信息公开透明度,政府信息以"公开为原则,不公开为例外",凡是法律法规和行政规章要求的,只要不涉及国家秘密,坚决实行公开,让权力无暗角,让人民群众更方便地了解和监督政府各部门和司法机关的工作;加快促进政府职能转变的脚步加快,进一步加大人民群众对执法的监督,建立健全公众参与和政府决定相结合的行政决策机制和行政决策程序;加强实务界和理论界的信息沟通,避免"信息孤岛",方便相关学者、专家获取有效数据进行分析,形成真实、有质量的报告,为决策提供咨询。

(六)启动上海地方法治数据库建设,完善法治评估机制

从上海"四个中心"建设的视角看,目前的法治现状与"四个中心"的建设所需要的法治环境尚有一定差距;从国际化和法治化的视角看,虽然上海的经济、社会发展都基本达到了发达国家的水平,但法治建设水平相对而言仍滞后于特大型国际化大都市应有的法治水平。而启动上海地方法治数据库建

---

① 参见《建设法治四川与百姓休戚相关》,《四川日报》2014年1月10日。

设,完善法治评估机制是推动上海地方法治建设,满足上海"四个中心"建设对法治环境需求和比肩国际化大都市法治环境的重大举措之一。

上海社科院法学研究所自2008年开始投入大量人力和财力致力于上海地方法治评估的理论研究和实践探索,并在大量调查研究和连续三年编撰《上海法治发展报告》的基础上初步建立了上海地方法治评估体系,基本上包括了依法治市、地方立法、依法行政、公正司法、公民权利保障等多个环节,以及评估主体、评估对象、评估方法、评估指标、评估问卷等内容。但在法治评估的实践中,法治信息的不对称和法治统计数据难以获得的现状严重影响了法治评估的全面性和准确性。举例而言,从2003年开始,上海的法院系统每年均以"白皮书"的形式,将上一年度行政审判中反映出的全市行政机关行政行为和执法情况向市政府专报,这对推动法治政府的建设起到了积极作用。既然冠之以"白皮书",按照国际通行的惯例和"皮书"的特征,就应该是国家机关等公开发表的有关政治、经济、外交、法律等重大问题的文件,然而,我们的行政审判"白皮书"是不公开的,第三方评估机构无法获得该类信息和客观统计数据,社会公众和法律专业人士要参与对法治政府的建设和监督也遇到信息不对称的障碍,这在一定程度影响了法治评估的全面性和准确性,进而影响了上海法治建设的进程。

为完善上海的法治评估机制,补齐短板,上海需要在依法治市领导小组的顶层设计和统筹安排下,尽快启动上海地方法治数据库建设,为完善法治评估机制打下扎实的信息基础,使之能够有效地存储数据,在维护国家信息安全的前提下,尽可能满足社会公众和法律专业人士的应用需求(信息要求和处理要求),方便相关学者、专家获取有效法治信息和客观统计数据进行分析,形成真实、有质量的法治评估报告,为决策提供咨询,为促进上海法治建设做贡献。

评 估 篇

Evaluation Reports

B.2 上海市法治建设状况满意度分析总报告

上海法治市情研究中心*

摘　要： 为了深入了解上海法治建设的现状和问题，反映和评估上海法治建设的质量，上海社会科学院法学研究所于2014年1月开展了上海法治建设满意度调研，并形成了一份满意度分析总报告和四份分报告。

关键词： 上海　法治建设　满意度　社会调查　总报告

党的十八大吹响了依法治国的集结号，党的十八大报告中对法治的阐述不

---

* 本文由上海法治市情研究中心的史建三、王海峰、孟祥沛、彭辉、姚魏、徐加喜等共同讨论完成，彭辉执笔。

仅全面，而且深刻；不仅有顶层设计，而且有路径设定；不仅有战略目标，而且有重点突破。可以说，党的十八大报告通篇蕴含了法治的精神、法治的思想和法治的要求。这标志着中国特色社会主义法治建设的全面开启，更彰显了中国共产党人走向法治的充分自觉和自信。在顶层设计上，报告为今后5年乃至更长时间提出了明确要求：全面推进依法治国；重点目标是：完善中国特色社会主义法律体系；路径选择是：提高社会管理科学水平；实现方式是：树立社会主义法治理念。在此背景下，客观而准确地评估一个地区的法治状况成为实现上述重要目标的前提性基础工作。

法治评价方法的选择和运用比各国（地区）法治状况本身的认知与理解更具可比性，价值更为凸显。因而，目前通过指数化的方式来衡量一个国家或地区的法治水平是一个基本趋势。其根本原因在于，指标化或指数化传递了一种可观测的、标准化的审视法治的方法，这套方法是包括指标、标准、数据、评估主体、数据分析、指数计算等在内的方法体系[①]。基于此，本课题重在探索上海法治评估方法和技术的具体运用，进而预测法治评估在上海的发展，这不仅可以为理论界同仁及时跟踪法治评估动态，开展前瞻性研究提供一定的启示，同时也可对立法部门、执法部门和司法部门自觉运用法治评估的基本原理和基本方法，与公民形成合力共同推动"法治中国"、"美丽上海"的全面建设，为中国法治建设提供一个可资借鉴的评估路径。

一 基于层次分析法的上海法治建设评估指标体系

（一）基本原理与具体步骤

1. 基本原理

层次分析法（analytic hierarchy process，AHP）是20世纪70年代美国运

[①] 钱弘道等：《法治评估及其中国应用》，《中国社会科学》2012年第4期，第140~160页。

筹学家、匹茨堡大学教授 T. L. Saaty① 提出的将与评价决策有关的元素分解成目标、准则、指标等层次，在此基础之上进行定性和定量分析相综合的多因素决策理论和技术。② 它是一种有效处理那些难以完全用定量方法来分析复杂问题的手段。AHP 法的基本原理就是把要研究的复杂问题看作一个大系统，通过对系统的多个因素分析，划分出各因素相互联系的有序层次；再请专家对每一层次的各因素进行客观判断，并给出相对重要性的定量表示，建立数学模型，计算出每一层次全部因素的相对重要性的权数并加以排序；最后根据排序结果进行规划决策和选择解决问题的措施。③

2. 具体步骤

（1）构造判断矩阵

构造判断矩阵前，对每一层次的指标进行重要性排序，这个重要性是通过问卷调查，专家打分得来的，然后在该层次上，将各指标进行逐对比较，写出数值判断矩阵 A，表示 n 个影响因素中任意两个因素对目标的影响程度之比，由 Saaty 的 1~9 法确定，两两比较的尺度含义见表 1。

表 1 两两比较法的尺度表

标度	定义（比较因素 i 与 j）
1	因素 i 与 j 同等重要
3	因素 i 与 j 稍微重要
5	因素 i 与 j 较强重要
7	因素 i 与 j 强烈重要
9	因素 i 与 j 绝对重要
2,4,6,8	两相邻判断的中间值
反比较（倒数）	当比较因素 i 与 j 时得到的判断值 $C_{ij} = 1/C_{ji}$

（2）确定各层相对权重

根据专家所做的调查问卷结果进行分析，采用方根法计算相对权重，将各

---

① 孙宏才等：《网络层次分析法与决策科学》，国防工业出版社，2011。
② 朱庆芳、吴寒光：《社会指标体系》，中国社会科学出版社，2001，第 22~30 页。
③ 马立平：《层次分析法》，北京统计出版社，2000，第 38~39 页。

层判断矩阵的行向量求几何平均后归一化，可近似作为权重，即

首先，计算判断矩阵每一行元素的乘积 m_i：

$$m_i = \prod_{j=1}^{n} a_{ij}$$

其次，计算 m_i 的 n 次方根：

$$\overline{W} = \sqrt[n]{m_i}$$

最后，向量归一化，即：

$$W_i = \frac{\overline{W}_i}{\sum_{j=1}^{n} \overline{W}_j}$$

则为所求特征向量，其中 W_i 为第 i 个因素的相对权重。

(3) 确定各层相对权重

计算判断矩阵的最大特征根 λ_{max}：

$$\lambda_{max} = \frac{1}{n} \sum_{i=1}^{n} \frac{\left[\sum_{j=1}^{n} a_{ij} w_j\right]}{w_i}$$

(4) 一致性检验

AHP 要求判断矩阵要有大体的一致性，能够使计算结果基本上合理。一致性指标值分别为：

$$CI = \frac{\lambda_{max} - n}{n - 1}$$

其中，λ_{max} 为判断矩阵的最大特征根，n 为判断矩阵的阶数。当判断矩阵具有完全一致性时，CI=0。为了度量不同判断矩阵是否有满意的一致性，引进平均随机一致性指标 RI，RI 值如表2所示。

表2 矩阵平均随机一致性指标

矩阵阶数	1	2	3	4	5	6	7	8	9
RI	0	0	0.58	0.90	1.12	1.24	1.32	1.41	1.45

计算随机一致性比率 CR = CI/RI，当 CR < 0.10 时，认为矩阵通过了一致性检验，否则要将问卷反馈给专家，重新构造判断矩阵，直到通过一致性检验为止。

二 上海法治建设的概念化模型

根据党的十八大报告有关法治建设的阐述，现阶段我国法治建设的目标包括：依法治国方略全面落实，法治政府基本建成，司法公信力不断提高，人权得到切实保障。为实现上述目标，中国法治发展的路径已从党的十七大提出的"全面落实依法治国基本方略"进化为党的十八大提出的"全面推进依法治国"。基于上述，我们认为，法治建设的路径可以从民主政治、法治政府、司法公正、社会治理四个方面展开。①民主政治是基础。现代法治是建立在民主基础上的，社会主义民主是社会主义法治的前提，同时，民主也为法治注入新的内容和动力，以民主机制形成的法律制度，更能体现公共利益的导向，使法治为保障人权、自由及促进人们的幸福生活服务。②法治政府是保证。法治国家建设的目的、目标在很大程度上最终要落实在法治政府建设目标、任务的实现上。法治政府建设成功与否是衡量法治国家建设成功与否的最重要指标。③司法公正是关键。公正的司法制度是对受到侵害的人民权利给予救济的关键一环，也是实现社会公正、保障法律得以正确实施的最后一关。这也意味着法律平等地约束社会一切成员，成为规制和裁决人们行为的唯一准绳，法治原则都必须通过公正的司法具体贯彻实施。④社会治理是重点。随着经济社会形势的发展和变化，本市的社会建设和城市管理也面临着新的挑战，在工作中也会遇到很多新情况、新问题。车辆非法营运、不文明养犬、治理群租、禁烟场所吸烟、治理交通拥堵、保障食品安全等制度和规定都需要完善。总之，上海法治建设体系中民主政治、法治政府、司法公正、社会治理"四位一体"各要素之间具有反馈效应（见图1），这一特点使得上海法治建设具有其独特的内在机理、行为模式和逻辑路径。

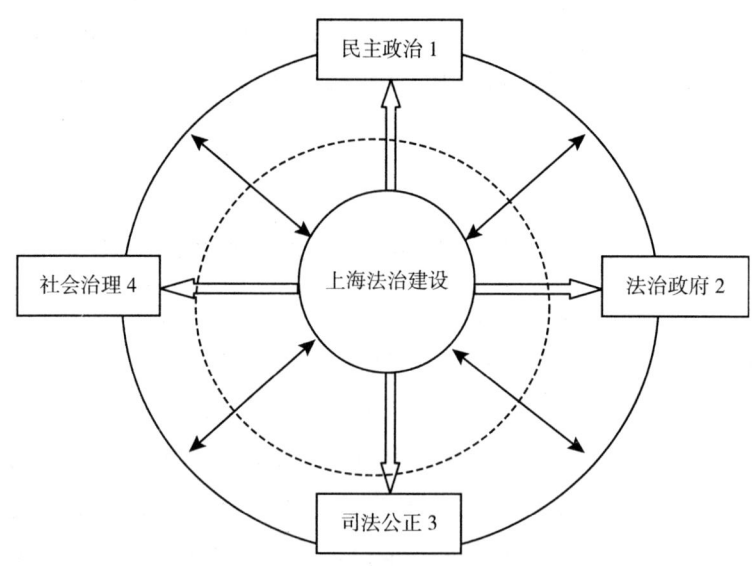

图1　上海法治建设的概念化模型

三　上海法治建设评估指标体系构建及其权重确定

1. 指标体系结构图

本研究以科学性、全面性、层次性、代表性、动态性、可操作性和可比性为原则，按目标层、准则层和指标层的思路构建上海法治建设评价指标体系。具体结构参见表3。

表3　上海法治建设指标体系

1级指标	2级指标	3级指标	指标说明
民主政治 B1	人大选举 C1	人大代表代表性 D1	反映人大代表的代表性是否充分有效
	地方立法 C2	地方性立法 D2	反映地方性法规对探索改革路径、促进经济发展、规范权力运行、保障社会和谐的作用
		编制立法规划 D3	反映立法在多大程度上满足本市今后一段时期各方面建设发展的法制需求
		人大立法听证会 D4	反映立法民主化、科学化程度
		自贸试验区法制保障 D5	反映自贸试验区法治可复制、可推广的经验做法

续表

1级指标	2级指标	3级指标	指标说明
民主政治B1	人大监督C3	对"一府两院"监督D6	反映人大及其常委会对"一府两院"监督效果
		人大监督实效D7	反映对法律法规执法的监督实效
		人大专题询问D8	反映对人大专题询问的实施评价
	政治协商C4	政协履职能力D9	反映对参政议政、民主监督的作用
		政协反映民意D10	反映体察民情、沟通民意的效果
法治政府B2	公众参与度C5	网络征集民意D11	反映公众参与程度
	信息透明度C6	政府听证会D12	反映政府规章立法民主化、科学化程度
		政府信息公开D13	反映政府政务和信息公开程度
	执法规范度C7	行政执法D14	反映羁束行政执法与自由裁量行政执法
		行政行为规范度D15	反映行政行为公定力、确定力、拘束力和执行力
	高效便民度C8	政府窗口办事效率D16	反映政府窗口办事效率
		政府服务窗口质量D17	反映政府服务窗口的水平和质量
	行为可问责度C9	行政复议效果D18	反映行政复议在解决行政纠纷的作用
司法公正B3	审判质量C10	法院审判质量D19	反映法院审判的质量
	审判效率C11	法院审判效率D20	反映法院审判效率
	审判效果C12	法院审判效果D21	反映审判的法律效果和社会效果
	检察质量C13	检察院检察质量D22	反映检察院检察质量
	检察效率C14	检察院检察效率D23	反映检察院检察效率
	检察效果C15	检察院检察效果D24	反映检察的法律效果和社会效果
	队伍建设C16	法官素质D25	反映法官素质
		检察官素质D26	反映检察官素质
社会治理B4	党委依法执政C17	市级党组织执政能力D27	反映市级党组织执政能力
		区县党组织执政能力D28	反映区县党组织执政能力
		乡镇街道党组织执政能力D29	反映乡镇街道党组织执政能力
		"八项规定"、"六项禁令"在沪实施情况D30	反映"八项规定"、"六项禁令"在沪实施情况
		社区法治宣传效果D31	反映社区法治宣传效果

续表

1级指标	2级指标	3级指标	指标说明
社会治理 B4	普法程度 C18	交通法规宣传效果 D32	反映交通法规宣传效果
	纠纷调处 C19	劳动关系状况 D33	反映劳动关系和谐程度
		私人关系网效果 D34	反映私人关系网解决纠纷效果
		社区组织效果 D35	反映社区组织解决纠纷效果
		工作单位效果 D36	反映工作单位解决纠纷效果
		政府组织效果 D37	反映政府组织解决纠纷效果
		司法机构效果 D38	反映司法机构解决纠纷效果
		网络媒体效果 D39	反映网络媒体解决纠纷效果
	公民参与 C20	社区建设和管理 D40	反映社区建设和管理完善程度
	城市管理 C21	业主委员会 D41	反映业主委员会功能发挥程度
		车辆非法营运 D42	反映车辆非法营运治理程度
		不文明养犬 D43	反映不文明养犬治理程度
		治理群租满意度 D44	反映治理群租治理程度
		禁烟场所吸烟 D45	反映禁烟场所吸烟治理程度
		交通拥堵 D46	反映交通拥堵治理程度
	法治环境 C22	保障食品安全 D47	反映食品安全保障程度
		法治建设的财政保障 D48	反映法治建设的财政保障充盈度
		律师行业专业化、规模化、国际化 D49	反映律师行业的发展趋势
		与国际化大都市比较 D50	反映上海逐步缩小与其他国际化大都市法治建设差距的程度
		市民遵守法律 D51	反映市民遵守法律效果
		社会治安环境 D52	反映社会治安环境

(1) 0级指标。以上海法治建设状况作为目标层的指标,用来衡量上海法治建设水平。该评价指标应在时间维度上反映上海法治建设的水平和演进变化,在空间维度上反映上海法治建设的整体状态、分布特征、内在潜力和发展后劲。

(2) 1级指标。1级指标由反映0级指标的因素构成,也称为"1级指标"。为了反映上海法治建设民主政治成长空间、法治政府完善程度、司法公正权威属性、社会治理公共理性。本课题设置了4个1级指标，由民主政治、法治政府、司法公正和社会治理四方面构成。

（3）2级指标。2级指标由反映1级指标的因素构成，是1级指标的再细化，是对1级指标的分类综合，在这层中共有22个2级指标。其中民主政治指标由人大选举、地方立法、人大监督和政治协商组成；法治政府指标由公众参与度、信息透明度、执法规范度、高效便民度和行为可问责度组成；司法公正指标由审判质量、审判效率、审判效果、检察质量、检察效率、检察效果和队伍建设组成；社会治理指标由党委依法执政、普法程度、纠纷调处、公民参与、城市管理和法治环境组成。

（4）3级指标。3级指标由反映2级指标的因素构成，是2级指标的再细化和分类综合，在这层中共有52个3级指标。这些指标不仅能够从静态维度反映上海法治建设的现实情况，而且动态反映其变化演进的基本趋势和发展方向。

综上所述，上海法治建设评价的指标体系由0级指标（也简称A层）、1级指标（简称B层）、2级指标（简称C层）和3级指标（简称D层）共同构成。

2. 指标体系的权重确定

根据层次分析法的研究步骤，通过咨询11名关心和熟悉法治领域的领导和专家，其中行政系统5名，检察系统1名，法院系统1名，人大系统1名，专家学者3名。针对各层次目标进行评分，根据其平均值综合构造判断矩阵，计算出各子目标的权重系数，在通过了单层一致性检验和总体一致性检验后，得到的组合权重就是我们最终想要的结果，各指标的相对权重和组合权重如表4所示。

表4　上海法治建设指标体系的组合权重

1级指标	1级指标权重	2级指标	2级指标权重	3级指标	3级指标权重	组合权重
民主政治B1	0.4334	人大选举C1	0.6207	人大代表代表性D1	1.0000	0.2772
		地方立法C2	0.1917	地方性立法D2	0.6333	0.0471
				编制立法规划D3	0.1186	0.0113
				人大立法听证会D4	0.1866	0.0132
				自贸试验区法制保障D5	0.0615	0.0063

续表

1级指标	1级指标权重	2级指标	2级指标权重	3级指标	3级指标权重	组合权重
民主政治 B1	0.4334	人大监督 C3	0.1340	对"一府两院"监督 D6	0.4259	0.0212
				人大监督实效 D7	0.4401	0.02154
				人大专题询问 D8	0.1340	0.0067
		政治协商 C4	0.0536	政协履职能力 D9	0.5486	0.0086
				政协反映民意 D10	0.4514	0.0093
法治政府 B2	0.2607	公众参与度 C5	0.0473	网络征集民意 D11	1.0000	0.0094
		信息透明度 C6	0.4652	政府听证会 D12	0.2500	0.0224
				政府信息公开 D13	0.7500	0.0813
		执法规范度 C7	0.3801	行政执法 D14	0.3889	0.0051
				行政行为规范度 D15	0.6111	0.0515
		高效便民度 C8	0.0832	政府窗口办事效率 D16	1.0000	0.0124
				政府服务窗口质量 D17	1.0000	0.0138
		行为可问责度 C9	0.0241	行政复议效果 D18	1.0000	0.0064
司法公正 B3	0.2620	审判质量 C10	0.3751	法院审判质量 D19	1.0000	0.0894
		审判效率 C11	0.0760	法院审判效率 D20	1.0000	0.0183
		审判效果 C12	0.0881	法院审判效果 D21	1.0000	0.0214
		检察质量 C13	0.0950	检察院检察质量 D22	1.0000	0.0224
		检察效率 C14	0.0288	检察院检察效率 D23	1.0000	0.0077
		检察效果 C15	0.0544	检察院检察效果 D24	1.0000	0.0109
		队伍建设 C16	0.2827	法官素质 D25	1.0000	0.0537
				检察官素质 D26	1.0000	0.0523
社会治理 B4	0.0439	党委依法执政 C17	0.6687	市级党组织执政能力 D27	0.5171	0.0128
				区县党组织执政能力 D28	0.2296	0.0054
				乡镇街道党组织执政能力 D29	0.0951	0.0092
				"八项规定"、"六项禁令"在沪实施 D30	0.1581	0.0065
		普法程度 C18	0.0189	社区法治宣传 D31	0.6495	0.0054
				行人遵守交规 D32	0.1641	0.0019
				劳动关系状况 D33	0.1864	0.0018
		纠纷调处 C19	0.0249	私人关系网解困难 D34	0.2773	0.0028
				社区组织解困难 D35	0.3675	0.0019

续表

1级指标	1级指标权重	2级指标	2级指标权重	3级指标	3级指标权重	组合权重
社会治理 B4	0.0439	纠纷调处 C19	0.0249	工作单位解困难 D36	0.0917	0.0025
				政府组织解困难 D37	0.0445	0.0014
				司法机构解困难 D38	0.0794	0.0043
				网络媒体解困难 D39	0.1396	0.0044
		公民参与 C20	0.0847	社区建设和管理 D40	0.4756	0.0045
				业主委员会建设 D41	0.5244	0.0016
		城市管理 C21	0.0399	治理非法占道经营 D42	0.0305	0.0004
				治理不文明养犬 D43	0.0207	0.0014
				治理群租 D44	0.0867	0.0013
				治理公共场所吸烟 D45	0.0531	0.0071
				治理交通拥堵 D46	0.2319	0.0025
				保障食品安全 D47	0.5772	0.0030
		法治环境 C22	0.1628	法治建设财政保障 D48	0.1657	0.0030
				律师行业三化 D49	0.0483	0.0023
				国际化法治进程 D50	0.1765	0.0021
				市民遵守法律 D51	0.0560	0.0034
				社会治安环境 D52	0.5535	0.0062

四 上海法治建设满意度调查问卷统计说明

1. 调查对象的选择

法治建设是一个动态的、多维的、复杂的系统工程,对法治发展水平的认识也必然是多元的,对此,我们设计了三套问卷,着重调查了以下三类群体:

(1)市民。广大市民是法律公共产品的消费者。法律法规对不同的社会关系进行调整、干预和规范,对千千万万的普通市民产生不同的影响,所以市民对法治的状态有直观的判断和感受,他们或者作为基层民主的参与者,或者作为行政管理的相对人,或者作为诉讼的当事人,或者作为普通的观察者,体验和感受立法、执法、司法等法治环节,最终形成自己的判断。市民对法治存在的问题和解决的措施也有不同的认识和想法。收集和归纳这些信息对改进法治工作无疑具有积极意义。此外，市民不但对法治建设的实际状况和问题有切身的认识，而且还对法治的"产品提供"有自己的需求。法律工作者应当了解和掌握这种需要，使法律公共产品更加符合社会的需要。基于这样的理由，市民是本次调查的基本对象。当然，大部分市民缺乏法律理论和法律运作的专业知识，而且每个个体的体验和感受是零散的、感性的，所得出的判断也存在表象性和片面性的局限。

（2）法律专业人士①。在人大、政府、法院、检察院等单位工作的法律专业人士是第二类调查对象。这一群体是直接参与法治建设的工作者，是法律产品的提供者。他们对法治的真实状况、内在规律和潜在问题有着较为深刻的认识和体验，对上海法治建设能够做出比较专业的评价。当然，在评估与自己工作相关的事项时，则难以摆脱"自我评价"的局限。

（3）执业律师。第三类调查对象是律师群体。律师是借助法律专业知识为社会提供法律服务的专业人士。工作的性质决定了他们必须与社会各阶层和政府部门、司法机构频繁接触，处理各种法律纠纷和争议。在职业行为规范许可的范围内，律师思想独立、行动独立、责任独立，其具体执行的业务活动不能受到某个组织甚至不受某个政治组织的左右，不受政府立场的左右，不受某个时期政策的影响，也不受政治利益的影响。可以说，律师群体既是法律产品的提供者，又是法律产品的特殊消费者（相对于权力机关和公安司法机关来说），与法律有着天然的联系，自然对法治状态有较为深刻的体验。不过，整天在各种问题、纠纷、矛盾中摸爬滚打的律师容易放大法治建设中存在的问题，对法治的发展有比普通人更高的期许，所以衡量法治水平的标准也可能更高。

总之，不同群体对上海法治建设状况的感知各有其特点和局限，我们努力通过对不同视角的解读和整合分析，以期得出多维的、较为接近实际情况的综合判断。

2. 调查问卷的抽取

为了深入把握上海在落实依法治国方略，执行国家法律并在宪法、法

---

① 法律专业人士是指专门从事法律事务的人。严格来说，律师也属于法律专业人士范畴，但为了便于论述，本文称"法律专业人士"不包括律师，律师作为专门群体将另做论述。

律规定的权限内创制和实施地方性法规、规章和规范性文件的法治建设活动和达到的法治状态，促进法治建设发展，为本市今后依法治市、法治宣传工作提供第一手资料，我们于2014年1月以社会学的调查方法向法律专业人士、市民和执业律师开展问卷调查，这次调查反映了这些群体对上海法治建设的看法及满意度。问卷的初稿设置了40个问题，先在小范围内进行了预测试，并最终形成了有32个问题的正式问卷。后将正式问卷分别向市民、执业律师和法律专业人士进行了大样本调查，共回收了5877份问卷，具体信息如下。

（1）市民问卷。这部分共有问卷2088份，主要通过三个渠道进行的收集：一是线下调查，我们选取了闵行区作为调查点，通过辖区各街镇司法所进行发放，具体分布在莘庄、华漕、梅陇、工业区、浦江、七宝、江川，并由社区普通群众填写，共回收有效问卷913份。二是网络调查，为了确保抽样随机分布，更能够真实反映整体情况，课题组在线下调研的基础之上，通过问卷星专业网络平台开展线上调研，目前已有超过200万个人、1200所高校和16000家企业（包括82家世界500强企业）正在使用问卷星平台开展问卷调查，共收集问卷1052份。三是现场取样，利用上海市召开"两会"的契机，课题组向政协委员发放问卷，收集问卷123份。

（2）执业律师问卷。这部分共有问卷2584份。近年来，上海市律师工作成绩显著，为全市改革发展稳定做出了积极贡献。截至2013年12月，全市有专职律师15433人，兼职律师640人；律所1233家，其中合伙所818家、个人所310家、外地分所105家。整体来看，无论是律所和律师的数量，还是律师服务的领域，上海律师业的发展水平都仅次于北京，居全国前列。课题组通过东方律师网对上海律师开展了问卷网络调查。

（3）法律专业人士问卷。这部分共有问卷1205份。该部分问卷的发放和回收分别委托相应的官方机构进行，共从法院系统回收524份，检察系统回收157份，人大系统回收52份，司法行政系统回收472份。

本研究运用SPSS统计软件对模型中各类型受访群体进行描述性分析，样本数据来源与分布特征参见表5至表7。

表5 上海法治建设市民满意度调查样本构成

类别	基本指标	频数	百分比(%)	类别	基本指标	频数	百分比(%)
受访群体	政协委员	123	5.9		政府机关工作人员	99	4.7
	普通市民	1965	94.1		教师及科研人员	197	9.4
性别	男	1075	51.5		企业员工	823	39.4
	女	1013	48.5		专业技术人员	230	11.0
年龄	29周岁及以下	737	35.3		医疗机构工作人员	52	2.5
	30周岁至39周岁	689	33.0	职业	个体户	99	4.7
	40周岁至49周岁	365	17.5		农民	9	0.4
	50周岁及以上	297	14.2		失业下岗人员	103	4.9
教育程度	初中及以下	57	2.7		退休人员	77	3.7
	高中或中专、职校与技校	398	19.1		学生	225	10.8
	大专	434	20.8		其他	174	8.3
	本科及以上	1199	57.4		2000元及以下	357	17.1
户籍	上海户口	1027	49.2		2001~4000元	994	47.6
	上海居住证	423	20.3		4001~6000元	258	12.4
	其他	638	30.6		6001~8000元	168	8.0
在沪连续居住时间	1年以下(含1年)	369	17.7	月收入	8001~10000元	178	8.5
	1年以上至3年以下(含3年)	284	13.6				
	3年以上至7年以下(含7年)	524	25.1		10001元及以上	133	6.4
	7年以上	911	43.6				

表6 上海法治建设律师满意度调查样本构成

类别	基本指标	频数	百分比(%)	类别	基本指标	频数	百分比(%)
性别	男	1666	64.5	政治面貌	中共党员	953	36.9
	女	918	35.5		民主党派	162	6.3
年龄	29周岁及以下	495	19.2		群众	1469	56.8
	30周岁至39周岁	1120	43.3	从事律师工作的年限	不足3年	627	24.3
	40周岁至49周岁	521	20.2		3~5年	587	22.7
	50周岁及以上	448	17.3		6~10年	528	20.4
最高学历	大学专科及以下	134	5.2		10年以上	842	32.6
	大学本科	1615	62.5	年收入	20万元以下	1620	62.7
	硕士研究生	786	30.4		20万~50万元	679	26.3
	博士研究生	49	1.9		51万~100万元	183	7.1
					100万元以上	102	3.9

表7 上海法治建设法律专业人士满意度调查样本构成

类别	基本指标	频数	百分比（%）	类别	基本指标	频数	百分比（%）
受访群体	检察官	157	13.0	在沪连续居住时间	5年以上至7年（含7年）	84	7.0
	法官	524	43.5		7年以上	1023	84.9
	人大机关工作人员	52	4.3	教育程度	大学专科及以下	69	5.7
	依法治市办及司法行政机关工作人员	472	39.2		大学本科	689	57.2
性别	男	582	48.3		硕士研究生	439	36.4
	女	623	51.7		博士研究生	8	0.7
年龄	29周岁及以下	289	24.0	政治面貌	中共党员	942	78.2
	30周岁至39周岁	406	33.7		民主党派及无党派人士	29	2.4
	40周岁至49周岁	266	22.1		群众	234	19.4
	50周岁及以上	244	20.2	行政级别	科级及以下	1058	87.8
在沪连续居住时间	1年及以下	23	1.9		处级（含副处级）	147	12.2
	1年以上至3年（含3年）	32	2.7	部门层级	市级	187	15.5
					区、县级	607	50.4
	3年以上至5年（含5年）	43	3.6		街道、乡镇	411	34.1

3. 调查问卷的不足

限于水平和时间，本次问卷调查主要存在以下三个方面的不足。

（1）问卷的提问方式与法治建设不完全匹配。此次调查名为"上海市法治建设状况调查问卷"，意在探明上海法治建设当下的真实水平，但问卷设计的着眼点是受访群体对上海法治建设的满意度。我们知道，法治有其自身的发展规律，属于客观事物的范畴，法治状况作为一种价值导向不可能被绝对量化，这就决定了要将内涵丰富的法治目标转化为可测量的、标

准化的指标总是无法尽如人意。因此，法治建设满意度调查可能与真实的法治水平存在一定偏差。对此，我们只能通过不断实践和改进将偏差降到最小。

（2）问卷问题的设计与法治指标不完全对应。法治评估指标的设计本身就是一项很有挑战性的工作，真正理解和掌握法治建设的内在要求及其运作规律的难度较大，这就决定了其评价指标具有多层次、多界面、多角度特点，对这些纷繁复杂，性质、权重迥异的指标，无法通过几个或若干个问卷题目予以匹配和呼应。比如人大工作包括地方立法、法律监督、人事任免、重大事项决定四个方面，而有限的题量使得"人事任免工作"没有纳入指标设计。

（3）法治建设客观数据难以获取。一般而言，作为法治建设评价依据的参考数据来自于两个方面：一是与法治状况相关的官方各项法律数据；二是社会调查问卷所得数据。通过设置客观指标和主观指标两部分指标系统，以综合组成法治评估的指标体系。受制于公开数据不足和法治信息获取上的困难，我们不得不放弃一些本来可以更好地反映法治建设成效的客观指标。因此，本次评估全部采用受访群体满意度调查的方式，其中部分指标只反映了被评估者"做了什么"而不能完全反映其"做得怎么样"。为弥补这一不足，尽可能全面、深入、客观地评估上海法治建设的各个方面和发展程度，我们在本次调查中同时对市民、法律专业人士和律师这三类受访群体开展了问卷调查，试图了解不同主体对上海法治建设的不同感受，并通过统计结果的比较，分析上海法治建设中的深层次问题。同时还说明，相关部门信息公开的水平还需要进一步提高。

五　上海法治建设评估分析

1. 各群体对上海法治建设各指标评估

课题组通过对5877份问卷进行整理、分析，计算出不同群体对上海法治建设各指标评价的具体分值。

上海市法治建设状况满意度分析总报告

表8 上海法治建设指标体系打分情况

受访群体	人大代表代表性指标分值	编制立法规划指标分值	人大立法听证会指标分值	政府立法听证会指标分值	人大监督实效指标分值	自贸试验区法制保障指标分值	人大专题询问指标分值	政协履职能力指标分值	政协反映民意指标分值
检察官	3.9809	4.2051	4.0662	4.0400	4.2051	4.2821	4.0577	4.0641	4.0064
法官	3.9061	4.0996	3.9186	3.8769	4.0385	4.1426	3.9537	3.9482	3.9404
人大*	3.5192	3.9020	3.8163	3.6170	3.7115	4.0769	3.8077	3.6531	3.6122
依法治市**	3.7463	3.9615	3.7875	3.7396	3.8252	4.0725	3.8635	3.8141	3.7804

受访群体	网络征集民意	政府信息公开	行政行为规范度指标分值	政府窗口办事效率指标分值	行政复议效果	审判质量指标分值	审判效率指标分值	审判效果指标分值	检察质量指标分值
检察官	4.1026	4.1465	4.0191	3.9363	3.9809	4.3013	4.2692	4.2372	4.5000
法官	4.0843	4.0881	4.0154	4.0038	4.3904	4.3900	4.3745	4.1876	4.1705
人大	3.7647	3.5686	3.5000	3.6154	3.5000	3.6400	3.6600	3.6000	3.6400
依法治市	4.0128	3.9170	3.8681	3.8872	3.8125	4.1030	4.0322	4.0407	4.0989
律师	3.7163	3.6370	3.5453	3.5998	3.3866	3.6757	3.4044	3.5697	3.6157

受访群体	检察效率指标分值	检察效果指标分值	法官素质指标分值	检察官素质指标分值	市级党组织执政能力指标分值	区县党组织执政能力指标分值	乡镇街道党组织执政能力指标分值	社区法治宣传指标分值	行人遵守交规指标分值
检察官	4.4808	4.4744	4.1410	4.4615	4.2179	4.1795	4.0769	3.9873	3.6624
法官	4.1442	4.4363	4.2119	4.1284	4.0734	3.9673	4.2322	4.1212	3.9731
人大	3.6200	3.6000	3.5800	3.7000	3.8431	3.7451	3.6667	3.4000	3.1961
依法治市	4.0668	4.0796	4.1092	4.1785	4.0598	4.0064	3.9358	4.0647	3.3526
律师	3.5615	3.5646	3.6370	3.7016	3.6935	3.5619	3.4396	3.5062	3.1331

受访群体	劳动关系状况指标分值	业主委员会建设指标分值	法治建设财政保障指标分值	律师行业三化指标分值	国际化法治进程指标分值	私人关系网解困指标分值	社区组织解困指标分值	工作单位解困指标分值	政府组织解困指标分值
检察官	3.9936	3.7389	3.9295	3.7834	3.8590	4.1288	3.7857	4.1261	3.8440
法官	3.9374	3.8233	3.7769	3.8215	3.9923	3.7013	3.9098	3.7582	4.0212
人大	3.5000	3.2353	3.3529	3.3725	3.2941	3.9778	3.0769	3.5641	3.1875
依法治市	3.7730	3.4497	3.7216	3.7521	3.6925	4.0667	3.6192	3.9521	3.7532
律师	3.6517	3.2848	3.4261	3.5372	3.3963	3.8665	3.2488	3.5619	3.2666

续表

受访群体	司法机构解困指标分值	网络媒体解困指标分值	地方性立法指标分值	对"一府两院"监督指标分值	行政执法指标分值	政府服务窗口质量指标分值	"八项规定"、"六项禁令"在沪实施指标分值	社会治安环境指标分值	社区建设和管理指标分值
检察官	4.0087	3.7843	4.2628	4.2756	3.9172	3.9554	4.3057	3.9936	3.8535
法官	3.7981	3.7305	4.0785	4.0386	4.0288	4.0019	4.0617	3.6209	3.7904
人大	3.1613	3.5714	3.8654	3.5769	3.4510	3.5882	4.1200	3.9423	3.4808
依法治市	3.8786	3.7781	3.9272	3.7548	3.7681	3.9143	4.1595	4.0128	3.7666
律师	3.3498	3.4632	3.7775	3.3676	3.4396	3.5488	3.7248	3.8618	3.5457
市民	—	—	3.8183	3.6550	3.1796	3.7756	3.7929	3.6799	3.4597
政协	—	—	3.8482	3.4211	3.3391	3.6281	4.0500	3.8417	3.6000

受访群体	市民遵纪守法指标分值	治理非法占道经营指标分值	治理不文明养犬指标分值	治理群租指标分值	治理公共场所吸烟指标分值	治理交通拥堵指标分值	保障食品安全指标分值
检察官	3.8535	3.4615	3.5449	3.4586	3.4395	3.0446	3.2484
法官	3.8591	3.5558	3.3935	3.3121	3.3673	3.1269	3.2989
人大	3.5192	2.9792	2.7708	2.7872	3.1837	2.7200	3.0000
依法治市	3.7350	3.3107	3.1388	3.0939	3.0675	2.3697	2.9891
律师	3.5499	3.1881	2.8928	2.8912	2.8660	2.8804	2.8093
市民	3.3135	3.3384	3.3059	2.7623	2.8346	2.6608	2.9333
政协	3.4917	2.7542	2.4696	2.4602	2.3898	2.5104	2.7434

* 限于表格位置不足，本表中人大机关工作人员均简称为"人大"。

** 限于表格位置不足，本表中依法治市办及司法行政机关工作人员均简称为"依法治市"。

2. 上海法治建设综合评价方式

（1）法治指数计算公式

评价指标的计算公式如下：

$$A = \sum_{i=1}^{52} W_i D_i$$

式中：A，表示上海法治建设总指数；W_i，表示第 i 个指标的组合权重；D_i，表示第 i 个指标的分数。

上海市法治建设状况满意度分析总报告

根据调查资料，按照上述公式计算可得出各级指标评价结果，再进一步对综合指数进行分级，可以确定上海法治建设的水平。本研究将上海法治建设水平分为5个等级，即法治建设水平高，法治建设水平较高，法治建设水平一般，法治建设水平较低，法治建设水平很低（见表9），以此可以确定上海法治建设目前所达到的水平等级。

表9　上海法治建设水平等级

法治建设水平级别	法治建设水平数范围	法治建设水平
Ⅰ	$4 < A \leq 5$	法治建设水平高
Ⅱ	$3 < A \leq 4$	法治建设水平较高
Ⅲ	$2 < A \leq 3$	法治建设水平一般
Ⅳ	$1 < A \leq 2$	法治建设水平较低
Ⅴ	$0 < A \leq 1$	法治建设水平很低

经计算，得到上海法治建设综合指数 $A = 3.8350$，由此可以看出上海市法治建设水平属于较高层次。

（2）各指标综合满意值计算公式

调查问卷中量表的设计除个人背景外的其他问题均采用李克特（Likert Scale）式5点量表法，5点量表符合人们判断问题的方式，可以表示温和意见与强烈意见之间的区别。为了数据单位的一致性，我们把指标值的范围进行平均区间划分，给每一个区间相应的分数，分值越高代表上海法治建设水平越高。具体而言，指标选取"非常满意"选项为"5分"，选取"比较满意"选项为"4分"，选取"一般"选项为"3分"，选取"不太满意"选项为"2分"，选取"非常不满意"为"1分"。各项问题的满意度分值由各满意度等级所对应的反馈者比例与该满意度等级对应的分值之间的乘积加总计算。以"人大听证会满意度"为例，有24.4%的法官对人大听证会非常满意，46.7%的法官较为满意，26.0%的法官认为一般，2.1%的法官不太满意，0.8%的法官非常不满意。则可以计算出法官对人大听证会的总体满意值约为78.4分（$24.4 \times 1 + 46.7 \times 0.8 + 26.0 \times 0.6 + 2.1 \times 0.4 + 0.8 \times 0.2 = 78.36$）。

六 上海法治建设各指标综合评估分析

1. 指标排名比较分析

（1）指标满意度前十排名

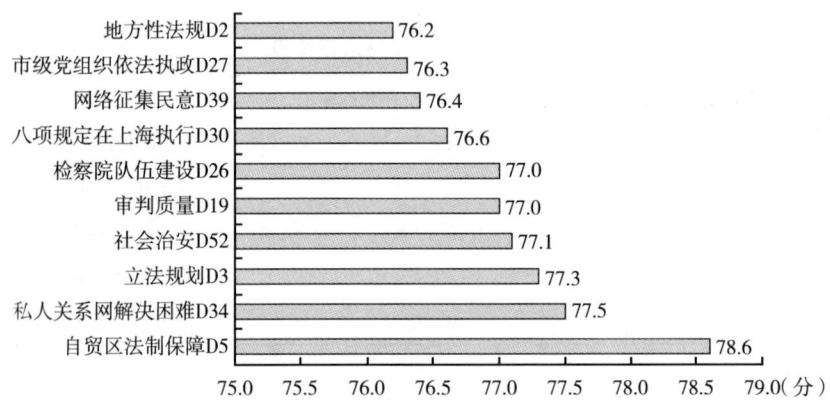

图2 上海法治建设指标综合满意值前十排名

上海法治建设指标满意度前十排名如下：自贸试验区法制保障D5（78.6）＞私人关系网解决困难D34（77.5）＞立法规划D3（77.3）＞社会治安D52（77.1）＞审判质量D19（77.0）＞检察院队伍建设D26（77.0）＞八项规定在上海执行D30（76.6）＞网络征集民意D39（76.4）＞市级党组织依法执政D27（76.3）＞地方性法规D2（76.2）。由此可见，社会治理类指标有5个，占其指标量的19.2%，民主政治类指标有3个，占其指标量的30%，司法公正类指标2个，占其指标量的25%。可见，受访者对本市民主政治的满意度评价最高，司法公正评价次之，社会治理排名第三。具体而言，本市2013年法治建设所取得的热点为：作为国家战略的重要组成部分，上海自贸试验区不仅是经济领域的重大革新，其治理模式已经拓展到其他社会领域，这就亟须强有力的制度保障，以法治引领改革，改革推动进步的作用。在众多受访者中对该指标的满意评价度最高；在立法规划中注重科学论证，引入上海社会科学院、上海市法治研究会作为第三方开展独立论证，严格筛选标准和要求，这是本市人大立法亮点；社会治安水平的提高体现了法治建设的进步与完善，而良好的社会治安环境无疑为法治建设提供了坚实的基础和保障；2013年上海法院司法公正指数和透明度全国排名居首，因透明司法而了解司法，因人文司法而亲近司法，因公正司法而信任司法的目标正在逐步实现。同时我们也关注到，在纠纷调处手段上，依赖于私人关系网解决困难依旧是受访者的首选，高于社区组织、工作单位、政府组织、司法机构和网络媒体，可见，法治建设依旧任重而道远。

（2）指标满意度后十排名

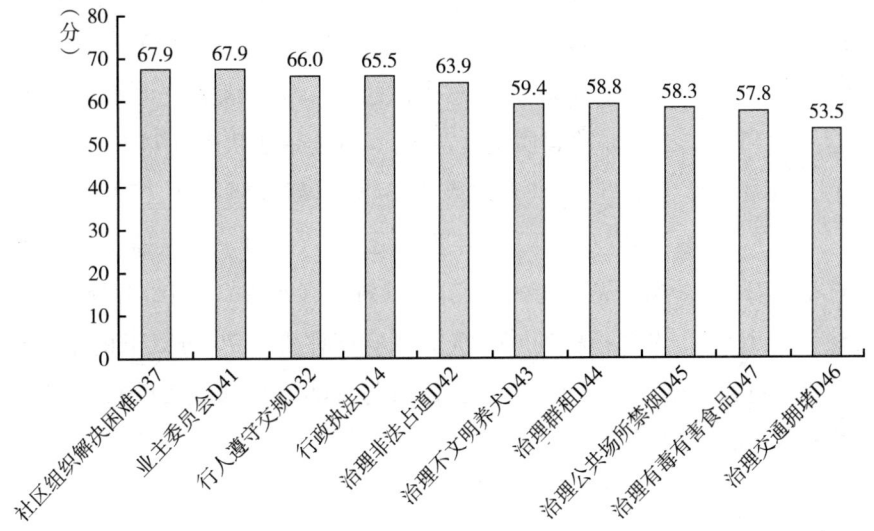

图3 上海法治建设指标综合满意值后十排名

上海法治建设指标满意度后十排名如下：社区组织解决困难D37（67.9）＞业主委员会D41（67.9）＞行人遵守交规D32（66.0）＞行政执法D14（65.5）＞治理非法占道D42（63.9）＞治理不文明养犬D43（59.4）＞治理群租D44（58.8）＞治理公共场所禁烟D45（58.3）＞治理有毒有害食品D47（57.8）＞治理交通拥堵D46（53.5）。由此可见，社会治理类指标有9个，占其指标量的34.6%，法治政府类指标有1个，占其指标量的12.5%。可见，受访者认为本市法治建设的软肋是社会治理领域。当前本市社会经济发展进入到关键时期，经济平稳增长，改革日益深化，社会矛盾凸显。旧有集权式的社会管理方式往往羁绊于行政命令,越权、滥权、侵权等违纪、违法事件频繁显现,尤其在非法占道经营、不文明养犬、群租、公共场所吸烟、交通拥堵、食品安全等利益冲突集中、群众关切的领域,这种现象多发易发阻碍了法治建设的顺利推进。因此,社会治理已然成为上海市法治建设的一大短板,亟待提出有效的应对之策。

2. 上海法治建设指标比较分析

(1) 不同年龄段对各指标满意度比较

不同年龄层的阅历、经验、生活状态将直接影响受访者对法治建设的看法。从不同年龄段对各指标满意度评价来看,各群体综合满意度评价在75分以上的指标有4项,分别是地方立法(76.7)、公众参与度(75.7)、队伍建设(75.3)和审判质量(75.2),占总指标的18.2%;满意度评价在70~75分的指标有15项,分别是检察质量(74.6)、党委依法执政(74)、检察效果(73.6)、检察效率(73.6)、审判效果(73.3)、高效便民度(72.7)、政治协商(72.2)、法治环境(72.1)、信息透明度(71.8)、人大监督(71.5)、人大选举(71.3)、执法规范度(71)、审判效率(70.9)、纠纷调处(70.6)和普法程度(70),占总指标的68.2%;满意度评价在70分以下的指标有3项,分别是行为可问责度(69.7)、公民参与(69.3)和城市管理(57.9),占总指标的13.6%(见图4)。

(2) 不同性别对各指标满意度比较

从不同性别对各指标满意度评价来看,各群体综合满意值评价在75分以上的指标有5项,分别是地方立法(76.9)、公众参与度(75.9)、审判质量(75.8)、队伍建设(75.8)和检察质量(75.0),占总指标的22.7%。满意度评价在70~75分的指标有15项,分别是党委依法执政(74.3)、检察效果(74.2)、检察效率(74.1)、审判效果(73.9)、执法规范度(72.9)、高效便民度(72.9)、政治协商(72.4)、法治环境(72.4)、信息透明度(72.1)、人大监督(71.9)、人大选举(71.5)、审判效率(71.4)、纠纷调处(70.7)和普法程度(70.2)、行为可问责度(70.0),占总数的68.2%。满意度评价在70分以下的指标有2项,分别是公民参与(69.7)和城市管理(58.4),占总数的9.1%(见图5)。

上海市法治建设状况满意度分析总报告

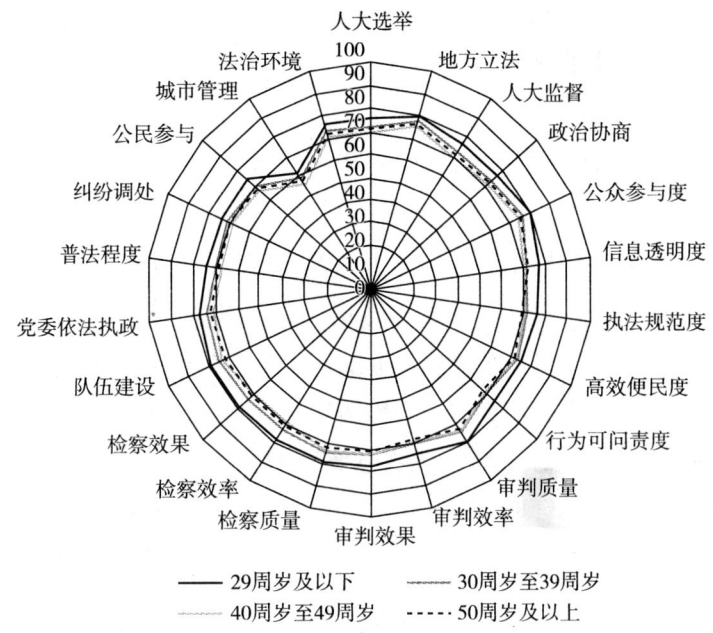

图 4　不同年龄段对各指标满意度比较

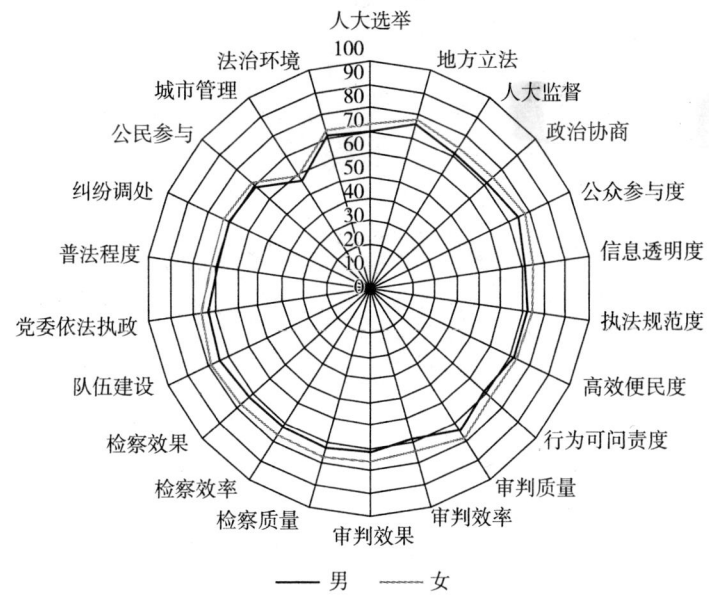

图 5　不同性别对各指标满意度比较

（3）不同部门对各指标满意度比较

从不同部门对各指标满意度评价来看，各群体满意度评价在 80 分以上的指标有 3 项，分别是检察效果（80.6）、审判质量（80.4）和检察质量（80.1），占总数的 13.6%；满意度评价在 75~80 分的指标有 12 项，分别是地方立法（79.8）、队伍建设（79.7）、检察效率（79.5）、党委依法执政（79.1）、审判效率（79.0）、公众参与度（78.7）、审判效果（78.5）、行为可问责度（76.3）、高效便民度（76.1）、信息透明度（76.0）、政治协商（75.8）和执法规范度（75.1），占总数的 54.5%；满意度评价在 70~75 分的指标有 6 项，分别是人大选举（74.6）、法治环境（74.1）、纠纷调处（74.0）、普法程度（73.7）、公民参与（71.9）和人大监督（70.9），占总数的 27.3%；满意度评价在 70 分以下的指标有 1 项，为城市管理（62.8），占总数的 4.5%（见图 6）。

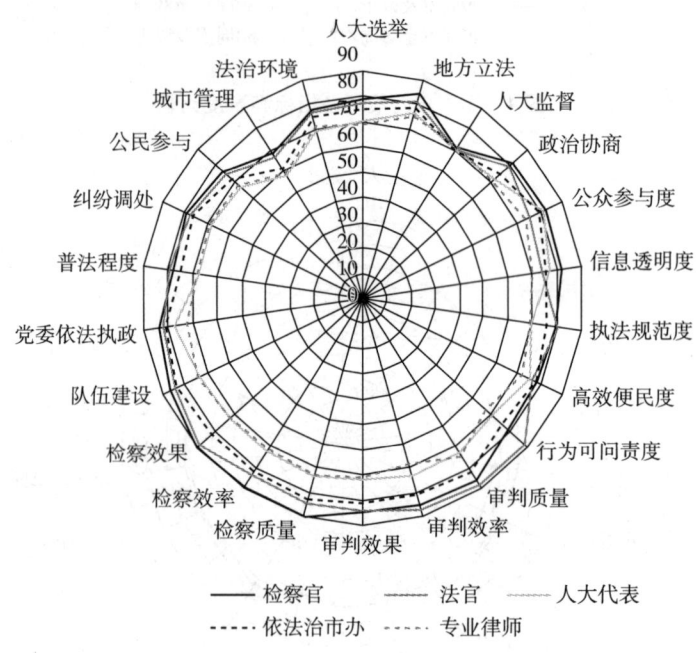

图 6　不同部门对各指标满意度比较

（4）在沪居住不同时间段对各指标满意度比较

根据数据分析，随着在沪居住时间的增长，对上海法治建设满意度越高，这一结果为可持续地推动上海法治建设提供了稳定的基石。从在沪居住不同时间段对各指标满意度评价来看,各群体满意度评价在 80 分以上的指标有 13 项,分别是检察效率(87.1)、检察效果(86.9)、队伍建设(86.3)、审判效果(84.5)、审判效率(84.4)、检察质量(83.7)、普法程度(82.8)、公众参与度(82.4)、执法规范度(81.5)、地方立法(81.0)、公民参与(81.0)、人大选举(80.6)和信息透明度(80.4),占总数的 59.1%;满意度评价在 75~80 分的指标有 8 项,分别是政治协商(79.6)、高效便民度(79.6)、行为可问责度(79.6)、党委依法执政(79.6)、城市管理(79.6)、纠纷调处(78.6)、人大监督(78.4)和审判质量(78.2),占总数的 36.4%;满意度评价在 75 分以下的指标有 1 项,为法治环境(58.5),占总数的 4.5%(见图 7)。

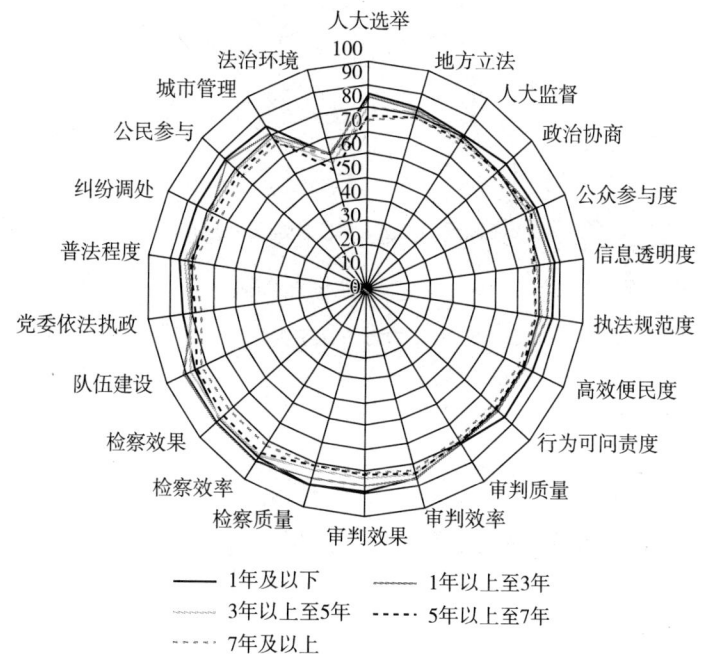

图 7 在沪居住不同时间段对各指标满意度比较

(5)不同教育背景对各指标满意度比较

从不同教育背景对各指标满意度评价来看,各群体满意度评价在 75 分以上的指标有 3 项,分别是地方立法(77.2)、公众参与度(76.2)和审判效率

(75.6)，占总数的13.6%；满意度评价在70～75分的指标有18项，分别是普法程度（74.9）、执法规范度（74.8）、检察效率（74.8）、队伍建设（73.7）、检察质量（73.5）、政治协商（73.3）、高效便民度（73.3）、行为可问责度（73.3）、党委依法执政（73.3）、城市管理（73.3）、检察效果（73.2）、人大选举（72.4）、人大监督（72.4）、审判效果（71.3）、公民参与（71.2）、信息透明度（70.5）、审判质量（70.5）和纠纷调处（70.5），占总数的81.8%；满意度评价在70分以下的指标有1项，是法治环境（58.3），占总数的4.5%（见图8）。

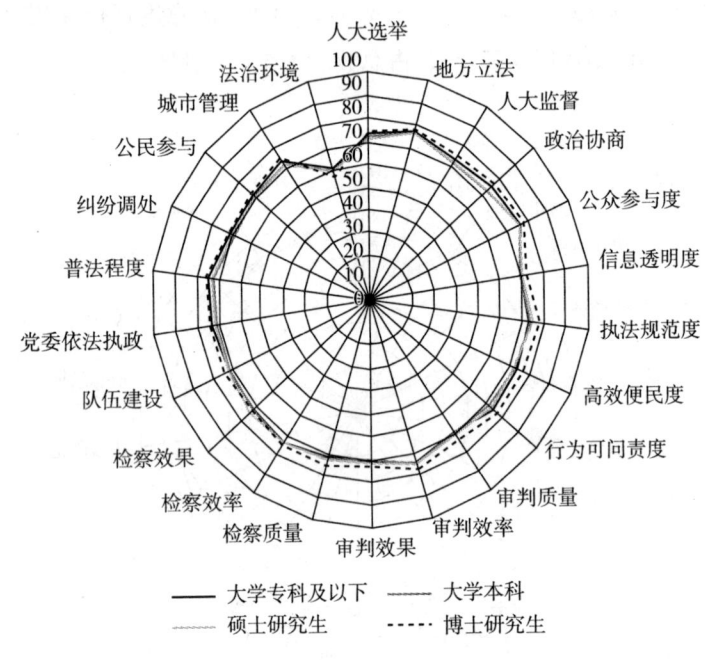

图8 不同教育背景对各指标满意度比较

（6）不同政治背景对各指标满意度比较

从不同政治背景对各指标满意度评价来看，各群体满意度评价在75分以上的指标有2项，分别是地方立法（76.0）和公众参与度（75.0），占总数的9.1%；满意度评价在70～75分的指标有14项，分别是审判效率（74.3）、普法程度（73.2）、检察效率（73.1）、执法规范度（72.9）、队伍建设（72.4）、检察效果（72.3）、政治协商（72.0）、高效便民度（72.0）、行为可问责度（72.0）、党委依法执政（72.0）、城市管理（72.0）、检察质量（71.9）、人大监督（70.4）和人大选举（70.0），占总数的63.6%；满意度评价在70分以下的指标有6项，分别是公民参与（69.9）、纠纷调处（69.5）、审判效果（69.1）、信息透明度（68.6）、审判质量（68.1）和法治环境（58.1），占总数的27.3%（见图9）。

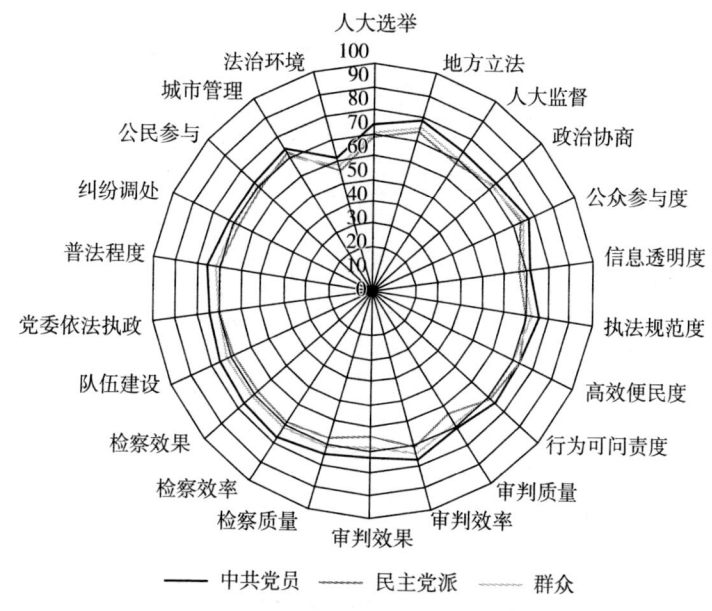

图9 不同政治背景对各指标满意度比较

（7）不同级别对各指标满意度比较

处级领导干部的阅历、视野、经验要远远高于科级干部，其对法治建设过程中所遇到的困难和阻力的认识深度和广度也强于科级干部，使得其对法治进程的成绩往往持更为慎重的态度。从不同级别对各指标满意度评价来看，各群体满意度评价在80分以上的指标有6项，分别是检察效率（81.0）、队伍建设（80.8）、检察效果（80.7）、公众参与度（80.4）、地方立法（80.1）和审判效率（80.0），占总数的27.3%；满意度评价在75～80分的指标有14项，分别是普法程度（79.8）、审判效果（79.3）、检察质量（79.2）、执法规范度（78.0）、人大监督（77.4）、政治协商（76.8）、高效便民度（76.8）、行为可问责度（76.8）、党委依法执政（76.8）、城市管理（76.8）、审判质量（76.2）、公民参与（75.9）、人大选举（75.6）和信息透明度（75.4），占总数的63.6%；满意度评价在75分以下的指标有2项，为纠纷调处（73.5）和法治环境（62.5），占总数的9.1%（见图10）。

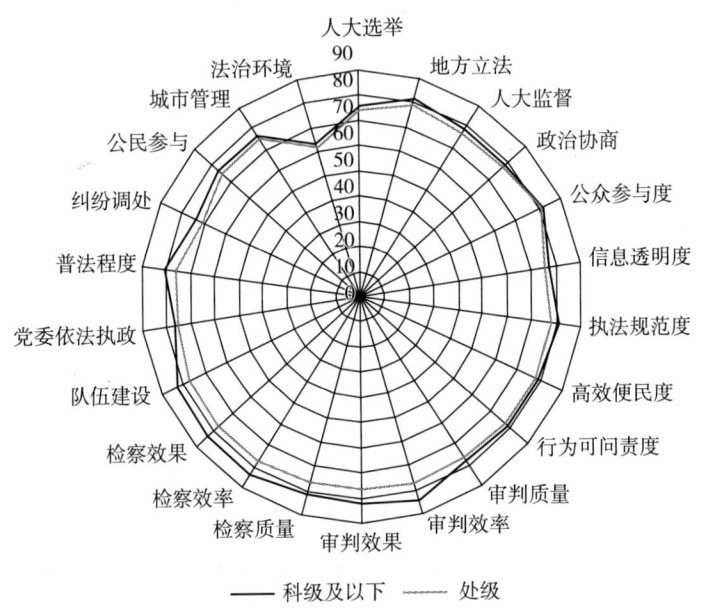

图10 不同级别对各指标满意度比较

（8）不同层级对各指标满意度比较

从不同层级对各指标满意度评价来看，各群体满意度评价在75~80分的指标有10项，分别是检察效率（79.7）、审判效率（79.5）、队伍建设（78.9）、地方立法（78.6）、普法程度（78.5）、检察效果（78.4）、检察质量（78.2）、审判效果（77.9）、公众参与度（77.8）和执法规范度（76.7），占总数的45.5%；满意度评价在70~75分的指标有11项，分别是人大监督（74.9）、公民参与（74.6）、审判质量（74.3）、政治协商（74.1）、高效便民度（74.1）、行为可问责度（74.1）、党委依法执政（74.1）、城市管理（74.1）、人大选举（73.4）、信息透明度（72.9）和纠纷调处（72.4），占总数的50%；满意度评价在70分以下的指标有1项，为法治环境（63.1），占总数的4.5%（见图11）。

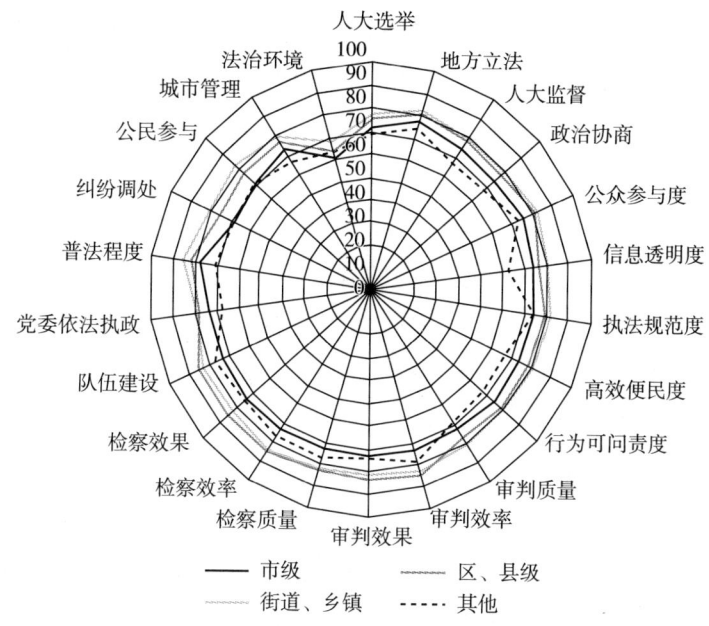

图 11　不同层级对各指标满意度比较

3. 上海法治建设各指标特点分析

（1）受访者对本市法治建设工作的整体满意值较高

一般说来，法律运作过程是置身于人类知识总量递增和行为模式优化的背景之下展开，随着社会经济生活的不断发展，市场主体对相关的权利、义务、责任、程序等法律资源的需求愈加广泛，国家机关的法律供给水平也随之提高（法制越健全）。进而，法律的供给与需求表现出从均衡（相对适应）到非均衡（相对不适应），再从非均衡到新的均衡之动态演进规律①。通过对上海法治建设各指标的微观统计描述，我们可知受访者对本市法治建设评价的整体满意值为73分，受访群体对本市法治建设的整体成效总认可度较高。在统计的指标当中，满意度在70分以上的指标有20项，分别为审判质量（77.0）、队伍建设（76.5）、公众参与度（76.4）、检察质量（75.8）、检察效果（75.7）、地方立法（75.7）、人大监督（75.2）、党委依法执政（74.9）、检

---

① 殷华：《珍贵的均衡思想》，《人民法院报》2010年1月1日，第7版。

察效率（74.9）、审判效果（74.8）、高效便民度（73.6）、审判效率（73.1）、法治环境（72.7）、信息透明度（72.3）、政治协商（72.1）、行为可问责度（72.1）、普法程度（71.3）、纠纷调处（71.3）、人大选举（71.0）和公民参与（70.3），占总数的90.9%。满意度在70分以下的指标有2项，分别为执法规范度（69.5）和城市管理（59.2），占总数的9.1%。可见，本市法治建设均衡推进，通过对公权力的制度性约束，实现权利与权力的均衡，一种具有权力制约、权利多元和理性自由取向的复杂秩序状态与生活方式基本形成，同时社会的均衡发展能够得到法治结构均衡运行的支持和响应。

（2）执法规范和城市管理是上海法治建设短板

木桶原理认为，决定一只木桶盛水量的多少，不是木桶上最长的一块木板，而是最短的一块木板。在统计的指标当中，满意值在70分以上的指标有20项，但也有2项指标低于70分，这两块短板分别是执法规范度（69.5）和城市管理（59.2）。对执法规范而言，法律实施是一项伟大的事业，是一项系统的工程，是一场艰难的革命。经过几年努力，中国特色的法律体系已经形成，我们总体解决了有法可依的问题。"法治中国""美丽上海"的美好图景，着力点应放在法律的实施，避免政令和决策的随意性。对城市管理而言，城市管理作为一项综合性、全局性、战略性的政府工作，涉及整个城市的各个领域。对此，应当以推进城市管理执法体制改革创新为契机，花大力气解决非法占道经营、不文明养犬、群租、公共场所吸烟、交通拥堵和保障食品安全等城市顽疾，实现城市管理的和谐发展与社会的可持续发展。

（3）受访者所在部门和层级的满意度评价差异最大

数据表明（见图11），大多数受访者对本市法治建设的评价总体上是正面的、积极的，但不同背景受访者满意度评价存在一定的差异，具体而言，不同部门受访者的评价差异最大，为11.7分，排名第二的是不同层级受访者，差异为11.3分，排名第3至第8的是在沪居住时间（7.6）、年龄（6.0）、政治背景（5.2）、性别（3.2）、教育背景（3.1）和级别（2.9）。从具体指标而言，不同层级背景受访者对普法程度（14.9）、信息透明度指标（18.0）、政治协商指标（12.9）、党委依法执政（12.9）、高效便民度（12.9）、行为可问责度（12.9）、城市管理（12.9）、公民参与（12.3）、纠纷调处（11.7）、人大监督指标（11.6）、公众参与度指标（9.1）和法治环境（8.8）的满意度差异最大。不同部门背景受访者对审判效率（19.4）、检察效率（18.4）、检察效果（18.2）、检察质量（17.7）、审判质量（15.0）、审判效果（13.3）、队伍建设（13.2）、执法规范度（11.1）和地方立法（8.8）的满意度差值最大。可见，影响受访者满意度评价最主要的变量为不同部门的受访者，其他背景因素对满意度评价影响相对较小。就不同部门受访者而言，法律专业人士满意度最高，市民满意度其次，律师满意度最低。我们认为法律专业人士评价最高的原因是作为体制内社会管理者，该群体对社会法治认识比其他职业更深入全面，是法治建设的具体引导者和实施者，肩负了保障法治建设的重任，对本市法治建设工作有更为清晰的认识和体悟。市民群体的评价相对紧随其后，原因在于随着城市化进程的加快，涉及房屋拆迁、土地征收、劳动关系、城市治理、环境保护、食品安全等问题越来越多，政府对此处置的手段和能力日显捉襟见肘，影响了这一群体的满意度评价。律师群体是体制外的实践者，处在法律工作第一线的职业人员，深知法律的优劣和完善与否及法治建设的点滴进步与不足，其对法治建设满意度最低也正体现了这类群体对法治建设的高要求，有助于不断推动法治建设的长远发展。同时，值得关注的是，在思考上海乃至中国的法治建设时，要关注在法治进程过程中所存在并将长期存在法治建设的差异格局。在这一格局中，体制内的法律专业人士是法治建设的领导者和推动者，也是推动国家法治进程的必要动力，并在很大程度上影响我国法治的发展过程，同时对优化整个社会的法治环境，提升法治理念甚为重要。因而法治建设的逻辑起点首先应该由这一群体展开，并向市民逐步推出去。尽管近年来上海市法治建设取得显著进展，体制内法律专业人士是法治建设蓝图的组织策划者、积极参与者和忠实推动者，但由于各方面条件限制，普通市民对此往往参与程度较低，缺乏切身体验，使之对法治建设评价较低。同时，随着公民社会力量的成长，公民的参与意愿、表达热情和知情权的要求都在日益高涨，加上新兴媒体提供的便利条件，已经成为一股重要的社会力量。

通过上述分析，我们可以看到近年来上海市法治建设以科学发展观为指导，以社会主义法治理念为引领，以规范和约束公共权力、保障和维护公民权益为主线，以法治城市系列创建活动为抓手，统筹结合，创新举措，深入组织推进依法治市、人大立法、行政执法、司法工作等领域建设各项工作,上海法治建设取得新进展、新成效,从而获得了受访者的一致肯定。在肯定已有成果的同时也要看到其中的不足,尤其在执法规范和城市管理领域亟待进一步改善和完善。法治建设是一项长远且浩大的工程,需要各方的广泛参与和社会监督。在上海未来的法治建设中,应以党委依法执政和政府依法行政为主要推动力,以公平正义为目标,健全法律监督体系,加强普法教育,提高公民法律意识,从而在整体上推动上海法治建设事业更上一层楼。

B.3
民主政治工作满意度分析报告

彭 辉*

摘 要：

从截面数据来看，2013年上海市民主政治领域取得了显著成绩，得到了受访者的普遍认可；从时间序列数据比较评价来看，2013年上海市民主政治工作在2011年工作基础之上又取得了显著的进展。但不同部门、年龄、户籍、在沪居住时间、行政级别的受访者对民主政治工作的理解存在一定的差异。

关键词：

上海 民主政治 调查问卷 实证分析

一 问卷设计说明

调查问卷的Q2～Q11共10个问题是关于民主政治工作的满意度调查，占整个问卷34个问题的29.4%。鉴于人大工作在地方法治建设中的全局性、综合性及其职权的广泛性，设置了8个问题从不同的角度对人大的履职情况进行测评；而人民政协是我国政治体制的一个重要组成部分，对此设计了2个问题对政协的履职情况予以评估。

测评人大履职情况的由3个部分、8个问题组成，分别为：①人大选举指标。人大代表的代表性是坚持和完善人民代表大会制度的重要保障条件，针对这一指标而设计了Q2。②地方立法指标。地方性法规是上海地方立法的重要组成部分，针对这一指标而设计了Q3；立法规划的科学程度与本市今后一段时期

---

* 彭辉，上海社会科学院法学研究所副研究员。

各方面建设发展的法制保障关系密切,针对这一指标而设计了 Q4;立法听证会是加强立法民主化、科学化的一个重要措施,针对这一指标而设计了 Q5;法制保障不仅是推进上海自贸试验区各项工作的重要基础,也是自贸试验区顺利运作的坚持保障,针对这一指标而设计了 Q8。③人大监督指标。宪法和法律赋予人大及其常委会对"一府两院"进行监督的权力,针对这一指标而设计了 Q6;加大法律法规执法监督力度,对依法行政、公正司法,维护公民、法人和其他组织的合法权益都具有十分重要的意义,针对这一指标而设计了 Q7;人大专题询问则是询问的衍生与拓展,针对这一指标而设计了 Q9。测评政协履职情况由两个问题组成,作为我国爱国统一战线组织,政协是中国共产党领导的多党合作与政治协商的重要载体,针对这一指标而设计了 Q10;体察民情,反映民意,是人民政协的一项基础性工作,针对这一指标而设计了 Q11。

二 问卷数据分析

1. 人大代表代表性满意度分析评价

人民代表大会制度是我国的根本政治制度。这一制度在实际运行中作用发挥得如何,关键在于人大代表,在于人大代表的代表性是否充分有效。正确认识人大代表的代表性,对于坚持和完善人民代表大会制度具有十分重要的意义。

(1)满意度总体评价。调查显示,受访者对人大代表在代表市民利益的综合满意值为 71 分,其中"非常满意"为 10.7%,"比较满意"为 44.2%,"一般"为 36.4%,"不太满意"为 7%,"非常不满意"为 1.7%;正面评价为 54.9%,负面评价仅为 8.7%。可见人大代表在代表市民利益方面得到了受访者的普遍认可。上海市第十四届人大代表与十三届相比,在 860 名代表中,工人代表增加了 15 名(其中农民工代表增加 2 名),农民代表增加了 3 名,专业技术人员代表增加了 30 名,妇女代表增加了 31 名,领导干部代表减少了 9 名,完成了中央和全国人大提出"两上升一下降"的结构要求[①]。但与此同

---

① 俞立严:《860 名新一届市人大代表工人农民专业技术人员超三成》,《东方早报》2012 年 12 月 27 日。

时，满意度评价中"正面评价"比率过低，"一般评价"比率过高，这说明受访者对人大代表的代表性并不满意。这种状况反映了目前本市的民主参与范围还不够广泛，有待于在法律和制度上进一步改进和完善。

（2）满意度单项评价。①从所在部门来看，对人大代表在代表市民利益满意度评价由高到低顺序为：检察官（79.6）＞法官（78.1）＞依法治市办及司法行政机关工作人员（74.9）＞政协委员（74.9）＞市民（74.6）＞人大机关工作人员（70.4）＞专业律师（69.8）。由此可见，法律专业受访者的满意度最高，专业律师的满意度最低。原因在于，律师群体的经济地位、社会地位较高，在民主法治方面有更高的要求和标准，理想和现实之间有一定的落差，所以满意度相对较低。但事实上，在上海市第十四届人民代表大会的区县人大、政协换届选举中，律师担任区县人大代表人数比上届增加9人、律师担任区县政协委员人数比上届增加25人。市区两级律师人大代表和政协委员总数由上一届的118人增至152人，同比增长将近29%。②从行政级别来看，对人大代表在代表市民利益满意度评价由高到低顺序为：科级及以下（76.1）＞处级（含副处级）（75.0）。从部门层级来看，满意度评价由高到低顺序为：街道、乡镇（77.3）＞区、县级（76.4）＞市级（70.9）。可见，人大代表与社区群众的联系相对较为密切，科级及以下受访者和街道、乡镇受访者的评价相对较高。

（3）满意度时间序列比较评价。从年度比较来看，2013年法律专业人士对人大代表在代表市民利益的正面评价为66.2%，比2011年高出3个百分点；一般评价为28.8%，比2011年增加了6.6个百分点；负面评价为5.1%。比2011年降低了4.5个百分点。律师的2013年的正面评价为51.8%，比2011年降低了1个百分点，一般评价为38.7%，比2011年增加了3.4个百分点；负面评价为9.5%，比2011年降低了2.4个百分点。由此可见，受访者对2013年上海人大代表在代表市民利益的评价比2011年有显著的提升。

2. 地方性法规满意度分析评价

地方性法规是上海城市立法的重要组成部分，对上海城市发展和我国依法治国方略的实施起到非常重要的作用。1979年12月29日，上海市人大根据宪法和法律的规定，设立了常务委员会，并赋予常务委员会制定地方性法规的权力,其制定的地方性法规对上海贯彻细化上位法、探索改革路径、促进经济发展、规范权力运行、保障社会和谐等发挥了积极的作用。

(1) 满意度总体评价。调查显示,受访者对地方性法规的综合满意值为76分,其中"非常满意"为14.1%,"比较满意"为56.4%,"一般"为26.6%,"不太满意"为2.4%,"非常不满意"为0.4%;正面评价为70.5%,负面评价为2.8%。可见受访者对本市地方性法规的满意程度较高。从在沪居住时间来看,对地方性法规满意度评价由高到低顺序为:7年以上群体(79.2)＞3年以上~5年群体(77.8)＞1年及以下群体(76.6)＞1年以上~3年群体(76.0)＞5年以上~7年群体(75.9)。可见,在沪居住时间越长对地方性立法的满意度越高。

(2) 满意度时间序列比较评价。从年度比较来看,2013年法律专业人士对地方性法规满意度的正面评价为81.6%,比2011年高出18.3个百分点;一般评价为16.7%,比2011年降低了12.1个百分点;负面评价为1.8%,比2011年降低了6.1个百分点。市民2013年的正面评价为73.9%,比2011年提高了10.2个百分点,一般评价为22.6%,比2011年降低了7.9个百分点;负面评价为3.6%,比2011年降低了2.2个百分点。律师2013年的正面评价为69%,比2011年提高了13.1个百分点,一般评价为28.1%,比2011年降低了8.8个百分点;负面评价为2.9%,比2011年降低了4.3个百分点。由此可见,受访者对2013年上海人大地方立法的正面评价比2011年有显著的提高。

3. 立法规划满意度分析评价

调查显示,受访者对立法规划的综合满意值为77分,其中"非常满意"为16.3%,"比较满意"为57.3%,"一般"为23.9%,"不太满意"为1.9%,"非常不满意"为0.5%;正面评价为70.5%,负面评价为2.8%。可见受访者对上海市地方性法规的满意程度较高。市人大重点安排了推进国际航运中心建设、社会信用体系建设、碳排放交易管理、民间融资管理、生活垃圾分类减量、养老机构服务和管理、基本住房保障、财政监督条例等45件正式项目,拟在本届常委会任期内提请审议。同时,立法规划增设了调研项目,将一些确有立法必要性,但目前立法条件尚不成熟、需要有关方面继续研究论证的立法项目纳入其中，作为今后立法项目的资源储备。在45件正式项目、32件预备项目和21件调研项目中，制定和修改的项目各占据"半壁江山"，制定类的有47件，占48%，修改类的有51件，占52%，双管齐下推动本市法律体系的不断发展完善，赢得了受访者的普遍认可。

4. 立法听证过程和效果满意度分析评价

立法听证会是加强立法民主化、科学化的一个重要举措，是民主立法和群众参加国家管理的重要形式。目前立法听证主要应用于立法和行政。本题主要考察人大立法和政府立法工作满意度。调查显示，受访者对人大听证会过程和效果的综合满意值为71分，其中"非常满意"为11.5%，"比较满意"为39.4%，"一般"为40.7%，"不太满意"为6.6%，"非常不满意"为1.9%。受访者对政府听证会过程和效果的总体满意值为69.4，其中"非常满意"为11%，"比较满意"为37.4%，"一般"为41.4%，"不太满意"为8%，"非常不满意"为2.2%。可见受访者对上海市人大及政府立法听证会过程和效果的满意程度较高，且受访者对上海市人大听证会过程和效果满意程度要高于政府听证会。具体而言，检察官对人大听证会（83.3）＞政府听证会（80.8）；法官对人大听证会（78.4）＞政府听证会（77.5）；依法治市办及司法行政机关工作人员对人大听证会（79）＞政府听证会（74.8）；专业律师对人大听证会（73.4）＞政府听证会（67.7）。

5. 人大监督"一府两院"满意度分析评价

调查显示，①从满意度总体评价来看，受访者对人大监督"一府两院"的综合满意值为70分，其中"非常满意"为10.4%，"比较满意"为40.7%，"一般"为37.9%，"不太满意"为9%，"非常不满意"为1.9%。②从满意度时间序列比较评价来看，2013年法律专业人士对人大监督"一府两院"满意度的正面评价为73.1%，比2011年高出12.5个百分点；一般评价为22.8%，比2011年降低了6.9个百分点；负面评价为4.2%，比2011年降低了5.6个百分点。律师2013年的正面评价为44.6%，比2011年降低了5.2个百分点，一般评价为41.4%，比2011年增加了4.3个百分点；负面评价为14%，比2011年增加了0.9个百分点。市民2013年的正面评价为51.2%，比2011年降低了14.5个百分点，一般评价为40.5%，比2011年增加了10.3个百分点；负面评价为8.3%，比2011年增加了4.2个百分点。由此可见，受访者对人大监督"一府两院"满意程度较高。近年来，上海市人大及其常委会不断拓展监督领域，完善监督程序，改进监督方式，提高监督实效，为上海经济发展和繁荣、百姓安居乐业、社会稳定提供了有力支持，主要表现为：以推动"十二五"规划实施为重点，加强对经济社会发展重大问题的监督；以促进政府职能转变为重点，加强对法律法规实施情况的监督；以推进司法队伍建设为重点，加强对"两院"工作的监督。

6. 对法律法规实施情况监督效果满意度分析评价

立法是基础，执法是关键，监督是保障。本次调查显示：①从满意度总体评价来看，受访者对法律法规实施情况监督效果的综合满意值为72分，其中"非常满意"为12.2%，"比较满意"为44.4%，"一般"为36.3%，"不太满意"为5.7%，"非常不满意"为1.3%。②从满意度时间序列比较评价来看，2013年法律专业人士对法律法规实施情况监督效果的正面评价为75.5%，比2011年高出27.2个百分点；一般评价为21.6%，比2011年降低了16.2个百分点；负面评价为3.9%，比2011年降低了11个百分点。律师2013年的正面评价为52.3%，比2011年提高了7.6个百分点，一般评价为39.7%，比2011年增加了1.5个百分点；负面评价为7.9%，比2011年降低了9.1个百分点。由此可见，受访者对法律法规实施情况监督效果满意度较高。

7. 自贸试验区法制保障满意度分析评价

从调查结果来看，受访者对自贸试验区法制保障的综合满意值为79分，其中"非常满意"为19.9%，"比较满意"为55.8%，"一般"为22%，"不太满意"为1.9%，"非常不满意"为0.3%。由此可见，受访者对自贸试验区法制保障满意度较高。目前，上海将在六个方面构建综合监管制度创新的基本制度框架：包括，建立试验区信息共享和服务平台，加强社会信用体系建设，探索建立市场监管综合执法体系，探索社会组织参与市场监管运作机制以及建立安全审查和反垄断审查协助机制，探索建立综合评估机制。从进一步拓展自贸试验区建设来看，应该强化国家法制统一原则，进一步解放思想、更新观念，创新立法方式，妥善处理好法律的阶段性、稳定性、普适性与改革开放的前瞻性、多变性、特殊性的关系，努力形成自贸试验区法律制度上可复制、可推广的经验。

8. 人大专题询问满意度分析评价

专题询问是询问的衍生与拓展，是人大常委会围绕党委工作中心或人大常委会年度监督事项，通过法定程序，有计划、有组织、有重点地集中开展专门询问的一种监督新模式。作为近年来最受关注的一项人大监督工作，人大专题询问制度在实践中展现了强大的影响力。通过本次调查显示，受访者对人大专题询问的综合满意值为73分，其中"非常满意"为12.8%，"比较满意"为45.7%，"一般"为35.7%，"不太满意"为5.1%，"非常不满意"为0.9%。由此可见，受访者对人大专题询问的总体满意度较高。2013年12月26日市十四届人大常委会就本市环境保护工作情况开展专题询问。到会应询的市环保局、市发改委、市经信委、市商务委、市农委、市建设交通委、市水务局、市绿化市容局、市规土局、市教委、市公安局交警总队、市人保局、市气象局、市财政局、市应急办、市交通港口局等16个政府部门负责人，一一对问题做了回应。东方网、新民网、"上海发布"进行了直播。通过这次面对面询问，充分发挥了专题询问监督功能，推动工作的落实，加快形成工作合力，有利于将"源头严防、过程严管、后果严惩"的要求落到实处。

9. 政协工作满意度分析评价

通过本次调查显示，受访者对政协工作的综合满意值为73分，其中"非常满意"为11.8%，"比较满意"为44.9%，"一般"为37.6%，"不太满意"为4.9%，"非常不满意"为0.8%。由此可见，受访者对政协工作的总体满意度较高。一年来，市政协围绕中心、服务大局、履行职能等方面取得新进展。①参与立法协商、开展财政预算编制协商取得新进展。2013年24次就地方性法规和政府规章提出建议和意见，对财政预算提出规范管理，有效监督，透明运作的政策建言。②加强提案办理协商。政协注重提案办理的全过程管理，重点督办了17件提案专题，很多建议和意见得到了市委、市政府的积极响应。③紧扣大局履行职能，为推进改革发展谋策建言。立足本市实际，对国企改革、金融监管、房地产市场调控等课题提出建设性意见，为相关政策出台贡献了智慧。①

10. 政协反映民意满意度分析评价

体察民情，反映民意，是政协坚持和贯彻党的群众路线的重要体现，是政协履行职能的重要内容，尤其是在上海处于"黄金发展期"和"矛盾凸显期"的新形势下，更要发挥好政协协调关系、汇聚力量、建言献策、服务大局的功能。政协反映民意的综合满意值为72分，其中"非常满意"为11.4%，"比较满意"为44.5%，"一般"为37%，"不太满意"为6%，"非常不满意"为1.2%。由此可见，受访者对政协反映民意满意度较高。2013年市政协充分反映各界群众的诉求意愿，全年共反映信息6989件，编报《社情民意》、《建言》等2515期；以保障食品安全以及防控禽流感为重点，进行专题走访、调研，提出完善法律法规、强化政府监管、提升企业诚信等政策建议。②

三 小结与建议

从调查问卷的统计结果分析来看，2013年本市人大和政协工作紧紧围绕党和国家工作大局，在人大代表代表性、地方性立法、立法规划编制、立法听证过程和效果、人大监督"一府两院"、对法律法规实施情况监督效果、自贸试验区法制保障、人大专题询问、政协履职工作、政协反映民意等领域取得了很大的进步，为全面深化改革、促进社会主义民主法治建设提供有力保障。但与此同时，我们也清醒意识到，人大和政协工作与群众的期望、代表的要求还有不小差距，有待在今后的工作中加以改进和提高。

1. 增进人大代表与群众的联系，建立健全代表履职报告制度

通过这一制度的实施，促使人大代表更加主动、积极向选民、选举单位汇报履职情况，这有利于加强代表与所在选区的紧密联系，将选民意见汇总向上反映，从而加强人大代表的代表性。同时，代表履职报告制度是加强监督人大

---

① 《中国人民政治协商会议上海市第十二届委员会常务委员会工作报告》，2014年1月18日。
② 《中国人民政治协商会议上海市第十二届委员会常务委员会工作报告》，2014年1月18日。

代表的一种有效措施，有利于鞭策和激励人大代表履职，更为有效地增进人大代表对履行自身职责的内在约束和外在激励，更好地代表和维护好所在选区的选民利益，为选区服务。

2. 发挥代表在地方立法中的积极作用

人大代表作用的发挥程度与选民利益密不可分，关系到广大选民的利益诉求能否充分表达。但从目前的立法现状来看，人大代表只有提案权、发表意见和提出建议权，且大多数立法议案都是由政府部门提出的，人大代表对地方性立法的作用并不突出，这就在很大程度上影响了人大代表履职的主动性和积极性。对此应建立对人大代表的建议和意见的答复机制，充分发挥代表在地方性立法的积极作用。

3. 防止地方性法规中利益部门倾向

利益部门化倾向是影响立法科学性的一个重要因素，这种影响往往通过直接或间接的形式表现出来，比如一些行政部门在确定立法项目时，对行政审批权限高度关注，不愿放权减政，考虑自身行政方便的因素较多，对行政相对人的因素考虑相对不足。对此弊端，应加强人大在地方性法规立法过程中的主动性，防止相关行政机关成为立法的主导者和操纵者。这些主动作用可以体现在对行政部门所提出的议案审议、修订和表决等方面。

4. 完善专题询问运行机制

人大专题询问制度是近年来人大加强监督的重要形式和手段，本市人大常委会在2013年进行了有益的探索，但也暴露出一定的不足，比如专题询问的选题如何做到更加科学合理，询问的相关准备如何更为周全细致，询问的组织如何更为有序有效、询问的结果如何落实执行等，对此应从解决问什么、怎么问、怎么答三个层面加以完善。一是做到科学选择专题，应从关系到社会经济发展的重要事项或重大部署中选取，从"一府两院"存在突出问题的工作中选取，从市民普遍关注或亟待解决的民生问题中选取。二是准备好组织安排。确定询问的方式、方法、并组织专题调研，聚焦主题，深入基层、贴近群众，进行具有针对性的调研，了解第一手信息数据，做到询问有的放矢。三是关注"问"后决议的落实。注重原因分析，解决工作难题，并要求相关部门及时进行情况反馈。

B.4
政府法治状况满意度分析报告

姚 魏*

摘 要: 2013年上海政府法治工作相对于2011年有所进步,法律专业人士对政府法治状况的满意度仍然高于律师和社会公众的满意度。前后两次问卷所反映出的共性问题,说明政府法治的进步是一个缓慢的过程,需要政府认真面对民众的需求,做扎实、细致的工作。

关键词: 政府 法治状况 满意度 分析报告

一 问卷设计说明

2013年法律专业人士与律师的问卷Q5.2(归入了民主政治部分,便于比较人大听证会与政府听证会)和Q12~Q18是关于依法行政的满意度调查,调研组共安排了8个问题,测试内容涉及"政府通过网络征集民意"、"以听证会形式听取民意"、"政府主动公开信息"、"行政执法的实体合法性"、"行政执法的程序合法性"、"行政行为的效率"、"行政服务的质量"以及"行政复议的效果"。涵盖了公众参与度(2题)、信息透明度(1题)、行为规范度(2题)、高效便民度(2题)与行为可问责度(1题)等五个方面。为了简化问卷、突出重点,本次市民问卷仅有2题涉及依法行政的满意度,分别为Q5和Q6,它与法律专业人士与律师问卷Q14和Q16相对应。

与2011年调查问卷的依法行政部分相比,本次调查的题目总数有所减少,

---

* 姚魏,上海社会科学院法学研究所助理研究员,华东政法大学博士研究生。

但问题更具有简明性和指向性，有利于数据分析的精确性。2013年的调查主要针对政府的具体行政行为及监督，而对抽象行政行为（政府制定规章和其他规范性文件）未加关注，因而制度健全度不是本次调查的指标之一。为了实现历史纵向的比较，调研组尽量保持问题表述的一致，但出于简化问题和修正问卷缺陷的目的，我们减少了"政府应申请公开信息"、"对公务员的行政问责"这2题，这是因为大多数人并未申请过信息公开，对公务员问责的情形也出现不多。为了增加问题的内涵和信息量，我们对Q17做了修正，但依然保持可比性。此外，2011年问卷曾将行政复议与行政诉讼合并作为一题考查受访者对行政监督的满意度，后发现两种监督机制差别较大且性质不一，影响了评价分析的精准性，所以此次问卷我们仅针对行政复议的满意度。

本次问卷数据的分析是以法律专业人士和律师的问卷为基础的，市民的调查情况将做合并分析（仅2题）。我们将逐题说明设计意图，公布各个群体的相关满意度数据，并做简要分析。我们还会将2011年的问卷数据与2013的问卷数据做对比，寻找变化趋势，并解读可能的原因，最终调研组将据此提出本部分的小结和建议。

二 2013年统计结果分析及与2011年的比较

（一）公众参与度

以听证会形式听取民意（Q5.2）

政府听证会由三个部分组成：一是制定政府规章时的立法听证会，它和人大立法听证会具有相似性，强调立法行为的公开性和民主性；二是价格听证会，指在制定、调整实行政府指导价或者政府定价的重要商品价格和服务价格前，价格主管部门以会议形式组织社会有关方面的代表对其必要性、可行性进行的论证，充分听取各方面意见；三是具体行政行为中的听证会，行政处罚法和行政许可法中都有所规定，目的是为了给予行政相对人发表意见的机会，确保行政行为的程序公正。本题就是希望综合考察受访者对上述三种政府听证会的满意度，测试政府部门在民主立法、民主决策和维护相对人合法权益方面的

工作成效。

本题的综合满意值为69.4，与人大立法听证会满意度（71）相比略低。这和以往的调查结论相似。这可能和两个主体的民主认受性程度不同有关。目前，人大立法任务主要由常委会完成，尽管立法的民主性程度不及由人大代表直接审议通过的那么高，但还是要优于政府立法，于是政府也通过听证会的形式加以补强，努力克服地方立法中的部门利益倾向，并取得了一定的效果，和人大立法之间的差距正逐步缩小。2013年有三部政府规章草案举行了立法听证会，即《上海市非机动车管理办法（修订草案）》、《上海市生活饮用水卫生监督管理办法（草案）》、《上海市电梯安全管理办法（修订草案）》，这些规章都与人民群众基本生活息息相关，在立法过程中听取民意有助于提升公众满意度并降低将来的执行难度。

以单项满意值而言，有三个维度的比较具有分析价值。第一，从性别上看，女性满意度（71.4）高于男性（68.0），这比较符合女性的心理特征，即比较注重事件的过程及在这个过程中的情感表达，听证会的本质就是表达诉求，只要政府给予畅通的发表意见渠道，对立法的不满情绪就会降低，哪怕最终的法律文本尚有欠缺。第二，从在沪居住年限上看，居住时间越久满意度越低，而且居住了三年以下的要比三年以上的高出许多，这部分人绝大多数是刚刚到沪的外来人员，他们会不自觉地拿上海的做法与原先居住地区的做法进行比较，而且近三年也是上海市政府举行听证会日渐增多和规范化的时期，尽管还有许多不足的地方，但在全国来说还是较好的。第三，从部门层级来说，部门级别越高满意度越低，乡镇最高，区县次之，市级最低，这和其他题目表现出同样的特征：市级层面的工作人员看问题更加宏观全面，对制度下存在的问题看得更加透彻，因而对听证会的评价不高。

从数据表中可以测算出2013年律师（共2584人）对此问题的正面评价为（1136人，占比44.0%），中性评价为（1155人，占比44.7%），负面评价为（293人，占比11.3%）；专业人士（共1151人）对此问题的正面评价为（775人，占比67.3%），中性评价为（324人，占比28.1%），负面评价为（52人，占比4.5%）。从律师和法律专业人士的数据对比看，律师的正面评价比法律专业人士的正面评价要少23.3个百分点，负面评价要多出6.8个百分点，这个差距是非常大的，这可能和律师参与听证会的机会不多有关。虽然目前立法听证会会给予律协一个固定名额，但价格听证会还没有类似机制，律师的参与热情得不到满足。

与2011年的相关数据对比，律师的正面评价下降，负面评价上升；而专业人士的正面评价上升，负面评价降低。出现这种截然相反的情况，只能说明近年来的听证会制度改进还没有得到社会的认可，尽管体制内的工作人员认为有所进步，那也只是形式上的，听证会尤其是价格听证会，在多大程度上能够影响最终的决策尚有疑问。比如2013年水价调整听证会的结论是参加人总体上支持涨价，没有走出"逢听必涨"的怪圈。调研组认为，政府立法听证会的成效显著，与人大立法听证会没有太大的差别，社会反响较好；法律规定特定情况下应当召开的针对具体行政行为的听证会，因涉及面较小，对公众满意度的影响不大；而价格听证会依然存在着参与人选择不合理、听证过程不透明、听证意见无实效等痼疾，今后需要多花气力改革。

通过网络途径征集民意（Q12）

由人民群众参与公共决策是现代国家的基本做法，也是行政立法与行政决策获得广泛认受性的前提和基础。在信息化技术突飞猛进的今天，利用网络征集民意是一种既体现民主又便民的方式，除了提示中出现的"政府规章草案民意征询平台"和"在政府网站上征集市民对年度十大实事立项的意见和建议"，当前还新出现通过政务微博与民众互动，听取公众意见，如闵行区司法局开设的"法治零距离"，"粉丝"数以十万计。

本题的综合满意值为76.4，处于较高的水平，这和近年来政府在这方面的体制机制建设相关。值得指出的是，在求决类信访，尤其是涉诉类信访日益增多，不断侵蚀国家法治基础，破坏正常公平正义机制的情况下，上海政府信访部门开始转变工作重心，人民建议的征集工作恰恰是其新开拓的工作内容，并逐步替换和取代以往的重点工作。2012年上海市政府信访办成立了人民建议征集处，通过网络途径征集人民意见和建议，实现下情上达的目的。2014年1月16日中共上海市委办公厅印发了《上海市人民建议征集工作规定》，进一步完善了相关机制。

从单项满意值来看，有三个维度的比较体现了一定的规律性。一是从性别上看，女性满意度（77.3）高于男性（74.5），理由与上一题相似，反映了女性受访者乐见一个交互型的政府，喜欢放下身段倾听民意的政府。二是从年龄上看，年纪越轻满意度越高，三十岁以下的人群满意度最高，这和他们的人际交往方式与信息技术的水平有关，年轻人乐于和善于使用网络对外交流，相反，年纪大的人比较熟悉传统的与政府沟通的方式。三是从政治面貌上看，民主党派人士的满意度相对较低，这是因为这部分人群参政议政的正式途径较多，得到政府反馈的概率高、速度快，但通过网络途径的建言不容易受到重视，这与政府处理的群众意见方式有关，政府不可能做到事事有回音、件件有答复。

从数据表（见附录四，下同）可以算出2013年律师（共2584人）对此问题的正面评价为（1645人，占比63.7%），中性评价为（840人，占比32.5%），负面评价为（99人，占比3.8%）；法律专业人士（共1198人）对此问题的正面评价为（954人，占比79.6%），中性评价为（224人，占比18.7%），负面评价为（20人，占比1.7%）。与上题一致，律师的正面评价比法律专业人士的正面评价要低不少，负面评价尽管比法律专业人士高一些，可所占比例并不大，也就是说律师群体觉得政府在网络征集民意方面做得还不够，但没有达到不能容忍的地步。

与2011年的数据对比，律师的正面评价高出近8.9个百分点，负面评价低了1.5个百分点；法律专业人士的正面评价高了21.8个百分点，负面评价低了6.2个百分点。由此可见，两个群体的满意度都有所提升，且法律专业人士的满意度提升得更快一些。这和政府吸纳民意的诸多工作分不开，如"上海政府法制信息网"将所有政府规章草案建议公布，公开征询公众意见和建议，被采纳的意见和建议都加以公布，未采纳的也说明理由；上海市政府还开设了立法征求意见的官方微博，同步征集意见和建议，让很多市民耳目一新；为了便于收集公众意见，"上海政府立法公众参与平台"上还设有"政府法制小调查"，用问卷的形式统计民意，使立法的民主性进一步加强。

（二）信息透明度

政府主动公开信息（Q13）

公开政府信息是实现公民参与权、表达权和监督权的基础，是实现公民政治权利的前提保障。其中，主动公开法律规定必须公开的政府信息又是基础之基础，我们对此重点关注。由于并非所有公众都曾向政府提出信息公开申请，调研组暂不对应申请的公开做调查。

本题的综合满意值为75.1，属于得分较高的题目，这与上海市政府几年以来"两高一低"建设密切相关。2014年上海市政府工作报告显示，上海持续深化市级部门预算、决算和"三公"经费预算、决算的公开；首次公开市级行政单位行政经费、部分政府投资项目竣工决算审计结果；首次公开国有资本经营预算、社会保险基金预算、国外贷援款项目公证审计结果；全面公开市、区县、乡镇三级政府"三公"经费，进一步开放经济数据、公共服务等政府信息资源，促进决策公开、管理公开、服务公开、结果公开。

从单项满意值来看，有三个维度的比较值得关注。一是从年龄上看，年龄越大满意度越低，这是因为目前政府主动公开的形式主要是通过政府部门网站，虽然传统的公开形式依旧，如免费领取的政府公报正常发行，但其信息量必定有限，这对年纪较大者获取政府信息来说是个障碍，而且他们对一些历史性信息感兴趣，但目前的技术很难满足其全部需要。二是从在沪居住时间来看，时间越长满意度越低，这说明刚到上海生活的居民会感觉政府透明度还不错，但如果一直生活在上海或者时间待久了，政府没有更大的改进，则满意度会降低。三是从受教育程度看，学历越高满意度越低，因为一个人的信息需求量是和他的学历成正比的，而且学历高的人对信息的个性化需求较高，政府很难满足他们的需求，所以评价会低。

从数据表可以算出2013年律师（共2584人）对此问题的正面评价为（1568人，占比60.7%），中性评价为（830人，占比32.1%），负面评价为（186人，占比7.2%）；法律专业人士（共1200人）对此问题的正面评价为（932人，占比77.7%），中性评价为（235人，占比19.6%），负面评价为（33人，占比2.8%）。此题依然显示出律师的满意度远低于法律专业人士。体制内的法律专业人士身兼信息提供者和需求者两重身份，对政府信息公开的进步和难处深有体会，因而能以较为宽容的态度视之；而律师仅仅是信息的需求者，由于其职业的特殊性对信息的需求量更大，当信息供不应求时，他们自然会对供方产生不满。

与 2011 年数据对比，律师和法律专业人士对政府主动公开信息的满意度都大幅度提升。律师的正面评价上升了 12.8 个百分点，负面评价降低了 6 个百分点；法律专业人士的正面评价上升了 26 个百分点，负面评价降低了 12.8 个百分点。这样的增幅是喜人的，这与上海是省级政府中最早出台政府信息公开制度的地区有关，起步早、起点高，但我们还应看到不足。据"中国社会科学院法治蓝皮书（2014）"中有关政府透明度的调查，可知上海政府信息公开的名次还不够高，但上海的法院司法透明度已连续五年全国第一，调研组认为上海的政府部门可以向本地法院学习经验，争取更大的进步。

（三）行为规范度

行政执法的实体合法性（Q14）

行政执法是依法行政的关键环节，绝大多数法律主要是由行政机关加以实施的，它使立法机关制定的规则得以普遍实现，然而，执法者多为基层公务人员，且执法案件日益增多、难度加大，这都容易对行政相对人的权益造成侵害，可知行政执法是依法行政的薄弱环节。这当中，既有因利益诱导而发生的积极抢权，也有消极不作为而产生的相互推诿。该题是测试行政机关行为规范度的指标，曾在 2011 年问卷中使用，此次在三个群体中都加以使用。

本题的综合满意值为 65.5，依然是考察法治政府题目中分数最低的，这和 2012 年的结论一致。可见，2011 年本调研组专门针对行政执法满意度低的问题所提出的各层次、各阶段的解决方法还没有完全落实，它依然是今后法治政府建构的难点问题，需要给予重视。

从单项满意值而言，有三个维度的比较呈现出特定趋势。一是从受访者年龄上看，年纪越大对行政执法的满意度越低；二是从受教育程度上看，学历越高对行政执法的满意度越低；三是从行政级别上看，官职越高对行政执法的满意度越低。这些趋势比较符合实际情况，从受访者的年龄、学历以及官职高低上看，基本上可以判定一个人的阅历、学识和眼界，这三个维度都在同一个方向上影响着满意度水平，也就是说，三者皆高的人群对行政执法状况较为不满，这种结果产生于他们的历史性对比、心理期待的落差以及对事物的审视高屋建瓴，是客观和理性的，它真实说明了行政执法的状况确实令人担忧。

从数据表中可以测算出 2013 年市民（共 1052 人）对此问题的正面评价为（575 人，占比 54.7%），中性评价为（387 人，占比 36.8%），负面评价为（90 人，8.6%）；律师（共 2584 人）对此问题的正面评价为（1262 人，占比 48.8%），中性评价为（1031 人，占比 39.9%）；负面评价为（291 人，占比 11.3%）；法律专业人士（共 1313 人）对此问题的正面评价为（920 人，占比 70.1%），中性评价为（325 人，占比 24.8%），负面评价为（68 人，占比 5.2%）。

与 2011 年的数据相比，市民正面评价上升，负面评价亦上升，但负面评价的上升幅度更明显一些；律师的评价出现了同样的情况；与之截然不同的是，法律专业人士的正面评价大幅上升，负面评价下降很多。这反映出一种倾向：体制内的受访者对行政执法现状较为满意，体制外的受访者（包括市民和律师）对行政执法的满意度没有上升。这可能和最近两年政府部门加强执法工作的规范化有关，即相关机制更加完善，执法手段也不断更新，执法人员素质持续提高，体制内的人士对此感受比较深切，但相关的效应还未及时表现出来，市民的感觉不甚明显，加之食品安全保障和环境污染治理的执法工作还不够好，因此市民和律师有所怨言也很正常。

行政执法的程序合法性（Q15）

本题考察的是对行政行为程序合法性的满意度。行政行为程序合法是保障其实体合法性的前提，且具有一定的客观性。因为行政行为的程序性规定较为复杂，不同的行政行为使用不同的程序，只有具有法律知识的人员才可能做出评判，所以本次调查的对象没有将市民纳入。

本题的综合满意值为 73.4，大大高于实体合法性的满意度，这和 2011 年结论一致。与实体合法性改进的难度相比，程序合法性的实现较为容易，因为它是法律法规明确规定的，基本上没有自由裁量的空间，一般也不会出现执法衔接上的问题，且一旦程序有错，会被认为是"低级错误"而得到立即纠正，因此执法人员对程序的重视甚于对实体问题的重视，满意度较高是意料之中的。

从单项满意值来看，有两个维度的分析结论与上一题相似，即年龄越大满意度越低、行政级别越高满意度越低，但学历与满意度没有呈现出明显的规律性关系。此外，部门层级越高满意度越低。我们认为，年龄大阅历多的人往往更加守时守信，他们对别人（包括政府）的要求也是同样的，即使政府做出的行为在时限范围内，还是希望步骤方法更加合理、处理时间更短。而且，部门层级高的单位和较高级别的领导往往不直接进行行政执法，他们的管理对象是下级行政部门或者下属公务员，因此从管理者的角度他们也希望具体的执法单位和执法人员更加遵守程序和时限，而强烈的期待感往往导致了人们对现实的不满。

从数据表可以算出 2013 年律师（共 2584 人）对此问题的正面评价为（1407 人，占比 54.5%），中性评价为（975 人，占比 37.7%），负面评价为（202 人，占比 7.8%）；法律专业人士（共 1200 人）对此问题的正面评价为（920 人，占比 76.7%），中性评价为（237 人，占比 19.8%），负面评价为（43 人，占比 3.6%）。体制内外人士的满意度差距再次得到体现，体制内人士更多的是满足于最低标准，即合法性；而体制外人士不仅要求程序是合法的，还要求更高标准的合理性。

与 2011 年的数据相比，律师的正面评价上升了 10 个百分点，负面评价降低了 2.7 个百分点；法律专业人士的正面评价提升了 18.5 个百分点，负面评价降低了 6.8 个百分点。这说明，与两年前相比，上海行政机关的执法活动更加符合程序性规定，更加符合依法行政的要求。尽管体制内外两个群体对程序合法性的标准理解不一样，可他们都对行政机关的进步表示了肯定。随着规范行政行为的法律不断完善，尤其是行政诉讼法的修改和行政程序法的制定，以及各级政府与各政府部门对程序标准的细化，我们相信相关满意度会越来越高。

（四）高效便民度

行政行为的效率（Q16）

本题考察的是政府效率满意度。行政机关应该在追求行为规范的同时，注重行政效能，不断优化管理流程、提高办事效率、提供优质服务、方便行政相对人。政府是提供公共产品的重要主体，提高政府工作效率是构建服务型政府的核心要务。

本题的综合满意值是 74.1，处于满意度较高的水平。这既和上海建设"两高一低"政府的努力有关，也与上海的经济实力处于全国前列有关。上海是富庶的长三角地区的龙头城市，经济基础好，市场经济意识强，政府的服务理念也较早树立，因而在强大的财政支持和服务理念下，各类服务窗口软硬件条件都不错，有遍布全市的社区服务中心、功能齐全的市民中心、高效便民的行政审批大厅以及业务素质高的服务人员，这些都是提高行政效率的必备条件。

以单项满意值而言，以下三个维度的比较显示出一定的规律。一是从年龄来看，年龄越大满意度越低，年龄越大需要政府提供的服务越多，与政府机关打交道的机会也越多，政府部门办理业务难免有让人不满意的地方；二是从在沪居住时间来看，基本上是居住时间越长满意度越低，初来上海的人会对上海的政府办事效率感到满意，但是时间久了以后会将内心标准提高，以更高的要求衡量政府服务，满意度自然会有所下降；三是从部门层级来看，层级越高，满意度越低，较高层级部门的工作人员有时会以管理者的视角看待下级部门的服务效率，认为其提升的空间还很大，因此满意度反而较低。

由数据表可以测算出 2013 年律师（共 2584 人）对此问题的正面评价为（1532 人，占比 59.3%），中性评价为（853 人，占比 33.0%）负面评价为（199 人，占比 7.7%）；法律专业人士（共 1199 人）对此问题的正面评价为（914 人，占比 76.2%），中性评价为（247 人，占比 20.6%），负面评价为（38 人，占比 3.2%）。律师的满意度比法律专业人士低了不少。律师与政府机关打交道的机会很多，小到为取证而查询企业工商登记，大到为客户进行公司设立而代理复杂的审批事项，当中遭到"踢皮球"甚至刁难的情形比一般人要多，心中自然会有较多的不满。

2011 年和 2013 年的数据相比，律师的正面评价略低，负面评价略高，中性评价持平；法律专业人士的正面评价大增近 12 个百分点，负面评价减少 5 个百分点，中性评价相应减少。短短两年，总体上说大家对政府效率提高的满意度还是上升的，律师评价的微弱变化几乎可以忽略不计，但法律专业人士的满意度提升是非常明显的。分析当中的原因，主客观因素兼而有之。一方面，法律专业人士中有不少就是政府部门工作人员，或者对政府工作比较熟悉，他们对政府效率提升的敏感度较高,对点滴进步的取得都感到不易,且推进依法行政和提高行政效率已经多年,提升的空间比较有限,剩下的都是"难啃的骨头",即使提升,边际成本也会大幅度提高;另一方面,上海这两年所做的工作有目共睹,各机关着力转变职能、改进作风,政府改革建设取得新进展,政风建设取得积极成效,同时政府制定职能转变方案,完成部分政府机构改革,推进行政审批制度改革,2013年取消和调整审批事项153项,率先清理行政审批涉及的评估评审。目前,上海正在推行无纸化办公,大幅压缩会议、文件、简报,市政府的全市性大会比2012年减少50%。律师则作为体制外的法律专业人员,眼光比较挑剔,希望政府工作做得更好,他们的意见会进一步推动政府完善自身、提高效率。

行政服务的质量（Q17）

本题考察的是政府部门的服务理念和质量。它与2011年Q27的考察目的较为接近,但比其涵盖内容要更为广泛,因为行政服务的便民程度只是服务质量的一部分。尽管如此,相似的两题依然可以进行历史性对比。本题除了出现在律师和法律专业人士的问卷中,市民的问卷也采用了相同的题目,这样可以进行更全面的比较。

本题的综合满意值为73.1,处于所有法治政府题目中的中间水平。和2011年对"政府高效便民度"的测评相比,相对满意度有所下滑。两年前,在依法行政的各项指标中,无论是按照正面评价的递减排序,还是按照负面评价的递增排序,"高效便民度"都排第一。

从单项满意值而言,与其他题目不同的是,在所设置的各个维度上,各类人群的满意度差距都不大,即使有一定差距,也未出现明显的规律性变化。也就是说,各群体满意率数值始终在平均线上下略有波动。这说明上海行政部门的服务基本实现了均等化,不因对象的差异而区别对待。当然,均等化也有两种情况,一种是服务理念和水平整体上升,另一种是同步下降。此外,还有另一种理解,即是政府针对有不同需求的群体给予了个性化的服务,使得各个群体都获得了大致相同心理感受,这是更高层次的均等化服务,体现了现代给付行政行为中的比例原则。

由数据表可以测算出市民（共1052人）对此问题的正面评价为（638人,

占比60.6%），中性评价为（306人，占比29.1%），负面评价为（108人，占比10.3%）；律师（共2584人）对此问题的正面评价为（1456人，占比56.3%），中性评价为（889人，占比34.4%），负面评价为（239人，占比9.2%）；法律专业人士（共1317人）对此问题的正面评价为（983，占比74.6%），中性评价为（305，占比23.2%），负面评价为（29人，占比2.2%）。由此可见，市民的正面评价比律师略高，但负面评价也略高，这两个群体的满意度相似，但是与法律专业人士相比，他们的满意度明显偏低。

与2011年的数据相比，市民的正面评价虽然下降了3个百分点，但负面评价也减少了7.5个百分点，整体满意度是上升的；律师的正面评价下降了9.4个百分点，负面评价上升了5个百分点，整体满意度下降；法律专业人士的正面评价上升了6.1个百分点，负面评价减少了3.9个百分点，整体满意度上升。可见，各个群体对政府服务的理念和质量的评价褒贬不一。该题综合满意度的分值为73.1，在整个问卷当中的分值仅处在中游水平，相比2011年Q27"行政便民度"为正面评价均值最高的一题，我们认为政府服务的质量有所下降。理论上讲，随着政府投入的增加，服务的质量应当是"只升不降"，但服务的过程不能光看硬件，还要看服务人员的服务意识和态度，如果服务的水平下降了，那更可能是"软件"上出了问题。同时，这还说明政府管了一些管不好的事情，政府服务不是越全面越好，应当"有所为有所不为"，有些应当由社会组织提供公共服务，所服务的项目由政府出资购买。

（五）行为可问责度

对违法行政行为的监督（Q18）

本题考察的是对行政复议的效果，它是表征行政行为可问责度的一个重要方面，是行政机关内部纠错机制的主要手段。2011年我们曾将行政复议与行政诉讼结合起来加以设问，但后来发现这种做法缺乏科学性，将行政诉讼的满意度调查置入法院部分的问卷可能更合适，而且将两种监督方式纳入一题，也不利于区隔受访者对两者的分别评价，也就无法真正提出改进监督的方法。

本题的综合满意值为72.1，处于中下游水平。事实上，上海市近三年来对行政复议制度进行了试点改革，取得一定的成效。2011年，根据国务院法制办试点要求，上海开展行政复议委员会试点，市政府率先成立复议委员会。目前，已有5个区、1个市政府部门成立复议委员会。上海市政府行政复议委员会由58名委员组成，其中法制办以外的非常任委员达41名，占总数71%。非常任委员中，21名为高校和研究机构教授、学者，10名为知名律师，10名为人民团体和相关实务部门专家。案件审议表决时，非常任委员和常任委员的表决权是平等的，最大限度地体现了审议结果的公信力。截至2013年底，该行政复议委员会共召开了十三次案件审议会议，审议案件二十余件，取得了良好的社会效果。

从单项满意值来看，以下三个维度的比较显示出一定的规律性。一是以年龄为标准，年纪越大满意度越低；二是以在沪居住时间为标准，居住时间越长满意度越低；三是，以部门层级为标准，层级越高满意度越低。出现前两个规律的原因与前面的题目没有太大的差别，但最后一项规律值得分析。部门级别越高说明其成为行政复议机关的可能性较大，如果该机关的工作人员觉得行政复议的效果不佳，那就说明行政复议的纠错功能有限，这部分人的主观评价应该更加符合客观实际。

从数据表可以算出2013年律师（共2584人）对此问题的正面评价为（1081人，占比41.8%），中性评价为（1270人，占比49.1%），负面评价为（50人，占比1.9%）；法律专业人士（共1189人）对此问题的正面评价为（951人，占比80.0%），中性评价为（213人，占比17.9%），负面评价为（25人，占比2.1%）。律师的正面评价远低于法律专业人士。

与2011年的数据相比，律师的正面评价上升2.2个百分点，负面评价降低12.8个百分点；法律专业人士的正面评价上升了25.2个百分点，负面评价下降了9.8个百分点。这是一份非常好的"成绩单"，两个群体正面评价都在上升，负面评价都在下降，而且幅度不小。但是，这组数据要做适当的修正，因为2011年的数据是包含对行政诉讼的评价的，事实证明受访者对行政诉讼的满意度较低（行政诉讼呈现"三高一低"的情形，即上诉率、申诉率、上访率高，政府败诉率低），它在某种程度上拖累了对2011年Q28题的正面评价。因此，受访者对行政复议的满意度确实有所上升，但幅度并没有数据对比显示的那么大。2013年全国人大常委会对行政复议法执法检查的报告指出，2010年起全国行政复议案件年均收案量超过10万件，行政复议综合纠错率约为35%；上海的行政复议案件接近于一审行政诉讼案件的2倍，改变了"大信访、中诉讼、小复议"的格局。另据报道，2008～2013年，上海共受理行政复议案件2.1万件，纠错率为6.8%，与全国综合纠错率相比（可能口径不一致），差距还很大，通过行政复议对行政行为加以监督的空间较大。

三 小结和建议

我们现将法治政府部分的八题做一个综合满意率的排序：Q14（65.5）＜Q5.2（69.4）＜Q18（72.1）＜Q17（73.1）＜Q15（73.4）＜Q16（74.1）＜Q13（75.1）＜Q12（76.4），即行政行为实体合法性＜政府听证会＜行政复议效果＜政府服务质量＜行政行为程序合法性＜政府办事效率＜政府信息公开＜网络征集民意。

如果从五个大的方面来看（某方面如设置两题，则计算平均数），行为规范度（72.9）＜行为可问责度（72.1）＜公众参与度（72.9）＜高效便民度（73.6）＜信息透明度（75.1）。2011年的排名情况为（除去制度健全度）：行为规范度＜公众参与度＜行为可问责度＜信息透明度＜高效便民度。对比可见，相隔两年的满意度调查出现如下现象：行为规范度的满意率始终是垫底的，行为可问责度与信息透明度的排名各上升1位，高效便民度与公众参与度的排名各下降1位。换句话说，就是高效便民度与信息透明度的位置互换了，公众参与度与行为可问责度位置互换了。经过整体分析，此次问卷调查呈现出以下特征，需要有针对性地提出解决之道。

第一，体制内外的群体（即法律专业人士和律师）对八个问题满意度的回答，毫无例外地反映出法律专业人士给予正面评价的比例高于律师，给予负面评价的比例低于律师，而市民处于两者之间，但更接近于律师。这就说明，法律专业人士对政府表现出天然的友善，对政府的进步给予更多的称赞。法官、检察官等专业人士虽然不是政府工作人员，但是在中国现有体制下，他们也是公务员，与政府工作人员一道面临公正、效率、透明等指标的考核，遵循基本相似的晋升标准，他们在回答问卷时自觉地站在政府一边，给予了较多的好评。而律师作为体制外的法律专业人员，看问题相对理性和超脱，同时基于特殊的专业和学术训练，对待政府行为具有更多的批判性，即使政府表现相同，内心的评价必然要低于体制内人士。市民的构成较为复杂，评价结果介于中间是可以理解的。从这个结果来看，今后政府依法行政方面的工作应当多征询律师的建议，并形成制度性的规则，切不可关门搞改革和创新。

第二，如果以不同的标准对受访者做出分类，然后逐项对比，可以发现很强的规律性，在"政府法治"部分体现得尤为明显，八个题目的统计结果出现大致相同的结论。从性别上讲，女性的满意度高于男性；从年龄上讲，年龄越大满意度越低；从在沪居住时间上讲，居住时间越长满意度越低；从受教育程度上讲，学历越高满意度越低；从部门级别来讲，级别越高满意度越低；从行政级别讲，官职越高满意度越低。如果从户籍、政治面貌等分类标准来看，不同群体的满意度因题而异，没有发现明显的规律。基于这样的认识，将来政府部门可以有针对性地对相关行为做出改进，满足不同群体的需求。值得反思的是，政府是否仅仅依据群众的满意度来调整自身的行为。我们认为满意度只是作为政府的主要参考依据，毕竟政府不是企业，相对人也不是顾客，政府行为不完全是公共服务，它还要依法维持社会秩序，并相对公平地对待每一个公民，它不可能让所有人都满意。因此，构建一个科学的政府法治评估指标体系是更为迫切的需要。

第三，经过与2011年的问卷结果做对比，我们发现某些具体指标（题目）和分项指标（大类）的排名发生变化，但是总体上看变动并不大，即使发生变化，也只是上下一两位的微调，既没有改变依法行政工作的大格局，也没有违背法治的一般规律。我们认为，法治建设是一个漫长的过程，整体法治和法治要素的明显进步需要长时间的实践，同时，和平时期内法治水平的急剧下降也不大可能，因此不能过度关注满意度的排名，尤其是间隔时间过短的满意度对比没有实质意义。满意度调查的缺陷在于受近因效应的影响过大，例如，2010年上海突发"11·15"特大火灾，暴露出特大城市安全监管的缺陷，之前公众对政府相关监管活动的信心是较高的，但事件发生后对政府监管工作的满意度急剧下降,而从客观上讲,政府维护城市安全的意识和能力又有多大变化呢?因此对法治要素满意度排名的些许变化,切不可盲目改变改革方向和战略部署,但是如果通过多年的满意度调查,且结合客观数据,发现依法行政的某个方面始终是群众满意度较低的,或者在法理上不达标的,那我们就必须加以重视,行政执法尤其是执法中的实体合法性问题就属于这种必须攻克的"痼疾",其在历次调查的满意度都是最低的,这次也不例外。针对该"痼疾"的解决方案调研组早已提出,在此不再赘述。

B.5
公正司法状况满意度分析报告

王海峰 宋 晨*

摘 要： 各受访群体对司法机关工作总体评价良好，在法院工作评价中，审判质量满意度最高；对检察院工作评价时，检察质量、检察效果、队伍建设满意度基本持平，总体评价较高，这体现了受访对象对上海市司法机关工作的充分肯定和认可。但这些成绩与公众的需求和期待还有一定差距，有待于在今后的工作中加以改善和提高。

关键词： 法院 检察院 工作 满意度 分析报告

一 问卷设计说明

（一）法院工作评价指标说明

人民法院是国家的审判机关，审判工作既是人民法院的职权，又是人民法院的职责所在。因此，本次上海市法治建设状况调查问卷关于法院工作的指标设置紧紧围绕法院的审判职能展开，在法院工作领域中设置四个二级指标："审判质量"、"审判效率"、"审判效果"和"法院队伍建设"，引导受访对象从这四个方面入手对法院工作的满意度做出评价。

审判质量是法院工作的生命线，也是社会主义法治理念对法院工作的基本

---

* 王海峰，上海社会科学院法学研究所研究员；宋晨，上海社会科学院硕士研究生。

要求。没有过硬的审判质量,法院的工作就会逐渐失去社会公信力。审判质量的好坏很大程度上体现在审判公正中,这就要求法官必须公正审理案件,一方面不偏袒任何一方,判决时能做到事实认定清楚,法律适用准确;另一方面严格遵循法定程序,公开审理和判决,保障当事人的诉讼权利。因此,本问卷法院工作的第一个指标就设为对"审判质量满意度"的评价。

与审判质量一样,审判效率是现代司法理念的重要内容。法官履行职责时,在确保审判质量的同时,要认真、及时、有效的工作,最大限度缩短诉讼周期,降低诉讼成本,找寻社会公平正义与合理节约审判资源的最佳平衡点。问卷的第二个指标即为"审判效率满意度"评价,旨在判断法院能否做到案件的及时受理、审理、判决和执行。

审判效果是实现法律效果和社会效果的有机统一,既是党和国家对人民法院审判工作的明确要求,也是广大人民群众对法院审判工作的殷切期待,更是化解矛盾纠纷、实现社会公平正义、建设法治国家的体现。问卷设置"审判效果满意度"这一指标,就是为了说明法院审判工作取得的解决纠纷、化解矛盾的效果。

法院审判工作成败关键在于是否有一支高素质的法官队伍,队伍建设在法院工作中是否受到重视。法院的队伍建设包括:思想政治建设、业务能力建设、道德作风建设、领导班子建设等若干个方面。为突出法院队伍建设对审判工作的支撑和保障,问卷设置了"法院队伍建设满意度"这一指标。

(二)检察院工作评价指标说明

人民检察院是国家的法律监督机关,代表国家行使检察权。检察工作既是人民检察院的职权,又是人民检察院的职责所在。因此,本次上海市法治建设状况调查问卷关于检察院工作的指标设置,紧紧围绕检察院的法律监督职能展开,在检察院工作领域中设置四个二级指标:"检察质量"、"检察效率"、"检察效果"和"检察院队伍建设",并引导受访对象从这四个方面对检察院工作的满意度做出评价。

"检察质量"满意度可以看出检察院在打击普通刑事犯罪和查处职务犯罪方面的工作做得如何,是否能够严格依法办事,公正司法;"检察效率"满意度则考察检察机关能否提供高效便民的服务和是否按照刑事诉讼法规定的办案期限严格执法;"检察效果"满意度评判了检察机关的工作能否取得良好的法律效果和社会效果的有机统一;"检察院队伍建设"满意度从检察人员专业素质建设、检察机关自我约束机制建设、检察机关道德作风建设等方面评价。

二 问卷数据分析

(一)法院问卷数据分析

1. 审判质量满意度分析

调查显示,受访者对上海法院审判质量的总体满意度为80.44%,评价较高。从受访对象所在部门看,满意度由高到低依次为法官(87.8%)、检察官(86%)、依法治市办及司法行政机关工作人员(82.1%)、专业律师(73.5%)、人大机关工作人员(72.8%);从受访者年龄分布来看,年龄越大满意度评价越低:29周岁以下79.7%,30~39周岁75.2%,40~49周岁73%,50周岁以上72.9%,不同年龄层的阅历、人生经历、生活状态等有较大差异,年岁长、经历多,或是更加关注法院工作,可能影响其对满意度的评价;从在沪居住时间年限来看,居住时间越短反而对审判质量评价越高,居住三年以下的受访者满意度超过85%,而居住7年以上者只有82%,这可能也与了解与否有关,刚来上海对各方面情况都不熟悉,可能也没有接触过法院,所以评价比较泛泛而谈,凭感觉下结论,而经历过的或长期在沪居住有过了解的,则判断更为理性。

2. 审判效率满意度分析

调查显示,受访者对上海法院审判效率的总体满意度为78.96%,评价有待提高。从受访对象所在部门来看,与审判质量评价状况趋势一致,法官(87.5%)、检察官(85.4%)和依法治市办及司法行政机关工作人员(80.6%)这三类群体评价较高,人大机关工作人员(73.2%)和律师(68.1%)评价低,尤其是律师评价已低于70%,之所以这么低,与律师注重效率的特点有很大关系;从受访对象政治面貌来看,民主党派人士(64.8%)和群众(69%)评价低于中共党员(73.6%),这表明非中共党员提意见和表达观点更为直接、尖锐;从受教育程度来看,学历越高者对审判效率评价越高,这显然是与知识水平呈正相关,他们会理性看待司法实践中效率与公平的问题,如果一味地追求效率,可能公平就无法保障。

3. 审判效果满意度分析

调查显示,受访者对上海法院审判效果的总体满意度为78.54%,排名最低,有待提升。从受访对象所在部门看,评价数值分布也是如出一辙,法官(83.8%)、检察官(84.7%)和依法治市办及司法行政机关工作人员(80.8%)较高,人大机关工作人员(72%)、专业律师(71.4%)较低,律师对法院的审判效果也不甚满意;从在沪居住时间来看,居住时间越短评价反而越高,这可能是由于这些人在沪时间短,几乎不与法院打交道,对审判效果评判无从下手,只好做较为肯定的评价。

4. 法院队伍建设满意度分析

调查显示,受访者对上海法院队伍建设总体满意度为78.7%,有待提高。从受访对象所在部门来看,仍然是人大机关工作人员(71.6%)和专业律师(72.7%),同样也体现了体制内外看问题的差异,尤其是律师和法官、检察官的评价差距,几乎都超过10个百分点;从所在部门的层级来看,市级一层满意度(72.8%)明显低于区县级(82.7%)和乡镇街道一级(82.9%),这表明部门层级越高越重视队伍和作风建设,2013年上海法院系统的确出现了关乎法院形象和法官队伍问题的负面事件,并且是出现在上海市高级人民法院,这种情况导致市一级层面的受访者的满意评价低下。

(二)检察院数据分析

1. 检察质量满意度分析

调查显示,受访者对上海检察院的检察质量指标总体满意度为80.1%,评价较高。从受访对象所在部门看,满意度由高到低依次为检察官(90.0%)、法官(83.4%)、依法治市办及司法行政机关工作人员(82.0%)、人大机关工作人员(72.8%)、专业律师(72.3%),这一评价数值分布,基本延续体制内外评价差异有别这一特点;从受访者年龄分布来看,年龄越大满意度评价越偏低:29周岁以下79.6%,30~39周岁73.9%,40~49周岁

72.2%、50周岁以上72.6%，不同年龄层的阅历、人生经历、生活状态等有较大差异，年岁长、经历多，或是更加关注检察院工作，可能影响其满意度的评价，虽在40~49周岁和50周岁以上者出现一个小波动，但这个波动并不影响整个趋势，其出现只是因为随着年龄的增长及邻近退休，人们可能不那么斤斤计较了。

2. 检察效率满意度分析

调查显示，受访者对上海检察院检察效率指标总体满意度为79.48%，为检察院四项指标中最低。从受访对象所在部门看，满意度由高到低依次为检察官（89.6%）、法官（82.9%）、依法治市办及司法行政机关工作人员（81.3%）、人大机关工作人员（72.4%）、专业律师（71.2%）；从受访者学历层次来看，大学专科以下（73.2%）、本科（73.4%）至硕士研究生（74%）评价依次走高，到博士研究生（72.1%）时数值突然走低，这表明拥有博士学位的受访者在这一问题上思考更为谨慎，不仅考量检察效率，同时考虑检察公正。

3. 检察效果满意度分析

调查显示，受访者对上海检察院检察效果指标总体满意度为80.62%，评价较好。从受访对象所在部门看，满意度由高到低依次为检察官（89.5%）、法官（88.7%）、依法治市办及司法行政机关工作人员（81.6%）、人大机关工作人员（72.0%）、专业律师（71.3%）；从受访者受教育程度来看，学历层次越高对检察效果满意度评价越高，大学专科以下（73.0%）、本科（73.6%）、硕士研究生（73.8%）、博士研究生（74.3%），这表明在学识更为丰富的人眼里，检察院工作所取得的法律效果和社会效果的统一，被看得更清楚。

4. 检察院队伍建设满意度分析

调查显示，受访者对上海检察院检察效果指标总体满意度为80.68%，在四项指标中满意度最高。从受访对象所在部门看，满意度由高到低依次为检察官（89.2%）、法官（82.6%）、依法治市办及司法行政机关工作人员（83.6%）、人大机关工作人员（74.0%）、专业律师（74.0%）；从受访者所在部门层级来看，区县一级和乡镇街道一级评价较高分别是85.3%、84.8%，两者差距不大,倒是市级层面对此评价较低为75.1%,可知所处部门层级越高越重视队伍建设和作风建设,基层对队伍建设重视程度不够,这不仅表现在对检察院的评价上,也体现了自身所在部门对基层队伍建设也不在意。

(三)法院工作评价数据间比较

1. 大部分受访对象对法院工作表示满意,正面评价较高,负面评价较低

从问卷调查数据来看,大部分受访对象对法院工作负面评价较低,四项指标中负面评价最高的为审判效率10.79%,最低的是审判质量5.01%,均值为7.27%,这说明受访对象对法院工作的认可和肯定,总体上较为满意。另外,四项指标的正面评价均值占比达到66.85%,超过六成五,中性评价均值为25.88%,约占1/4(见图1)。与2011年数据相比,正面评价提高3.64个百分点,但同时负面评价也上升5.17个百分点。中性评价压缩了近10个百分点。由此可见,随着信息传播技术的发展和法院工作的越来越透明与公开,使得原本对法院工作不甚了解、难以判断只能做出"中性评价"的群体在下降。另外,虽然正面评价的比例有所提高,但负面评价也在上升,并且幅度高于正面评价。这其中原因,应与2013年网络曝光上海高院四名法官违法违纪事件有很大关系。即使法院在这一年里做了很多工作,取得了不少成绩,但可能就

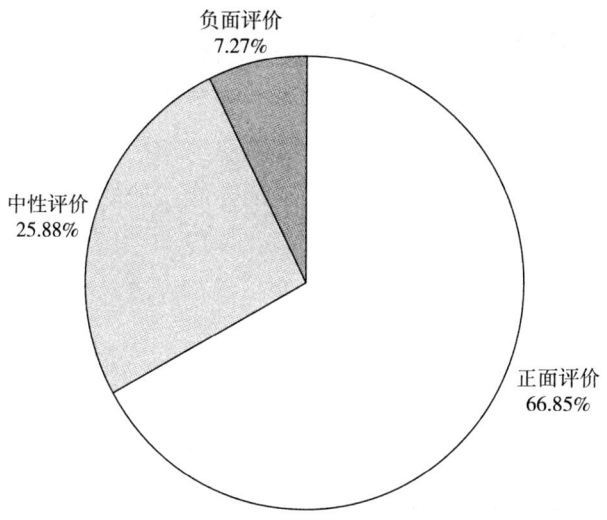

图1 受访对象对法院工作总体评价占比(平均值)

会因为这一个污点的存在，公众的眼球就全部聚焦于这一事件上，并被无限放大，即使成绩再多，也可能会造成负面评价的升高。

2. 在五类受访对象中，法官对法院工作满意度最高，其次是检察官和依法治市办及司法行政机关工作人员，人大机关工作人员再次，专业律师最低

不同工作部门的受访对象对法院工作的满意度评价存在一定差异。其中，法官对其自身工作部门满意度评价最高达到85.83%，其次是检察官和依法治市办及司法行政机关工作人员，分别为84.73%、81.43%。上述受访人员对法院工作的满意度可以归为一类，评价较高都在80%以上。另外，人大机关工作人员和专业律师的评价可以归成一类，其对法院工作的满意度比较接近，处于72%左右，具体数值为人大机关工作人员72.4%，专业律师71.43%（见图2）。五类受访对象对法院工作满意度最高相差14.4个百分点，差值还是比较大的。以上数据说明，不同受访对象由于学识水平、法律修养、工作性质等方面存在显著差异，对法院工作的满意度和期望值也明显不同。法官可能会有今昔工作环境的比较，觉得现在已有进步，即使改善很有限，他们也给予了较高的满意度。检察官、依法治市办和司法行政机关工作人员也给出了较高的满意度，这可能与他们和法官同为公务员不无关系。而专业律师给出了最低的满意度则表明，在与法院长期打交道的过程中，会发现法院工作的各种问题和弊端，他们不太满意，甚至还会有抱怨，并认为还有很大的改进空间，对法院工作抱有较高的要求和期待。

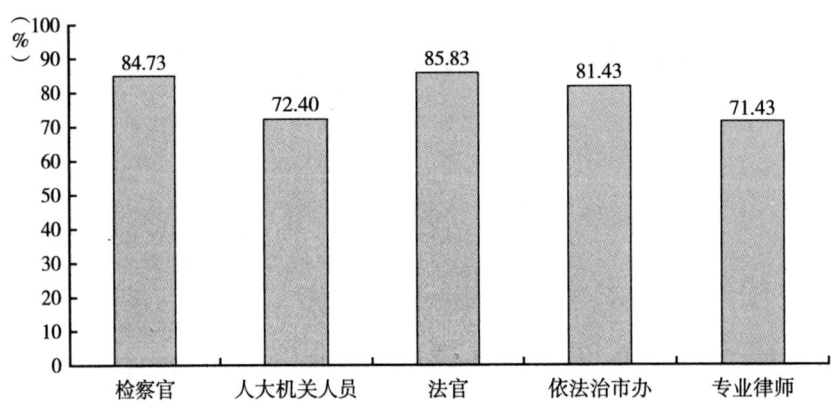

图2 不同受访对象对法院工作满意度评价

3. 在四项指标中，审判质量满意度略优于其他三项，审判效果满意度最低

在评价法院工作满意度的审判质量、审判效率、审判效果和队伍建设这四项指标中，审判质量满意度略高于其他三项，而审判效果满意度最低。其具体数值为审判质量80.44%，审判效率78.96%，队伍建设78.7%，审判效果78.54%（见图3）。并且数值之间相差不是很大，最大差距仅约为2个百分点。2013年，全市法院共受理案件48.6万件，审结47.54万件，91.92%的案件经一审即息诉，经二审后的息诉率为98.71%。以上办案数量也反映法院能够依法履行审判职能，注重审判质量和效率。

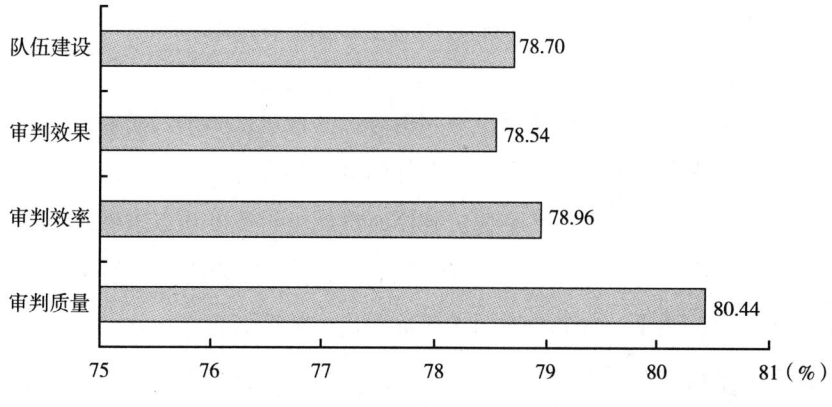

图3　各项指标满意度评价比

从法官、检察官、依法治市办和司法行政机关工作人员、人大机关工作人员和专业律师这五类受访对象对法院工作四项指标的满意度调查结果来看，除人大机关工作人员外，其他四类人群对审判质量满意度评价最高。人大机关工作人员中，只是审判效率高于审判质量0.4个百分点，相差无几。这也可以印证，在法院的几项指标中，审判质量也是最令人们满意的（见图4）。

4. 审判效果评价最低，满意度有待提升

由图3可知，在评价法院工作的四项指标中，审判效果满意度最低。究其原因，一方面在诉讼中存在的都是利益冲突尖锐对立的双方当事人，法官在审理中支持了一方的诉讼请求，就会使得另一方付出代价承担相应的义务。虽然大多数法官能够以"事实为依据，以法律为准绳"秉公办理，但当事人一时

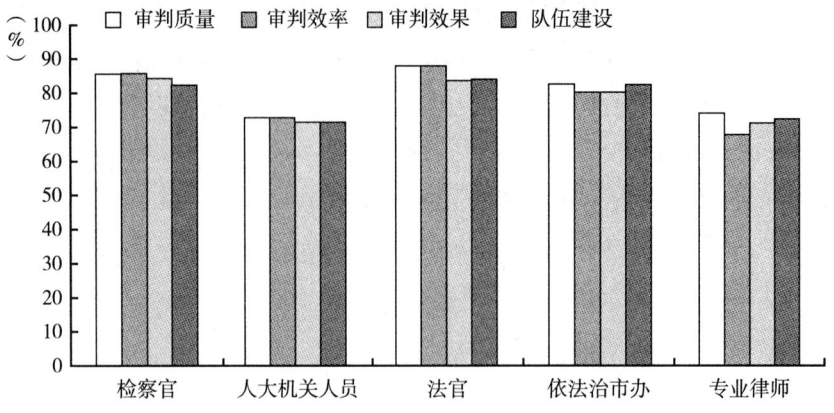

图 4 五类受访对象对法院工作四项指标的评价

不一定能够理解，对法院就会有不满和抱怨。要使诉讼结果同时取得双方当事人的满意是很难做到的。另一方面，案件的诉讼程序已经走完，法院做出了生效的判决，可许多当事人仍然不善罢甘休，继续上诉或上访以求做出对自己有利的判决，造成了"案结事不了"的局面。大量涉诉涉法信访的出现，既影响了正常的社会秩序，也对我国司法权威提出严峻的考验。往往一经上访，尤其是去更高级别的部门上访，反而能够得到重视，最终得到使自己满意的改判，使得信"访"而不信"法"的观念在逐渐蔓延，司法公信力和司法权威有了一定程度的削弱。因此，法院很难通过诉讼、判决彻底解决纠纷、化解矛盾，法院的审判效果也难使社会方方面面都感到满意。

5. 在审判效率指标中，专业律师满意度最低，有很大提升空间

在法院工作中，不同受访对象对审判效率满意度评价差异较大，数值由高到低依次为法官87.5%，检察官85.4%，依法治市办及司法行政机关工作人员公务员80.6%，人大机关工作人员73.2%，专业律师68.1%，最大相差近20个百分点（见图5）。在审判效率指标中，专业律师满意度最低，且低于70%，与其他四类人群差距较大。这其中原因不难解释，律师提供专业化法律服务大多按照市场运作，律师这一职业的市场化程度远远高于法官和检察官两类法律职业，而市场经济追求效率和利益，律师以市场眼光审视法院工作，不免会认为审判效率低下，案件久拖不决。同时，客观上法院案多人少的矛盾日益突出，虽然法官已经尽很大努力提高工作效率争取在法定期限内审结案件，但仍会有大量案件难以在审限内审结，不得不申请延期审理，影响到审判效率。另外，"执行难"问题一定程度上存在，尤其遇到没有执行能力的被执行人，法院也无能为力。还有部分被执行人想方设法转移资产，逃避执行，也增加了法院执行难度，使得审判效率大大下降。律师可能会历经立案到执行整个程序，对法院的审判效率会有很深的感触，也抱有较高的期待，认为仍有很大提升空间。律师接触法院的机会很多，评价出的满意度比较符合客观实际，对法院来说应重视专业律师群体的意见，为今后改善工作，提高效率做参考。

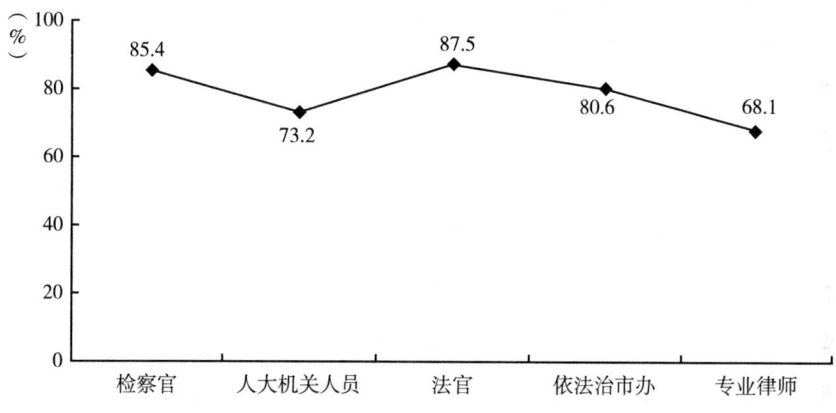

图5 不同受访对象对审判效率满意度评价

（四）检察院工作评价数据间比较

1. 大部分受访对象对检察院工作表示满意，正面评价较高，负面评价较低

2013年，全市检察院共批准逮捕犯罪嫌疑人27465人，提起公诉28112件39020人。批捕故意杀人、抢劫、绑架等严重暴力犯罪2896人；提起公诉盗窃、抢夺、电信诈骗等侵害民生犯罪10070人；提起公诉金融领域犯罪618人；立案侦查贪污贿赂案件325件405人，其中大案308件。以上数据可以看出这一年来，检察机关能够较好的依法履行检察职能，维护社会稳定。正因为如此，从问卷调查结果来看，大部分受访对象对检察院工作负面评价较低，四项指标中负面评价最高的也仅为检察效率6.27%，最低的是检察院队伍建设3.76%，均值为5.27%，这说明受访对象对检察院工作的认可和肯定，总体上较为满意。另外，四项指标的正面评价均值占比达到66.86%，超过六成五，中性评价均值为27.87%，超过1/4（见图6）。与法院工作评价数据相比，正面评价基本持平，负面评价少了2个百分点，而少的2个百分点基本上增加到了中性评价中。这并不能说明检察机关工作就一定优于法院工作，检察院的工作只要是针对一般刑事犯罪案件和职务犯罪，民事检察工作刚刚起步，较之法院而言，了解的人群有限，做出中性评价也是客观的。总体而言，2013年度，检察机关的工作良好，能够很好地依法履行宪法和法律赋予的检察职能，有效地维护了法律权威和社会秩序。

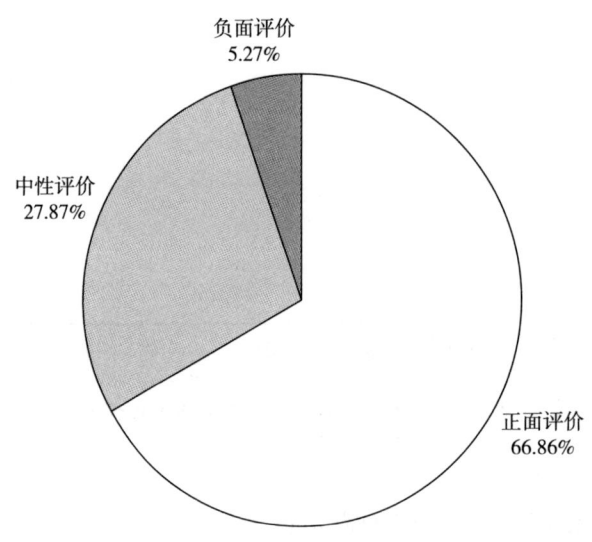

图6 受访对象对检察院工作总体评价占比（平均值）

2. 在五类受访群体中，检察官对自身工作满意度最高，法官次之，专业律师最低

不同工作部门的受访对象对检察院工作的满意度评价存在一定差异。具体而言，检察官对其自身工作部门满意度评价最好，高达89.58%，其次是法官和依法治市办及司法行政机关工作人员，分别为84.4%、82.13%。上述受访群体对检察院工作的满意度可以归为一类，评价较高都在80%以上，甚至接近90%。另外，人大机关工作人员和专业律师的评价可以归成一类，其对检察院工作的满意度比较接近，约为72%，具体数值为人大机关工作人员72.8%，专业律师72.2%（见图7）。究其原因，跟法院一样，检察官深知检察院工作改善的艰难，即使有些进步，他们仍感到欣慰，也会给出较高的满意度。法官、政府公务员也给出颇高的评价，这与三者都是公务员序列有很大关系。人大代表监督"一府两院"工作是职责所在，对检察院工作评判相对严格，而专业律师，尤其刑辩律师与检察院打交道机会多，对其工作抱有较高的期望和要求。

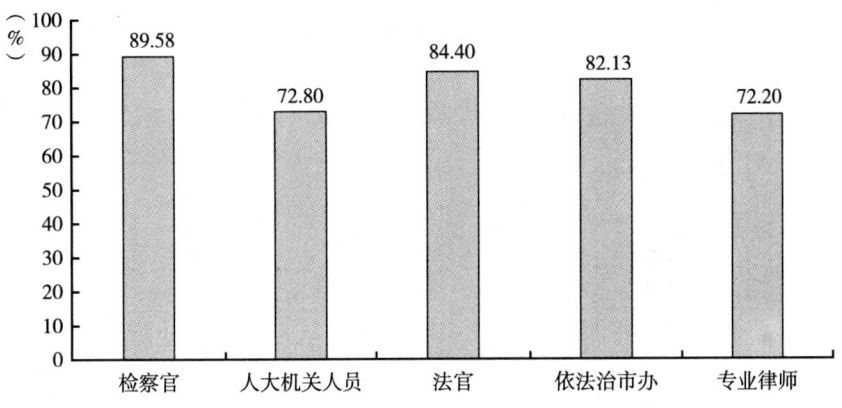

图7　不同受访对象对检察院工作满意度评价

3. 在四项指标中，检察院队伍建设、检察效果和检察质量满意度基本持平，检察效率最低

在评价检察院工作的检察质量、检察效率、检察效果和队伍建设这四个指标中，队伍建设、检察效果和检察质量分列一、二、三位，其具体数值是80.68%，80.62%和80.1%，均在80%以上，检察效率最低为79.48%，但与前三者也很接近，相差不到1个百分点（见图8）。

从法官、检察官、公务员、人大机关工作人员和专业律师这五类受访对象对检察院工作四项指标的满意度调查结果来看，专业律师和人大机关工作人员群体评价都是远低于其他三类人群的，呈两极分化的趋势，其基本都维持在71%~74%，与其他三类群体的评价相差近20个百分点（见图9）。首先，专

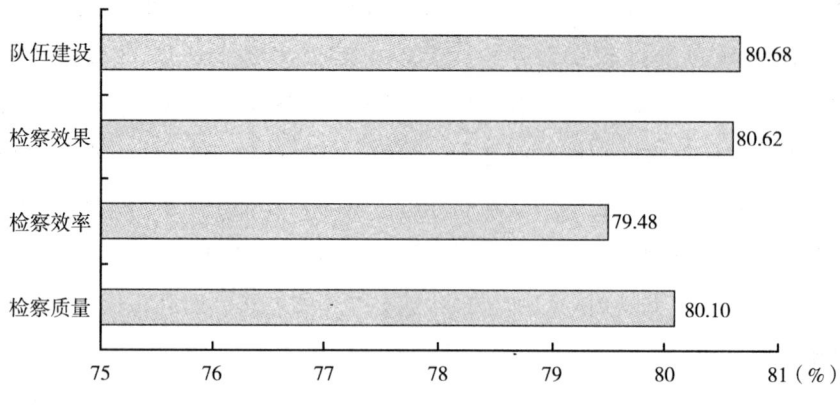

图 8　各项指标满意度评价比

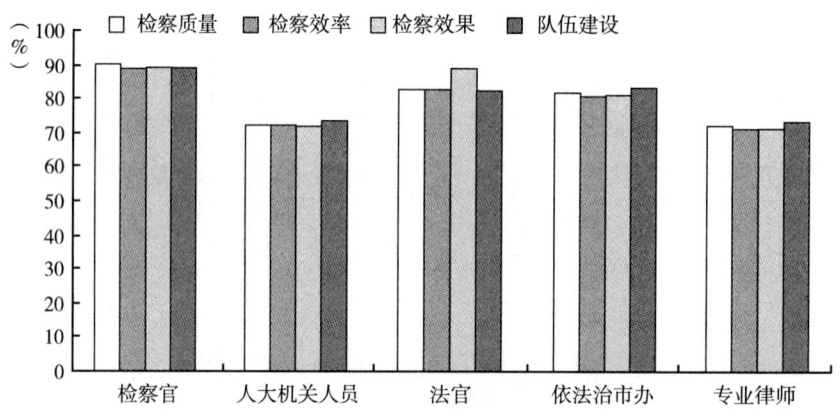

图 9　五类受访对象对检察院工作四项指标的评价

业律师的满意度低，是从其办案实践的角度去评判检察机关的检察效率和效果，这也是比较符合客观实际的。刑辩律师熟悉检察机关的办案流程，能够感受到检察院真实的业务能力和道德素质，律师本身也具有法律知识，对检察院的工作评价专业化程度高，因而可信度也比较高。其次，人大机关工作人员就是服务于人大代表履职的，他们能够更多了解代表们的想法，而人大代表作为地方国家权力机关的组成人员，监督检察院工作是职责所在，对其评价严格，是在时刻鞭策检察院改善队伍建设、提升业务水平，同时也是人大代表依法履行监督职能，对人民负责原则的体现。

（五）"法律职业共同体"内部比较

"法律职业共同体"通常是指必须经过专门的法律教育和职业训练，具有一定的法律知识背景、思维方式、共同法律语言的社会群体，主要由法官、检察官、律师和法学家等职业构成。本次问卷设置了"上海律师建设满意度"指标，旨在通过各类群体对上海市律师生存的环境，发展的体制机制，律师队伍的建设等方面的评价，反映律师作为"法律职业共同体"中的一类群体与其他两类法律职业群体的差异所在。值得说明的是，这一指标的设置更多是评价上海律师发展的客观环境，但法官和检察官在评价时会从律师发展环境联系到其工作业务方面，所以两者具有一定的可比性。不同受访对象对上海律师建设总体评价是：正面评价为57.02%，中性评价为35.86%，负面评价为7.12%（见图10）。相比法院、检察院工作总体满意度评价，正面评价缩小，中性评价占比扩大，负面基本持平。这说明律师建设这一话题还是不太为大众所了解，相比之下中性评价的比例超过1/3；另外，正面评价也偏低，说明上海律师队伍建设不太令人满意。

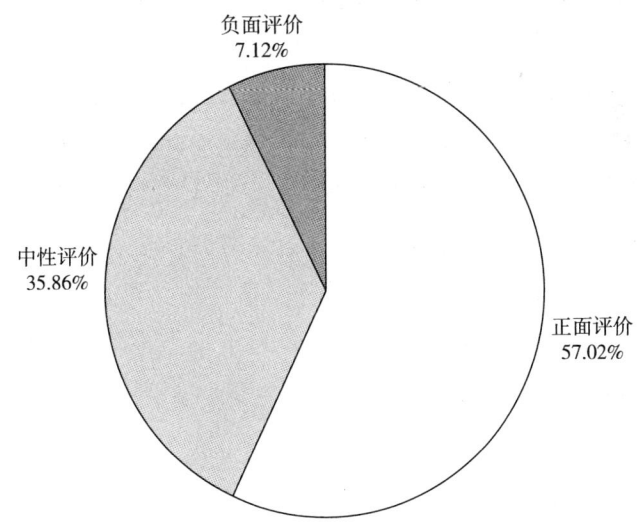

图10 上海律师建设满意度评价占比

从不同受访对象来看，法官、检察官给予律师的评价分别是76.4%、75.7%，相比他们给予自己的评价或相互的评价来说，是偏低的。反过来说，律师给予法官、检察官的评价在几类人群中也是偏低的。律师给予自己的工作环境评价也是偏低的，甚至低于法官、检察官的评价。出现这一调查结果的原因：一是法官、检察官和律师之间缺乏认同感，甚至将律师放在了对立面上，殊不知律师也是维护公平正义的重要法律角色。二是法官、检察官因是体制内的法律职业，各方面体制机制较为完整和规范，收入待遇稳定、晋升渠道通畅、职业发展有保障；而律师这些方面确实不如法官、检察官，以致律师自己都对自身职业发展环境不满意。

三　小结与建议

　　从上海市法治建设工作满意度调查问卷统计结果的分析中可以看出，五类受访对象对司法机关工作总体评价良好，在法院工作评价中，审判质量满意度最高；对检察院工作评价时，检察质量、检察效果、队伍建设满意度基本持平，都比较高。这体现了受访对象对上海市司法机关工作的充分肯定和认可。虽然取得了一定的成绩和进步，但与公众的司法需求和期待还有一定的差距，有待于在今后的工作中加以改善和提高。

　　一是增加办案力量，提高司法效率。效率低下是在此次调查中两机关存在的共性问题，随着近年来案件的数量持续快速增长，而两机关工作人员的数量并没有保持同步增加，一线办案检察官、审案法官的配置与其所承担的繁重、高难度的任务不相适应，案多人少的矛盾非常突出，这在一定程度上影响了检察效率和审判效率。今后上海司法机关应逐步增加办案力量，优化一线、二线人员结构比例，将更多的人才充实到工作一线，让其才能得到淋漓尽致的发挥，从而缩短办案周期，降低诉讼成本。

　　二是努力培育法官、检察官和律师间"法律职业共同体"认同感。从上述调查中不难看出，律师对法院、检察院的工作评价低，同时法官、检察官对律师建设评价也不高，同为法律人互相却有点"谁也看不起谁"的味道。律师在工作中要经常接触法院和检察院，在交往中，律师对司法机关暴露出来的问题和制度缺陷有着较为全面、深刻的了解。因此，律师提出的合理意见司法机关应虚心倾听，有则改之，无则加勉；落实有关保障律师执业权利的法律法规，切实提高律师地位；加快律师行业的制度建设，使之与上海法治水平实现同步发展。

B.6
社会治理状况满意度分析报告

徐加喜 章亮亮*

摘 要: 上海在社会治理方面的投入和重视有目共睹,并取得了一定的成绩。对于群众反映强烈的问题,必须花大力气解决。上海法治发展的重点依然是基层工作,只有基层的民主法治水平提高了,整个法治水平才能稳步提高。

关键词: 社会治理 满意度 分析报告

一 问卷设计说明

法治满意度问卷(法律专业人士)中第四部分 Q21~Q34 是关于社会治理方面的问题。本部分共有 14 道大的题目,占整个问卷 41%。在本问卷中,社会治理的内涵十分广泛,除了民主政治、法治政府和司法公正外的内容都集中在本部分。社会治理是法治建设的重要组成部分,重视对社会治理的研究,能反映法治建设目标更长远、更贴近民生的趋势。

这 14 道题目涉及的领域非常广泛。Q21 考察上海市各级党委依法执政情况,Q22 考察中央"八项规定"和"六项禁令"在上海的执行情况,Q23 考察街道(社区)法治宣传、服务情况,Q24 考察上海的治安状况,Q25 考察市民遵守交通规则情况,Q26 考察上海企业劳动关系状况,Q27 考察社区建设情况,Q28 考察上海小区业委会的工作情况,Q29 考察法治建设的财政保障情

---

* 徐加喜,华东政法大学博士研究生;章亮亮,华东政法大学博士研究生。

况，Q30 考察律师业发展状况，Q31 考察市民遵纪守法状况，Q32 考察上海缩小与其他国际化大都市法治差距的努力情况，Q33 考察市民解决生活中问题的途径，Q34 考察治理城市"顽疾"情况等。为了便于比较法律职业共同体成员之间的情况，Q30 题律师业发展现状在前文《公正司法状况满意度分析报告》中已有所体现，在此不再做分析。

二 问卷数据分析

（一）党组织依法执政满意度分析

在依法治国、建设社会主义法治国家的历史背景下，党的依法执政意识对我国法治建设的进程至关重要。《宪法》第五条规定："一切国家机关和武装力量、各政党和各社会团体、各企业事业组织都必须遵守宪法和法律。一切违反宪法和法律的行为，必须予以追究。"因此，中国共产党的各级组织都应该模范地遵守宪法和法律。上海作为我国经济最发达、国际开放程度最大的城市，各项工作、包括法治建设均走在全国各省市的前列，上海各级党组织在法治建设中的作用更值得关注。通过 Q21 的问题，我们可以考察社会各界对上海市各级党组织依法执政理念与能力的评价和认识。

1. 市级党组织依法执政理念和能力分析

（1）从部门来看，体制内法律专业人士对市级党组织依法执政理念和能力还是非常认可的，其顺序依次如下：检察官的正面评价为 82.7%、法官的正面评价为 81.1%、依法治市办和司法行政机关工作人员的正面评价为 81%、人大机关工作人员的正面评价为 74.5%。作为体制外的法律专业人士，律师对市级党组织依法执政理念和能力的评价为 62.5%，与体制内法律专业人士的正面评价差距较大。各群体对市级党组织依法执政理念和能力的负面评价均较低：检察官为 0.6%、人大机关工作人员为 3.9%、依法治市办和司法行政机关工作人员的负面评价为 2.3%、律师的负面评价为 4.6%。总体而言，各群体的负面评价均不高，这就显示出上海法律界对上海市级党组织依法执政能力的否定性看法较少。但是律师的中性评价高达 32.9%，接近 1/3。这就意味着,律师群体在很大程度上对上海市级党组织依法执政能力不太熟悉,持中间态度,对其依法执政能力的提高、党务公开力度有更高的期待。

(2)从性别、年龄、教育程度、政治面貌和居住年限等方面来看,不同群体对市级党组织依法执政能力的正面、负面评价差别均不大。行政级别不同,对此评价也有所差异:科级及其以下法律专业人士的正面评价高达83.3%,而处级及以上的正面评价仅有69%。

(3)与2011年的满意度相比较。2011年,法律专业人士和律师对市委依法执政能力的正面评价分别为75.52%和65.37%,仅有3.23%的法律专业人士和4.5%的律师对此做负面评价;而2014年法律专业人士和律师的正面评价分别为81%和62.5%;负面评价分别为2%和4.6%。可见,法律专业人士对上海市级党组织依法执政能力的正面评价增加了5.5个百分点,负面评价则下降了1.2个百分点,这说明法律专业人士对市级党组织在最近两年工作的满意度明显提升;而律师恰恰相反,他们对市级党组织的正面评价略有下降、负面评价略有上升,显示他们对最近两年来市级党组织依法执政理念和能力工作的不认同度有所增加。

2. 区、县级党组织依法执政理念和能力分析

(1)从部门来看,体制内法律专业人士对区县级党组织的正面评价依次为:检察官为80.2%、依法治市办及司法行政机关工作人员为74.8%、法官为74.5%、人大机关工作人员为72.6%,律师的正面评价仅为54.1%。这与各群体对市级党组织的正面评价排序是一致的,但是满意度有所降低,说明市级党组织依法执政能力要强于区县级党组织。各群体对区县级党组织依法执政理念和能力的负面评价均较低:检察官为0.6%、人大机关工作人员为3.9%、依法治市办和司法行政机关工作人员的负面评价为3.6%、律师的负面评价为6.9%。总体而言,各群体的负面评价均不高,这就显示出上海法律界对上海市各级党组织依法执政能力的否定性看法较少。需要特别指出的是,律师是唯一一个对区县级党组织正面评价低于60%、中性评价高达39%的群体。说明律师群体对区县党组织的依法执政是非常不满意的。

(2)与2011年的满意度相比较。2011年,法律专业人士和律师对区委、县委依法执政能的正面评价分别仅为68.02%和57.13%,而4.82%的法律专业人士和6.74%的律师对此做了负面评价；2014年法律专业人士和律师的正面评价分别为77.6%和54.1%；负面评价分别为3%和6.9%。两年相比较，法律专业人士对上海区县级党组织依法执政能力的评价增加了近10个百分点，律师的正面评价下降了约3个百分点，负面评价则下降了6.4个百分点，这说明法律专业人士（包括法官、检察官、人大机关工作人员、依法治市办及司法行政机关工作人员）对区县级党组织在最近两年的工作满意度大幅提升，但律师的正面评价有所降低。

3. 乡镇和街道党组织依法执政理念和能力分析

（1）从部门来看，体制内的法律专业人士对乡镇和街道级党组织的正面评价依次如下：法官为89.2%、检察官为76.3%、依法治市办及司法行政机关工作人员为74.8%、人大机关工作人员为74.6%，律师的正面评价仅为48.9%。这与各群体对市级党组织、区县党组织的正面评价排序是一致的，但检察官的正面评价略有降低、依法治市办及司法行政机关工作人员的正面评价没有变，人大机关工作人员的正面评价则有所升高。各群体对乡镇和街道级党组织依法执政理念和能力的负面评价均较低：检察官为3.2%、人大机关工作人员为5.9%、依法治市办和司法行政机关工作人员的负面评价为4.5%、律师的负面评价为11.9%。总体而言，各群体的负面评价均比对区县的负面评价要高，尤其是律师群体的负面评价超过了10%。需要特别指出的是，律师是唯一一个对乡镇和街道级党组织正面评价低于60%、中性评价高达39%的群体。说明律师群体对乡镇和街道党组织的依法执政是非常不满意的。

（2）与2011年的满意度相比较。2011年，法律专业人士和律师对乡镇党委、街道党工委依法执政能力的正面评价分别仅为52.40%和45.83%，而高达9.36%的法律专业人士和1.77%的律师对此做了负面评价。2014年法律专业人士和律师的正面评价分别为80.9%和48.9%，负面评价分别为3.4%和11.9%。两年相比较，法律专业人士对乡镇党委和街道党工委依法执政能力的正面评价增加了约28个百分点，负面评价则下降了约6个百分点，这说明法律专业人士（包括法官、检察官、人大机关工作人员、依法治市办及司法行政机关工作人员）及律师对乡镇和街道级党组织在最近两年的工作满意度大幅提升，而律师的正面评价增加了 3 个百分点，负面评价则大幅增加了 10 个百分点，说明律师的总体满意度不高。

（二）对中央"八项规定"和"六项禁令"在上海执行情况的满意度分析

自党的十八大以来，新的中央领导集体非常重视党风廉政建设，把对党员干部的管理、监督提升到关系党的生死存亡、国运兴衰和人民福祉的高度上来。为此，党中央先后颁布了改进工作作风、密切联系群众的"八项规定"（即改进调查研究、精简会议活动、精简文件简报、规范出访活动、改进警卫工作、严格文稿发表、厉行勤俭节约）和"六项规定"（即严禁用公款搞相互走访、送礼、宴请等拜年活动，严禁向上级部门赠送土特产，严禁违反规定收送礼品、礼金、有价证券、支付凭证和商业预付卡，严禁滥发钱物、讲排场、比阔气、搞铺张浪费，严禁超标准接待，严禁组织和参与赌博活动），其执行关系到党中央的权威和百姓的根本利益，受到了群众的热烈拥护。Q22 题考察这两项制度执行情况。

（1）从群体来看，体制内法律专业人士对乡镇和街道级党组织的正面评价依次如下：检察官为 91%、政协委员为 88.2%、人大机关工作人员为 88%、依法治市办及司法行政机关工作人员为 85.5%；群众为 66.1%；律师的正面评价仅为 65.1%。负面评价比较高的有：律师为 5%、群众为 4%。另外，律师和群众的中性评价均接近 30%。本问题一个显著的特征是：体制内的法律专业人士对党中央的"八项规定"、"六项禁令"的执行情况正面评价普遍较高、负面评价较低、中性评价较低，而律师与群众则正好相反。其中原因可能是：这两项制度对体制内法律专业人士影响较大，他们认为这些措施已经实施得很好，无须再做更深入地执行了；而律师一向较为苛刻，或许他们在执业中看到了这两项制度的不足；市民则对此问题期望较高、希望继续保持高压态势。

（2）从其他基本信息角度看，对该问题：①性别因素在本题问卷中差距不明显。②从年龄来看，50 周岁以下群体的正面评价均在 67% 左右，但是 50 周岁以上（不含 50 周岁）的正面评价高达 79.8%，说明经历过"文革"的这一代人对党风廉政建设情况还是比较满意的。③在居住年限上,1年以下最低,7年以上最高,随着居住年限的增加,正面评价呈逐渐升高趋势。④教育程度、政治面貌等因素对正面评价的影响不大。

(三)街道法治宣传服务情况满意度分析

法治宣传活动是提高市民法治意识、减少违法行为的有力手段。但是随着时代的进步和互联网的普及,传统的法治宣传方式已远远不能适应时代的需要了。而街道作为政府的派出机构,肩负了基层普法的重任。Q23就是考察街道在法制讲座、法律咨询和法律进社区等社区法治宣传中的作用。

(1)从群体来看,体制内对街道法治宣传服务情况正面评价依次如下:依法治市办及司法行政机关工作人员为77.6%、检察官为72.6%、人大机关工作人员为42%,律师的正面评价仅为51%。从负面评价来看,仅有律师达到了7.4%,其他群体均很低。这说明,总体上,各群体对街道法宣的形式、效果都很不满意,尤其是人大机关工作人员的正面评价仅有42%,律师仅为51%,说明这两个群体对街道的普法工作特别不满意。

(2)从个人基本信息来看,随着年龄的增长,各年龄段对街道法治宣传的正面评价越来越低,50周岁以上只有51.8%的正面评价;而与性别、居住年限、教育程度、政治面貌等关系并不密切。

(四)上海治安状况满意度问卷分析

社会治安是一个地方政府提供给群众最起码的公共服务,既是法治建设的体现,更是其保障。社会治安一向优良是上海各阶层引以为自豪的,但随着外来人口的增加、流动性增大,对其管理越来越困难,刑事犯罪和违法行为大多系外地人所为,但上海又离不开外地人的提供的服务。本问卷设置Q24题就是为了考察上海的治安状况。

(1)总的来看,上海各阶层对社会治安的正面评价为76%,处于一个较高的水平。说明各群体对上海社会治安总体上还是比较满意的。

(2)从群体来看,体制内法律专业人士对上海社会治安的正面评价依次如下:依法治市办及司法行政机关工作人员为81.8%、法官为81.5%、检察官为80.9%、人大机关工作人员为80.8%、政协委员为80.8%、市民为76.5%、律师为79.3%。令人欣慰的是，各群体对上海社会治安状况还是比较满意的，体制内的正面评价均超过了80%，而最挑剔的律师群体，其正面评价也接近80%。负面评价大致相同，无特别需要说明。

（3）从个人基本信息来看，最有研究价值的是居住年限，居住时间的增加与正面评价呈正相关：一年以下的为74%，而七年以上的则高达80.2%。可能是随着在上海居住年限的增加，这些群体对上海的治安状况越来越了解、熟悉，清楚上海各级政府为改善治安状况做出很大努力。

（五）行人遵守交通规则满意度分析

本题通过上海市民遵守交通规则这一细节，来考察上海市民的守法意识。法律意识是人民对待法的认知、心理和态度的总和。法律意识对法的遵守非常重要，守法意识直接决定了人们对待法律、规则的态度。闯红灯无疑是违法行为，对自身也有潜在的危险。如果是红灯，又很安全，是否该通过呢？本问卷设置Q25题正是考察上海市民遵守交通规则的情况。

（1）总的来看，各群体对上海市民遵守交通规则的满意度只有44.4%，这说明上海市民总体守法意识是比较低的。

（2）从群体来看，体制内各群体对市民遵守交通规则的正面评价都比较低：法官为75.7%、检察官的正面评价为58.6%、依法治市办及司法行政机关工作人员为48.3%、人大机关工作人员为43.2%；法律专业人士中的律师对市民遵守交通规则的正面评价仅有36.6%。负面评价中，除了检察官（7.7%）和法官（3.8%）相对较低外，其他群体的负面评价都比较高：人大机关工作人员为25.5%、律师为23.6%、依法治市办及司法行政机关工作人员为19.2%。这个问题的满意度令人吃惊，在外地人的印象中，上海人的守法意识是比较浓的。通过是否遵守交通规则这一问题的满意度调查，我们可以看到上海市民守法意识的淡薄。在繁华的路口，经常可以看到一群人聚集后，一起闯红灯而无视疾驶而来汽车的景象，这就是所谓的中国式"过马路"；非机动车闯红灯更是司空见惯，哪怕只有几秒，非机动车都会冲过去。截至2013年11月底，上海各类交通违法行为超过900万起，同

比上升了8%。①

（3）从个人基本信息来看，受访者的性别、年龄、户籍、在沪居住时间、政治面貌、行政级别等方面的正面评价差别不大。但从教育程度上看略有差异：随着学历的升高，被访者的满意度随之提升。原因可能是随着学历的提升，受访者越来越理性，能够更客观、更具有包容心来看待市民违反交通规则的问题。

（六）上海劳动关系状况满意度分析

和谐的劳动关系反映了企业和职工各自的守法程度。劳动合同的签订率反映企业的守法情况，争议处理的处理方式反映了双方的规则意识和纠纷的救济途径，职工薪酬福利多少反映出企业的经济状况，工会建设与民主管理反映企业主对职工的政治地位和维权状况，职工培训和企业文化反映了企业对提高职工能力和文化水平的投入。本问卷设置Q26题正是考察上海市劳动关系的情况。

（1）从总的来看，上海各群体对企业劳动关系的总体满意度为64.2%，说明上海劳动关系的水平一般。

（2）从部门来看，体制内法律专业人士的正面评价依次如下：检察官为79.6%、法官为72.8%、依法治市办及司法行政机关工作人员为65.7%、人大机关工作人员为53.9%；律师对企业劳动关系的正面评价仅有61.6%。从负面评价来看，各群体差别不大，都介于2.6%~7.7%。各群体对企业劳动关系的评价差别较大，司法机关的法官、检察官的正面评价都在70%以上，检察官的评价甚至近80%，而人大机关工作人员的评价仅逾50%，比律师的评价还要低得多。

（3）从基本信息来看，女性对劳动关系的正面评价比男性要高出5个百分点；从年龄来看，随着年龄的增加，受访者对劳动关系的正面评价逐渐下降；从受教育程度来看，随着学历的增高，受访者对劳动关系的正面评价也逐

---

① 《2013年上海交通事故量减少交通违法比例上升》，http://www.shzfzz.net/node2/zzb/shzfzz2013/yw/u1ai494999.html，2014年1月2日。

渐提高。结合年龄和学历来看,年龄大的人学历应该比较低的,尤其是50岁以上的人,他们年轻时经历了"文革",丧失了宝贵的学习机会,学历普遍不高,收入也相对有限,因此正面评价不高也是正常的。

(七)上海社区建设情况满意度分析

社区现状是上海法治建设水平的间接体现,尤其是社区治安、和谐程度更是体现了上海法治建设现状。本问卷设置Q27题正是为了考察社区建设和管理工作情况,从细小处反映上海法治建设的现状。

(1)总的来看,上海各群体对社区建设的正面评价都不高,仅仅为60.1%。

(2)从群体来看,体制内法律专业人士的正面评价如下:检察官对社区建设的正面评价最高,为69.4%,依法治市办及司法行政机关工作人员为66%、法官为65.2%、人大机关工作人员为51.9%,律师对社区建设的正面评价仅有55.4%,市民的正面评价为65.1%。从负面评价来看,律师的最高,为6.9%,最低的为检察官,仅有4.4%。总的来看,各群体对社区建设的正面评价均不高,但中性评价却特别高,所有群体的中性评价都不低于25%,律师群体高达36.6%、人大机关工作人员甚至高达42.6%。各群体对社区工作的了解及重视程度不够。尽管每个人都属于某一个社区,但由于每个人都有自己的职业和工作单位,对社区工作并不熟悉。从上海社区建设的实际来看,上海十分重视并充分发挥居委会的作用,如此低的评价说明对社区建设工作需要进一步加强,并加大宣传工作。

(3)从性别、年龄、户籍、居住年限、教育程度等方面来看,各群体的正面评价均在64%左右;仅仅是居住3~5年的群体对社区建设的正面评价超过了70%;各群体的负面评价大多在6%左右。负面评价比例大致相同,表明他们对社区建设的不足有较为一致的认识。

(八)上海居民区业主委员会工作情况满意度分析

上海的住宅一般均位于某个居民区内,业主委员会对居民区事务(选聘物业管理公司、搜集业主意见、订立业主公约、对物业管理公司监管和配合街道办与居委会工作等)的自治管理成为居民必须面对的大问题。物权法规定由业主大会选举业主委员会(以下简称"业委会")负责管理。但是由于业委会本身并非社团组织,成员的工作都是义务性的,且在居民区权益受损时,法律并未赋予业委会诉讼主体资格,因此业委会的工作尽管与基层自治关系密切,但是目前很难有突破。本问卷设置了Q28考察业委会的工作情况。

(1)总的来看,受访者对上海业委会工作的综合满意值为48.4%,处于十分不满意的水平。

(2)从部门来看,体制内法律专业人士的正面评价如下:检察官为58.2%,依法治市办及司法行政机关工作人员为51.8%、法官为68.8%、人大机关工作人员为41.2%,律师对社区建设的正面评价仅有42.8%。从负面评价来看,各群体都比较高,较为罕见:检察官为10.8%,依法治市办及司法行政机关工作人员为16%、法官为7.9%、人大机关工作人员为15.7%,法律专业人士中的律师为16.6%。中性评价来看,最低的为检察官,为21%,最高的为律师,超过了40%,说明各群体对业委会的工作普遍不满意。原因可能包括以下两方面:一是业委会在物业公司选聘、监管等方面工作不到位,容易引起不满;二是业委会权力有限,不能有效地维护业主权益。

(3)从性别来看,男性对业委会的正面评价为41.7%、女性为51%,二者相差近10个百分点;从年龄来看,29岁及以下的人对业委会工作的正面评价最高,达到了57.4%,其他年龄段都在40%左右;从在沪居住年限来看,1年以下的人员对业委会工作的正面评价高达85.7%,而其他群体都在60%左右。

(九)法治建设的财政投入情况满意度分析

法治建设需要一定的物质基础作为支撑,而财政投入情况也能在一定程度上反映政府对法治的重视程度。因此本问卷设置了Q29考察法治建设的财政投入情况。

(1)总的来看,全体受访者对法治建设财政投入的正面评价为51.7%,属于比较低的水平,说明受访者对目前上海对法治建设的财政投入不太满意。

(2)从群体来看,体制内法律专业人士对财政投入情况的正面评价如下:检察官为74.4%、法官为65.4%、依法治市办及司法行政机关工作人员为

64.5%、人大机关工作人员为41.2%，律师为45.5%。体制内专业人士对财政投入情况的总体评价相对较高，但是人大机关及其工作人员评价比较低，可能与人大作为国家权力机关、认为法治投入比较低有关。而律师群体的要求一向比较高，评价比较低。

（3）性别、年龄、在沪居住年限、教育程度、政治面貌等个人基本要素对本问题的评价差别比较小。

（十）市民遵纪守法状况满意度分析

守法，即对法的遵守，是法的实施的重要环节，是指各社会主体按照法律规定从事各种事务和行为的活动。守法的前提和条件包括良好的法律存在、守法主体良好的法律意识和良好的法律环境。守法状况直接反映一个地区的法治水平，因此本问卷设置了Q31考查市民遵纪守法情况。

（1）总的来看，各群体对上海市居民遵纪守法的满意度仅为61.8%，说明上海市的守法还需要进一步加强。

（2）从群体来看，体制内法律专业人士的正面评价依次如下：检察官对居民遵纪守法情况的正面评价最高，为73.2%，依法治市办及司法行政机关工作人员为66.3%、法官为69.7%、人大机关工作人员为57.7%，律师对居民遵纪守法的正面评价仅有55.8%，市民的正面评价为69.9%。从负面评价来看，人大工作人员的最高，为11.5%，最低的为检察官，仅有1.9%。总的来看，各群体对居民遵纪守法的正面评价均不高，但中性评价却特别高，所有群体的中性评价都不低于23%，律师群体高达37.5%。上海作为国际性大都市，市民的法治意识还是比较强的，办事规矩、公道是有目共睹的，上海户籍人口的年犯罪率比较低，仅占总犯罪率的17.2%左右。但各群体的正面评价都不高，原因可能有以下两方面：第一，上海市民遵纪守法方面的确还有需要改进的地方，比如随地吐痰、行人闯红灯、非机动车违章等现象还普遍存在。这种市容市貌方面的问题，容易让人对上海居民遵纪守法的评价大大降低。第二，外来人员初到上海后，对大城市的各种规章制度不太习惯，守法意识相对较低，这也在一定程度上降低了上海守法的正面评价。

（3）从年龄来看，20岁以下的群体对上海居民的遵纪守法情况正面评价最高，为59.6%，随着年龄增长，各群体的正面评价越来越低，最低是50岁以上年龄组，仅有54.8%。因年龄的增长而对上海市民遵纪守法的评价逐渐降低，这在其他问题中是不多见的。表明年龄越大，对上海居民遵纪守法情况越有深入了解。从性别、户籍、居住年限、教育程度等方面来看，各群体的正面评价、负面评价和中性评价大致接近。

（十一）在缩小与其他国际化大都市法治水平差距方面的努力满意度分析

上海是我国经济最发达、国际化水平最高的城市。无论是法治总体水平、法治方面的财政投入，还是守法、执法等方面的水平均远高于国内其他城市。但上海要全面迈向国际化，法治建设水平也应以国际化大城市为标准。本问卷设置Q32，是为了考察上海在缩小与其他国际化大都市法治水平方面所做的努力。可能上海与香港、纽约、伦敦、东京等国际化大都市的法治化水平还有很大差距，但是只要努力了，就应该受到正面的评价。

（1）总的来看，各受访群体对上海在缩小与其他国际化大都市法治水平差距方面的正面评价仅为54.1%，反映受访群体对此不太满意。

（2）从群体看，①体制内法律专业人士的正面评价依次为：法官76.4%、检察官67.9%、依法治市办及司法行政机关工作人员63%、政协委员56.7%、人大机关工作人员41.2%、律师47.5%、市民69.9%。体制内的法律专业人士大多数人的正面评价均比较高，律师的正面评价一向较低；市民的正面评价相比较而言是比较高的。②政协委员和人大机关工作人员的负面评价较高，均在10%左右。③各群体的中性评价均在20%以上，政协委员、人大机关工作人员和律师的中性评价甚至超过了30%。

（3）从年龄、在沪居住时间、性别、教育程度、政治面貌来看，各群体对上海在缩小与其他国际化大都市法治水平差距所做努力的正面评价差别不大。

（十二）寻求解决困难渠道方面的满意度分析

对在生活中遇到自己无法克服的困难时，寻求什么渠道予以解决？这个问题在不同国家、不同国民的回答中是不同的。这除了反映文化上的差异，很大程度上也反映了一个国家、一个地区法治所处的发展阶段。本问卷设置 Q33 就是要考察上海市民优先采取哪种方式来处理困难。

（1）渠道的选择方面来看，正面评价依次是：私人关系网 72.9%、工作单位 58.3%、网络和媒体 50%、司法机构 49.2%、政府组织 46.2%、社区组织 43.5%。可见，在解决问题的所有渠道中，私人关系网成为最重要的一种方式。

（2）不同群体对上述六种渠道的正面评价。

①检察官：私人关系网 87.1%、工作单位 83.2%、司法机构 73%、网络媒体 64.7%、社区组织 63.4%、政府组织 62.4%。私人关系网和工作单位成为检察官评价最高的两种方式。

②法官：政府组织 75.9%、社区组织 71.4%、司法机构 63.1%、工作单位 60.9%、私人关系网 57.6%、网络媒体 56.9%。政府组织和社区组织成为法官评价最高的两种方式。

③人大机关工作人员：私人关系网 82.2%、司法机构 63.1%、工作单位 61.5%、网络媒体 60%、社区组织 33.3%、政府组织 31.2%。私人关系网和司法机构成为人大机关工作人员评价最高的两种方式。

④依法治市办及司法行政机关工作人员：私人关系网 81.7%、工作单位 73.8%、网络媒体 71.7%、司法机构 69.1%、政府组织 63.4%、社区组织 57.6%。私人关系网和工作单位成为依法治市办及司法行政机关工作人员的最优先选择。

⑤专业律师：私人关系网 73.6%、工作单位 54.3%、网络媒体 46.2%、司法机构 42.6%、政府组织 37.2%、社区组织 35.1%。私人关系网和工作单位成为律师的最优先选择。

五个群体中，有四个群体把私人关系网作为处理自己面临无法解决困难时的首选方式，把工作单位作为第二位的选择；而司法机构一般处于中间位置，既不是最优，也不是最差的选择。这说明：一方面，即使是法律专业人士，也并未把法律途径作为解决自己面临无法克服困难时的首要选择；另一方面，法律至上的观念在中国还没有得到很好地贯彻，司法权威更是远未树立。

（3）与2011年的调查情况比较。

本大题的部分内容与2011年的法治满意度状况相同，现将两次结果做比较如下。受访者并非同一群体，因此这种比较并不一定科学，只可作为考察近三年上海法治发展情况的一个参考。

在2011年的问卷中，88.31%的法律专业人士、80.6%的律师把私人关系作为遇到个人无法解决问题时的首要选择，二者均高于2014年问卷的结果；专业人士和律师对司法机关的正面评价都不超过60%，而2014年的问卷，体制内专业人士对司法机关的正面评价却有大幅上升。升降的反差说明私人关系在处理问题中的地位降低、司法机构的作用大大提高。这也在一定程度上说明上海的法治水平有了进步。

（十三）治理城市"顽疾"的满意度分析

随着我国经济逐渐发展、城市化进程逐渐加快，城市人口已超过农村人口，城市中的问题更加凸显。尤其是各个城市发展中面临的共同问题不但没有得到缓解，反而有越来越严重的趋势。对与普通市民密切相关、能体现城市治理者智慧的一些问题进行考察，可以反映一个城市面对自己的问题的处理能力，如非法占道经营、车辆非法营运、不文明养犬、群租、禁烟场所吸烟、交通拥堵、有毒和有害食品。这些问题具有一定代表性、群众意见也十分强烈。本问卷设置了Q34来考察这些问题。

（1）从各群体对上述七项问题的总体满意度来看，正面评价依次为：占道经营治理42.8%、非法客运的治理40.3%、公共场所禁烟34.9%、不文明养犬34.6%、有毒有害食品33.4%、群租治理30.8%、拥堵治理24.5%。在所有问卷问题中，对城市顽疾治理满意度的正面评价几乎是最低的，显示出这项工作的艰巨性。

（2）对性别、年龄、户籍、居住年限、教育程度等方面的考察也与上述结论大致相同。

（3）上述正面、负面评价的结果尽管令人吃惊，但也真实地反映了上海乃至全国在解决此类城市顽疾时的困境：投入非常巨大，治理效果却非常有限，某些方面甚至出现倒退和反复。

①上海的占道经营现象近几年改进较大,但是有所反复。治理占道经营,不能以驱赶为主要手段,这些商家、摊贩有巨大的生活压力,一时的驱赶根本不能解决问题。一方面加大执法力度,这是基础;另一方面,也要考虑降低其经营成本,划定定时、定点的销售场所,既能解决摊贩、商家的现实问题,满足城市居民的生活需要,又能解决市容市貌无序问题。

②非法客运主要集中在城乡接合部的公交站台、地铁站和汽车站等地,中心城区主要在汽车站、火车站附近。非法营运的存在也不外乎以下几个原因:一是有需求才有供给,这些地方的公共交通服务"最后一公里"缺失,是产生非法营运的根本原因;二是这些非法营运人员因没有技能、学历等因素无法就业,只能以此为生。

③公共场所禁烟问题是城市治理的一大"顽疾"。尽管我国加入了国际控烟公约,但我国烟民数量逐年上升,年龄呈低龄化趋势。2010年世博会召开前夕,上海出台了"控烟条例",在世博园区基本实现了室内禁烟、室外到指定场所吸烟的要求,在全市范围内也形成了一定的影响。但世博会结束至今,公共场所禁烟困难重重,禁烟场所吸烟现象屡见不鲜。控烟问题之所以收效甚微,有诸多深层次原因:第一,吸烟本身容易上瘾,形成精神依赖,真正戒烟成功十分困难。第二,烟草业存在的税收、就业、专营及腐败问题,加之烟草原料生产地烟农的收入无法替代,导致政府根本无法、也不愿意真正控烟、禁烟。第三,控烟法规执行困难。由于上海烟民众多,在公共场所吸烟导致法不责众心理,商家为了招徕客户也不愿意制止,因此对违反"控烟条例"者的执法难度很大,控烟难度极大。如何解决这个问题是法律界和政府实务部门面临的一大难题。

④相比较其他城市"顽疾",不文明养犬问题实际上并非严重的问题。因为不文明养犬的后果主要是宠物犬叫声扰民,在公共场所乱跑容易惊吓他人,偶尔咬人和随地便溺等。上海市民的素质相对较高,对自家的宠物犬控制比较严格,"养犬条例"颁布后,上海的不文明养犬现象大大减少。只要继续宣传、劝导,加强执法力度,市民不文明养犬的现象会逐渐减少。

⑤有毒有害食品治理在我国已成为整个社会高度关注的社会问题。各地层出不穷的食品问题,一次次击穿公众的心理底线,让人寝食难安。上海在这方

面的工作还是比较有成效的。但总体状况仍不容乐观,监管不力是主要原因。只要有利润存在,无良生产商总想以次充好,添加致病原料,道德的约束已失去作用。食药监部门加强监管成为首要的工作,同时还要健全法律,针对生产、运输、销售有毒有害食品的企业和个人予以严厉处罚。在民事责任上加大其赔偿力度、在行政处罚上增大处罚额度、在刑事处罚上课以重刑,只有多管齐下,才能有成效。现在的管理体系是"九龙治水",法律规定的处罚措施难以到位,市民对此评价不高也属正常。

⑥群租问题是许多城市普遍存在的现象。城市生活成本过高、工资较低、低端人口集中在城乡接合部是群租问题存在的客观原因。群租最大的问题是存在火灾隐患、治安案件高发和噪声扰民,抛开这三个因素,群租的存在并不违法。因此,对于群租,不能一禁了之,而是要考虑外来人口生存的现实问题,不能以安全和扰民问题而彻底关闭群租这一通道,而要从疏散城市人口、提供廉租房等方面入手。否则,社会对群租潜在需求的存在,再强硬的手段、再严格的措施也不能从根本上杜绝群租现象。

⑦拥堵是当今中国很多城市的通病。作为国际化大都市,上海、北京和广州的拥堵现象尤为严重。上海的南北高架最为典型:全天整条道路几乎都呈拥堵状态。现有的拓宽马路、增加过江通道等措施只能短时间内改善局部的交通状况,而无法改变中心城区拥堵状况。上海通过车牌照拍卖制度限车,从而减少机动车数量做法的实际效果也越来越弱。要从根本上解决城市拥堵,只能把城市规划与运营、管理等相结合,通过较长周期的合理安排,逐步缓解城市拥堵问题。

(4)从各群体对上述七项问题的总体满意度来看,负面评价依次为:拥堵治理45.3%、公共场所禁烟36.3%、有毒有害食品35.7%、群租治理32.4%、不文明养犬32.1%、非法客运治理24.9%、占道经营治理23.4%。如此高的负面评价,在所有问题中也是极为罕见的,直接显示出市民对上述问题不满,值得主管部门重视。上述这些问题既然成为"城市顽疾",不是一朝一夕能解决的,需要从整个城市的系统性功能方面入手,还需转变思路,通过"疏导结合"的方式逐步解决。任何幻想"毕其功于一役"的做法都是不现实的,只会加剧这些问题,而不能做到真正解决。

三 小结与建议

在社会治理方面的问题比较多,很多问题解决的难度也比较大。但无论如何,上海都应该直面这些问题,并逐步加以解决。社会治理已经俨然成为上海法治建设的短板。如果不重视起来,处理不好,将会严重影响上海法治化的水平和迈向国际化的进程。

针对社会治理部分问卷中反映的问题,笔者现提出以下几点建议。

第一,更加重视基层的法治工作。中国法治建设有自上而下推动的传统,上级重视了,下级才会采取相应的措施。但是这种推动,由于层级较多,到了基层存在信息流失、失真、扭曲等各种现象,使得基层的法治建设重视程度较低,效果较差,发展较慢。因此,应该把法治建设注意力放到基层,把各种法治建设的资源向街道、村委会、居委会、业委会和其他基层自治组织倾斜,贴近民众,才能使法治建设逐渐有进步。纸上的宣示并不能代替现实的进步。基层的民主法治建设和社会治理水平提高了,上海的法治水平才能稳中有升。

第二,对党风廉政建设抓紧、抓牢,取信于民。通过问卷调查显示,群众对中央"八项规定"、"六项禁令"在上海的执行情况还是比较满意的。这些措施对规范党员干部的工作有重要作用,也密切了与群众的联系。但是群众最担心的是:这次整治能否常抓不懈?是不是又是一阵风?实际上,放手让群众去监督,不但能节省宝贵的行政资源,而且能大大提升群众的法治意识,促进法治建设。

第三,以创新性思维、法治的手段去解决群众反映强烈的问题。非法占道经营、车辆非法营运、不文明养犬、群租、禁烟场所吸烟、交通拥堵、有毒和有害食品都是群众反映强烈的问题,有些问题甚至关系到群众的生命健康,但目前处理的效果并不令人满意。缺乏创新性思维和可靠的法治手段,只靠行政命令和行政强制根本解决不了这些问题。比如,上海对群租主要是采取限制、禁止的办法。即使提供廉租房,真正能享受该政策的人很少。这就使群租现象很难彻底根除。庞大外来人口的聚集、低工资和高房租,使群租根本无法避免,只有把市区人口降低才是解决群租问题的根本办法;而降低中心城区人口,需要把劳动密集型产业迁到郊区或外省市;这就需要在上海周边建设卫星城,医院、学校、超市、交通设施等全部配套跟上。群租是一个系统、长期而又复杂的问题,因此,政府需要用科学、细致、耐心的方法来解决。仅凭一纸通知就禁止群租的做法无济于事,也不是法治发达的表现。

专题篇

Special Reports

B.7 上海推进中国（上海）自由贸易试验区法治建设专题报告

史建三 于 琼*

摘 要： 中国（上海）自由贸易试验区的设立是中国在改革创新道路上的一次重大尝试。运用创新思维、先破后立、法治先行，为我国的改革开放探索出一条新路子、提供可复制的经验是自贸试验区设立的初衷和历史使命。自贸试验区的各项制度均已在制定和完善过程中。

关键词： 自由贸易试验区 法治 创新 试验

---

* 史建三，上海社会科学院法学研究所研究员；于琼，上海社会科学院硕士研究生。

万众瞩目的中国（上海）自由贸易试验区（以下简称自贸试验区）已于2013年9月29日正式挂牌并顺利运行。作为一项涉及领域广、协调环节多、创新难度大、且无先例可循的探索性工作，它从一开始就被定位为推进改革和提高开放型经济水平的"试验田"，要求形成可复制、可推广的经验，发挥示范带动和服务全国的积极作用。

此次自贸试验区的运筹，在顶层设计上就非常强调"国际化和法治化"。国务院通过的《中国（上海）自由贸易试验区总体方案》（以下简称《总体方案》）在指导思想、总体目标和主要任务方面三次提到了要按"国际化和法治化"的要求建设自贸试验区。在指导思想方面要"率先建立符合国际化和法治化要求的跨境投资和贸易规则体系"；在总体目标方面要"着力培育国际化和法治化的营商环境"；在主要任务中的"深化行政管理体制改革"方面要"按照国际化、法治化的要求，积极探索建立与国际高标准投资和贸易规则体系相适应的行政管理体系"。由此可见，"国际化和法治化"是自贸试验区建设走向成功的关键词。"国际化"意味着自贸试验区内大量的交易活动是跨境交易，需要遵循国际通行的交易规则、不同法域的法律制度和国际法；"法治化"意味着自贸试验区内应当做到立法引领改革、政府依法行政、企业依法经营、法律机构提供专业法律服务和保障。

国务院在《总体方案》的印发通知中明确指出，建立自贸试验区是党中央、国务院做出的重大举措，对加快政府职能转变、积极探索管理模式创新，促进贸易和投资便利化，为全面深化改革和扩大开放探索新途径、积累新经验具有重要意义。通知同时要求上海市人民政府要精心组织好《总体方案》的实施工作。本专题报告将从法治的角度全景式地记录了上海举全市之力在推进自贸试验区建设中的重要举措和主要做法。

一 以"先立后破"的法治思维和方式推动自贸试验区建设

回顾中国35年的改革开放历程，当改革、试点、创新与法律法规发生冲突时，通常都采用"先破后立"的行政思维和方式，即政府先通过制定政策推行改革、试点、创新，成功后再提请立法机关对法律法规进行废、改、立。而自贸试验区在运筹阶段，就已开始探索一条以"先立后破"的法治思维和方式推动改革、试点、创新的新路径，即将自贸试验区制度创新、贸易和投资便利化、服务业开放和功能拓展等改革试点内容纳入于法有据的法治轨道。

2011年，上海向国家商务部和海关总署首次提交了设立自由贸易园区的申请。之后，上海市委、市政府和市人大常委会的领导开始以法治思维和方式酝酿自贸试验区的方案设计。2013年1月，上海市人大常委会在《上海市推进国际贸易中心建设条例》（以下简称《条例》）中规定了"探索建立符合国际惯例的自由贸易园区"条款。2013年6月，上海市人大常委会在《关于促进改革创新的决定》（以下简称《决定》）中规定了要"坚持法治原则，遵守宪法和法律，注重运用法治思维和法治方式推进改革创新"。上述《条例》和《决定》为自贸试验区的设立做了地方立法上的铺垫。

2013年3～4月，上海市委、市政府正式向习近平总书记、李克强总理分别做了关于探索建立符合国际惯例的自由贸易园区的汇报，得到了中央领导的肯定和鼓励，也给予上海制度创新这个改革方向，从国家发展战略和改革大局予以谋划。随后，在国务院的统一部署下，商务部和上海市成立了联合工作小组，会同国家发改委、财政部、人民银行、海关总署、质检总局、银监会等20多个部门，开始了自贸试验区总体方案的起草准备阶段。上海市政府部门和中央有关驻沪单位组成十几个专题组，根据国家和上海经济社会发展需要，把握改革、开放、创新的时代脉搏，借鉴国际自由贸易园区经验，共提出了初步的政策诉求100多项。经过梳理，最后确定98项政策诉求写入总体方案，涉及制度创新、服务业开放和功能拓展、法制保障与税收政策三大部分。

由上海市政府法制办牵头、市人大常委会法工委参与的法制保障专题组在总体方案设计中发现，98项政策诉求中，有的与现行法律相冲突，有的与国务院现行行政法规和文件相冲突，有的与国家部委规章和文件相冲突。例如，扩大投资领域开放，要求借鉴国际通行规则，对外商投资实行准入前国民待遇，改革外商投资管理模式，具体改革措施就是实行负面清单管理模式，清单之外的外商设立审批改备案、投资项目核准该备案，并由上海负责。这些改革创新举措需要突破全国人大常委会的《中华人民共和国外资企业法》、《中华

人民共和国中外合资经营企业法》和《中华人民共和国中外合作经营企业法》和国务院的相关行政法规。

如何依法妥善解决自贸试验区改革创新需要突破法律法规的问题？法治保障专题组认为，应当遵循法治路径，启动法定程序，积极寻求全国人大常委会和国务院的支持。为此，法治保障专题组向上海市领导提出了请求全国人大常委会、国务院授权停止有关法律、行政法规及文件中涉及自贸试验区实施的工作建议以及说明材料，得到了市领导的认可。在此期间，市人大常委会和市政府领导两次带队专程赴北京向全国人大法律委员会、常委会法工委以及其他专门委员会汇报说明，争取了全国人大常委会领导的理解和支持，2013年8月30日，全国人大常委会高票通过《关于授权国务院在中国（上海）自由贸易试验区暂时调整有关法律规定的行政审批的决定》，将三个外商投资法律中11项审批事项调整为备案事项。2013年12月21日，国务院发布《关于在中国（上海）自由贸易试验区内暂时调整有关行政法规和国务院文件规定的行政审批或者准入特别管理措施的决定》，涉及16部行政法规、4个国务院文件，70多个条款。

为对接国家在自贸试验区暂时调整法律、行政法规的举措，保持国家的法制统一，依法推进中国（上海）自由贸易试验区建设，上海市人大常委会于2013年9月26日做出了《关于在中国（上海）自由贸易试验区暂时调整实施本市有关地方性法规规定的决定》（以下简称《决定》）。该《决定》规定："根据《全国人民代表大会常务委员会关于授权国务院在中国（上海）自由贸易试验区暂时调整有关法律规定的行政审批的决定》的规定，在中国（上海）自由贸易试验区内，对国家规定实施准入特别管理措施之外的外商投资，停止实施《上海市外商投资企业审批条例》。凡法律、行政法规在中国（上海）自由贸易试验区调整实施有关内容的，上海市有关地方性法规作相应调整实施。本市其他有关地方性法规中的规定，凡与《中国（上海）自由贸易试验区总体方案》不一致的，调整实施。上述有关地方性法规的调整实施在三年内试行。"

至此，自贸试验区改革创新、开放发展的诉求和举措以"先立后破"的法治思维和方式妥善解决了改革创新与原先法律法规不符的难题，改革创新得以在国家法律、行政法规和地方性法规的支撑和保障下顺利推进。

二 充分发挥立法对自贸试验区发展的引领作用

根据中央的要求，上海要承担起自贸试验区先行先试的主体责任，形成可复制、可推广的经验，并固化为相关的法律制度，努力建成法制环境规范的自贸试验区。自贸试验区的建立和运行需要一整套制度规则予以支持和保障，但上海遇到的问题是：自贸试验区不是上海的，而是国家的，上海作为地方是否有权制定自贸试验区规章、法规，这涉及立法权限问题。为此，法制保障专题组曾考虑过两个方案。第一个方案是建议全国人大常委会授权上海市人大常委会立法，其依据是《立法法》第65条，参照授权经济特区立法惯例。但是，专题组注意到，2000年《立法法》颁布后，不再授权地方立法，这一条款只是追认以往。第二个方案是建议国务院制定条例，但是由于时间紧任务急，请求国务院为自贸试验区专门制定一个条例，既不可能也不现实。最后，专题组提出一个变通方案，请求国务院在符合法律原则的前提下，允许上海有改革试点的立法权，国务院在批复中明确上海有立法权。在此期间，上海市政府法制办专门向国务院法制办领导汇报，得到了领导的支持。为此，专题组在代拟总体方案法治保障中专门写上了"上海市要通过地方立法，建立与试点要求相适应的试验区管理制度"一句话，国务院批复后，这句话得到了保留。这句话作为国务院的要求，实际上相当于国务院的授权，是上海当前和今后为自贸试验区立法建制的法源和依据。

从国家层面看，截至2013年底，国务院及相关部委已出台10多个支持自贸试验区建设的文件。从上海地方法制保障的层面看，根据国务院的要求，在市人大常委会的支持下，市政府迅速制定并于自贸试验区正式挂牌运营前出台了一部规章（即《中国（上海）自由贸易试验区管理办法》）和五个文件（分别为《中国（上海）自由贸易试验区外商投资准入特别管理措施（负面清单）(2013年)》、《中国（上海）自由贸易试验区外商投资项目备案管理办法》、《中国（上海）自由贸易试验区外商投资企业备案管理办法》、《中国（上海）自由贸易试验区境外投资项目备案管理办法》、《中国（上海）自由贸易试验区境外投资开办企业备案管理办法》）。

综上可见，国务院的《总体方案》、全国人大常委会对国务院的授权、国家多部委出台的规范性文件和上海出台的"一规章五文件"，构建了一套基础性的自贸试验区依法运营的法律框架，将自贸试验区的建设纳入了法治的轨道，发挥了立法引领自贸试验区建设的作用，保证了自贸试验区运行规则先行，法制保障同步。

国务院《总体方案》明确指出："上海市要通过地方立法，建立与试点要求相适应的试验区管理制度"。深度解读上海市政府根据《总体方案》的要求所制定的《中国（上海）自由贸易试验区管理办法》（以下简称《管理办法》）和五个地方性文件，可以看出，在自贸试验区内推进制度创新和法制保障方面具有诸多可圈可点之处。

（一）推进服务业扩大开放和投资管理体制改革的法制保障

为了推进服务业扩大开放和投资管理体制改革，上海根据《总体方案》的要求，在《管理办法》和相关文件中做了一系列的制度创新安排，主要包括：

（1）自贸试验区根据先行先试推进情况以及产业发展需要，不断探索扩大开放的领域、试点内容及相应的制度创新措施。

（2）借鉴国际通行规则，对自贸试验区内的外商投资实行准入前国民待遇，实施外商投资准入特别管理措施（负面清单）管理模式。公布了《中国（上海）自由贸易试验区外商投资准入特别管理措施（负面清单）（2013年）》、《中国（上海）自由贸易试验区外商投资项目备案管理办法》和《中国（上海）自由贸易试验区外商投资企业备案管理办法》。

（3）改革境外投资管理方式，区内企业到境外投资开办企业，实行以备案制为主的管理方式，对境外投资一般项目实行备案制。公布了《中国（上海）自由贸易试验区境外投资项目备案管理办法》和《中国（上海）自由贸易试验区境外投资开办企业备案管理办法》。

（4）在企业工商登记方面规定了两项重大的改革措施：一是实行注册资本认缴登记制，公司股东（发起人）对其认缴出资额、出资方式、出资期限等自主约定并记载于公司章程，但法律、行政法规对特定企业注册资本登记另有规定的除外。公司股东（发起人）对缴纳出资情况的真实性、合法性负责，并以其认缴的出资额或者认购的股份为限对公司承担责任。工商部门登记公司注册资本，不登记公司实收资本。二是实行"先照后证"登记制，自贸试验区内取得营业执照的企业即可从事一般生产经营活动；从事需要许可的生产经营活动的，可以在取得营业执照后，向主管部门申请办理。法律、行政法规规定设立企业必须报经批准的，应当在申请办理营业执照前依法办理批准手续。

（二）推进贸易便利化和货物进出境监管的法制保障

为了推进贸易便利化和体现自贸试验区创新监管服务模式的要求，《管理办法》根据《总体方案》，以"一线放开"、"二线安全高效管住"为原则，对自贸试验区进出境监管措施做了规定，主要包括以下几个方面。

（1）对自贸试验区和境外之间进出货物，允许自贸试验区内企业凭进口舱单信息将货物先行提运入区，再办理进境备案手续。

（2）对自贸试验区和境内区外之间进出货物，实行智能化卡口、电子信息联网管理模式，完善清单比对、账册管理、卡口实货核注的监管制度。

（3）允许自贸试验区内企业在货物出区前自行选择时间申请检验。

（4）推进货物状态分类监管模式。对自贸试验区内的保税仓储、加工等货物，按照保税货物状态监管；对通过自贸试验区口岸进出口或国际中转的货物，按照口岸货物状态监管；对进入自贸试验区内特定的国内贸易货物，按照非保税货物状态监管。

（5）推行"一次申报、一次查验、一次放行"模式。

（6）简化自贸试验区内货物流转手续，按照"集中申报、自行运输"的方式，推进自贸试验区内企业间货物流转。

（三）推进金融创新方面的法制保障

《总体方案》提出，要深化金融领域的开放创新，加快金融制度创新，增强金融服务功能。《管理办法》根据《总体方案》，在金融创新方面明确了以下四方面的举措。

（1）在资本项目可兑换方面，自贸试验区实行资本项目可兑换，在风险可控的前提下，通过分账核算方式，创新业务和管理模式。

（2）在利率市场化方面，在自贸试验区培育与实体经济发展相适应的金融机构自主定价机制，逐步推进利率市场化改革。

（3）在人民币跨境使用方面，自贸试验区内机构跨境人民币结算业务与前置核准环节脱钩。自贸试验区内企业可以根据自身经营需要，开展跨境人民币创新业务，实现人民币跨境使用便利化。

（4）在外汇管理方面，建立与自贸试验区发展需求相适应的外汇管理体制，推进贸易投资便利化。

（四）推进政府职能转变方面的法制保障

按照《总体方案》要求，自贸试验区要加快转变政府职能，改革创新政府管理方式，推进政府管理由注重事先审批转为注重事中、事后监管。为此，《管理办法》就加强综合管理和服务、优化管理流程和管理制度做了以下几方面规定。

（1）提高行政透明度。管委会和有关部门在履职过程中制作或者获取的政策内容、管理规定、办事程序及规则等信息应当公开、透明，方便企业查询。自贸试验区有关政策措施、制度规范在制定和调整过程中，应当主动征求自贸试验区内企业意见。

（2）简化办事程序。建立"一口受理"的工作机制。对于外商投资项目核准（备案）以及企业设立（变更），实行"一表申报、一口受理"，工商部门统一接收工商、外资审批或备案部门、质量技监和税务部门的申请材料，通过部门间后台流转完成审批或备案流程，再由"一口受理"窗口统一向申请人发放各类审批结果文书或证照。对于企业境外投资备案，由管委会统一接收申请人提交的申请材料，统一向申请人送达有关文书。

（3）实行企业年报公示制度。自贸试验区内企业按年度在规定的期限内，向工商部门报送年度报告，并向社会公示，任何单位和个人均可查询。企业对年度报告的真实性、合法性负责。

（4）加强监管信息共享。管委会组织建立自贸试验区监管信息共享机制和平台，实现海关、检验检疫、海事、金融、发展改革、商务、工商、质监、财政、税务、环境保护、安全生产监管、港口航运等部门监管信息的互通、交换和共享,为优化管理流程、提供高效便捷服务、加强事中事后监管提供支撑。同时,建立自贸试验区内企业信用信息记录、公开、共享和使用制度,推行守信激励和失信惩戒联动机制。

(5)建立集中统一的市场监管综合执法体系。管委会综合执法机构行使三方面的行政处罚权:一是集中行使城市管理领域、文化领域的行政处罚权,以及与行政处罚权有关的行政强制措施权和行政检查权;二是集中行使原由上海市规划国土、建设、住房保障房屋管理、环境保护、民防、人力资源社会保障、知识产权、食品药品监管、统计部门依据法律、法规和规章行使的行政处罚权,以及与行政处罚权有关的行政强制措施权和行政检查权;三是行使市政府决定的其他行政处罚权(管委会综合执法机构集中行使的具体行政处罚权,在《管理办法》的附件中做了明确)。

三 探索行政管理方式创新和综合执法体系构建

党的十八届三中全会所做《中共中央关于全面深化改革若干重大问题的决定》(以下简称《决定》)明确提出要加快转变政府职能。通过转变政府职能,来增强政府的公信力和执行力,建设法治政府和服务型政府。探索自贸试验区行政管理方式创新和综合执法体系的构建,核心就是转变政府职能,通过突出过程动态监管,在自贸试验区培育国际化和法治化的营商环境,构建自贸试验区高效运作的制度保障体系。

为此,根据《管理办法》依法设立的自贸试验区管委会在筹备阶段就开始了艰难的探索,并在自贸试验区正式运营之后抓紧创新制度的落地和执行。

(一)构建自贸试验区综合监管与执法的制度框架

通过借鉴国际通行做法和国内有关经验,自贸试验区综合监管与执法制度创新已经从六个方面着手构建基本制度框架。

(1)建立自贸试验区信息共享和服务平台。该平台主要用于构建"一口受理、综合办理"服务模式,落实投资管理体制改革任务,支持对企业的综合监管高效服务,为各部门之间监管信息衔接和联动执法提供保障。同时为政府宏观决策服务。

（2）加强社会信用体系建设。重点是形成"两个机制"：一是形成全面的信用信息记录和披露机制；二是形成信用记录使用和信用联动奖惩机制。同时，促进自贸试验区信用服务行业开放发展。

（3）探索建立市场监管综合执法体系。将不同领域的市场监督执法职能集中到自贸试验区管委会，以实现"区内事区内办"。同时，完善市场监督执法联动机制，已建立了联合执法联席会议制度，增强了执法的协同性。

（4）探索建立综合评估机制。评估重点是对自贸试验区相关行业领域试点开放过程中有关影响和风险情况的跟踪和评估。

（5）探索社会组织参与市场监管运作机制。通过引入社会力量参与自贸试验区监管，形成业界参与的协商共治机制。

（6）建立安全审查和反垄断审查协助机制。

（二）探索建立与国际高标准投资和贸易规则体系相适应的行政管理体系

在探索建立与国际高标准投资和贸易规则体系相适应的行政管理体系的过程中，自贸试验区管委会以党的十八届三中全会公布的《决定》为指导，尊重市场客观规律，着力构建"市场主导、政府引导"的自贸试验区发展模式，推进政府管理由注重事前审批转为注重事中事后监管。

（1）着力通过建立行业信息跟踪、监管和归集的综合性评估机制，在不干涉、不影响企业正常经营活动的前提下，全面优化现行政府对企业的监管流程，简化程序、缩短环节，形成对企业高效、全过程监督管理的机制。

（2）着力提高政府管理的行政透明度。在综合监管制度设计中，通过建立符合国际规则的信息公开制度，将政府行政审批、行政管理、行政执法的过程和结果等信息，向社会公开，实现企业和社会对政府行为的有效监督。

（3）着力发挥市场主体地位作用。通过建立投资者加入自贸试验区开发建设的参与机制，鼓励社会力量尤其是行业协会和中介机构参与市场监督，真正体现政府还权于社会和市场，把政府"不该管、管不好、管不了"的事情交给市场，充分激发市场活力和创造力，让企业和个人成为微观决策的主体。

（三）扎实推进自贸试验区制度创新举措的落地运作

为扎实推进自贸试验区各项制度的落地运作，上海专门成立了以市委副书记、市长杨雄为组长的"中国（上海）自由贸易试验区推进工作领导小组"，以利于上海集中各方面的行政资源，形成合力予以推进。领导小组于2014年1月9日召开工作会议，总结2013年自贸试验区建设情况，研究部署2014年工作安排。市委副书记、市长、领导小组组长杨雄强调："要始终立足国家战略，坚持党中央和国务院既定目标，牢牢把握制度创新这一核心，集中精力抓推进，心无旁骛抓落实，真正建设好、管理好上海自贸试验区。"会议要求，对已启动实施的试点任务，要加大推进落实和深化完善的工作力度，并在国家各部委的指导协调下，尽快形成可复制、可推广的经验制度；对方向已明确、条件基本成熟的改革事项，要抓紧破题、尽早启动，实现创新突破；对需国家有关部门支持的改革事项，要主动加强沟通衔接，细化工作方案，确保各项试点任务尽快落地，并尽可能争取更多的改革事项放在试验区先行先试。

四 法律界积极行动为自贸试验区营造良好法治环境

自贸试验区是法治化要求非常高的改革试验区。这对上海法律界而言，既是机遇，更是挑战。按照法治环境规范的总体目标，上海法律界积极行动，推出了多项营造自贸试验区良好法治环境的举措。

（一）上海司法系统开拓创新为自贸试验区提供司法保障

（1）上海法院提供的司法保障。2013年11月5日，在上海高院的支持下，浦东新区法院自由贸易试验区法庭挂牌成立。自贸实验区法庭成立后已于2013年11月25日以成功调解方式审结首例区内企业纠纷案。据悉，自贸试验区法庭将集中受理、审理依法应当由浦东法院管辖的与中国（上海）自由贸易试验区相关联的商事（含金融）、知识产权和房地产案件，并根据自贸试验区建设和运行的实际，对受案范围做必要调整。具体来说，自贸试验区法庭将履行三大主要职责：通过集约审理、专项审判，发挥司法审判规范、引导作用，为自贸试验区建设和运行营造良好的法治环境；通过强化调研、总结等方式，对新情况、新问题开展专项研究，规范裁判尺度、确保法律正确有效实施；通过纠纷多元化解、司法建议、前瞻性调研等方式，积极参与自贸试验区的纠纷化解，支持改革创新，加强风险预警。另外，自贸试验区法庭还将致力于完善立案工作机制和线上线下诉讼服务；强化司法裁判与商事调解、知识产权调解、商事仲裁等各类非诉纠纷解决机制的有效对接；构建涉自贸试验区纠纷动向和风险预警机制；选拔并培育一批精通国内外法律、有较强审判能力的专家型、复合型法官审理涉自贸试验区案件。

为指导全市法院更好地服务和保障自贸试验区建设大局，上海高院正抓紧研究制定《上海法院服务保障中国（上海）自由贸易试验区建设的若干意见》，从更新司法理念、健全审判组织、完善专业审判机制、加强队伍专业化建设等方面入手，全方位、多角度、系统性地谋划适应自贸试验区建设的司法保障措施。

（2）上海检察系统提供的司法保障。上海市人民检察院积极响应自贸试验区建设这一国家战略，于2013年11月5日，在自贸试验区正式成立检察室。作为上海市检察机关服务自贸试验区建设的窗口，派驻检察室具备基层检察机关的主要职能，包括办理自贸试验区内的刑事案件，查处自贸试验区内的职务犯罪，履行相应的法律监督职能，开展职务犯罪预防及金融、航运、商贸等领域犯罪预防工作，以及参与自贸试验区有关法律调整制定并提供相关检察意见等七项职能。

派驻检察室将与自贸试验区管委会相关职能部门建立起有效的沟通协调机制，并突出与自贸试验区国际化的金融、商贸活动相匹配的专业检察属性，初步配备具有国际贸易、金融、商贸等专业知识的十余名检察官，积极为自贸试验区探索金融创新突破等改革提供专业化的检察法律服务。

（二）上海司法行政系统为自贸试验区法律服务业开放做贡献

从《总体方案》所列出的六大服务领域23项开放内容和一行三会（即中国人民银行和银监会、保监会、证监会）几十条措施中的诸多开放内容来看，涉及大量新型的、中国律师尚未接触过或很少接触的专业法律服务事项。此外，随着境内境外、关内关外、区内区外联动、带动、互动越来越频繁，基于不同准入要求产生的交易纠纷、法律适用等问题也将逐步显现，并产生相关的涉外法律服务需求。正是基于自贸实验区上述需求，《总体方案》专业服务领域7个开放行业之中，律师服务位列第一。开放措施是"探索密切中国律师事务所与外国（港澳台地区）律师事务所业务合作的方式和机制"。

上海市司法局迅速组织力量研究和制定探索密切中外律师事务所业务合作方式和机制试点工作方案并报司法部。2014年1月27日，司法部正式批复同意了《上海市司法局关于在中国（上海）自由贸易试验区探索密切中外律师事务所业务合作方式和机制试点工作方案》，明确了今后允许在自贸实验区设立代表处的外国律师事务所与中国律师事务所以协议方式，相互派驻律师担任法律顾问；允许外国律师事务所与中国律师事务所在自贸实验区内实行联营；允许已在内地设立代表处的港澳律师事务所参与前述试点工作。对此，市司法局迅速研究落实相应举措：一是加强沟通协调，推动在自贸实验区内设立行政监管派出机构，依法履行对区内法律服务机构及其从业人员的监管职责；二是抓紧制定出台相关操作细则和配套措施，严格规范执行各项开放政策；三是在自贸实验区内建立一门式综合法律服务窗口，发挥律师、公证等行业组织的作用，为自贸实验区内的企业及群众提供优质高效的法律服务。同时，对每一项措施都明确了推进落实的责任部门、责任人及时间节点，确保试点工作健康、平稳、有序推进。

（三）上海贸仲开启与国际投资和贸易规则体系相适应的仲裁模式

自贸试验区促进贸易和投资便利化、扩大开放等各类政策措施的推行，将使得自贸试验区内的国际投资、贸易交易及其他各种商事活动无论是专业程度还是总数都会大幅提升，各类国际、涉外商事纠纷也不可避免地呈现多发态势。2013年10月22日，由上海国际经济贸易仲裁委员会（上海国际仲裁中心）设立的中国（上海）自由贸易试验区仲裁院正式揭牌。自贸试验区的运行对仲裁员的专业化能力以及仲裁机构的国际化程度都提出了更高的要求，而上海国际经济贸易仲裁委员会是国内最著名的涉外仲裁机构之一，受理案件的当事人遍及全国各地及世界60多个国家和地区；仲裁员的国际化程度也位居全国之首。① 这些优势都为新成立的仲裁院在自贸试验区提供便捷高效的服务打下了坚实基础。自贸试验区仲裁院的设立，将进一步提升上海商事仲裁的专业化、国际化程度。

2013年11月26日，自贸试验区仲裁院在区内首次开庭，审理一起涉及外商企业与中资企业之间的纠纷案件。根据双方签订的中英双语合同的争议解决条款约定，仲裁的工作语言为英文，首席仲裁员须为外籍仲裁员。根据国际惯例，充分尊重境内外当事人的自主意愿，因此，英语就成为首次开庭的工作语言，首席仲裁员彼得·科恩为具有英国和澳大利亚双重国籍的仲裁员。

（四）国际商事联合调解机制的创新

在各种争端解决机制中，调解因其参与双方能够充分表达各自全部真实意愿，能够更有力保护当事人各方的切身利益而在国际商事交往中备受青睐，并已逐渐成为国际商事争议纠纷解决的惯用机制，被国际商事活动主体所接受。作为民间性质的调解机构，调解庭将帮助企业快捷高效地处理各种商事及知识产权纠纷。

11月20日下午，中国（上海）自由贸易试验区国际商事联合调解庭暨上海文化创意产业法律服务平台知识产权调解中心揭牌成立。新成立的国际商事联合调解庭以上海经贸商事调解中心、上海文化创意产业知识产权法律服务平台为依托，是独立的第三方调解机构。除了本土的专家服务团，调解庭还与英国有效争议解决中心、欧盟国际仲裁协会、新加坡（国家）调解中心、香港国际仲裁协会、香港调解会、美国最大的争议解决机构JMS公司等世界著名调解机构合作，通过商事调解这一符合国际规范和惯例的法律资源，帮助中外当事人高效处理商事纠纷，特别是国际商事纠纷。上海现代服务业联合会会长周禹鹏在祝词中表示，调解庭的设立，意味着我们在自贸试验区成立的起步阶

---

① 上海国际经济贸易仲裁委员会有外籍及港澳台仲裁员199名，约占总数32%，分布于38个国家和地区。

段就十分重视法律、法治建设，就十分重视知识产权的保护，就十分重视与国际通行规则相衔接的商事纠纷的调解。

（五）上海律师抓机遇迎挑战

根据国务院《总体方案》，法律服务业的开放既是在自贸实验区"努力形成促进投资和创新的政策支持体系"的重要组成部分，又是"着力培育国际化和法治化的营商环境"的必要环节。2013年7月15日，市律协召开会长专题会，专题讨论自贸试验区获批对上海律师业的影响，并决定成立中国自由贸易区法律服务研究中心，对上海自贸实验区对律师业的影响进行专题调研，并将课题成果转化为律师行业的行动计划；邀请部门、高校、研究机构等专业人士组成专家咨询委员会，并从业内吸纳专业人士担任研究员，共同针对律师队伍建设和业务能力提升、业务范围拓展等相关事项制定目标和措施；抓住自贸试验区法律服务业开放的机遇，"探索密切中国律师事务所与外国（港澳台地区）律师事务所业务合作的方式和机制"，以尽可能满足"着力培育国际化和法治化的营商环境"所需要的法律服务支撑和自贸试验区内企业在开展开放领域内的经济活动中对复杂的涉外法律服务的需求；自主和联合举办系列自贸试验区法治论坛和专题培训班，帮助上海律师从专业的视角了解自贸试验区，提升上海律师为自贸试验区提供专业法律服务的水平。截至2013年年底，上述决定的措施均已得到落实。

（六）法治智库为营造自贸试验区法治环境献计献策

除了以上谈到的法律实务界的种种具体举措外，上海的法学学术界也积极参与到自贸试验区法治建设的应用研究之中。如上海社科院法学研究所已承接了市委、市政协、市律协等多项推进自贸试验区法治建设的课题；上海一中院与上海财经大学联合成立自由贸易区司法研究中心，发布了15项调研项目，涵盖金融、房地产、走私犯罪等多个领域；2013年度陆家嘴法治论坛专题讨论了自贸试验区法治建设；中国（上海）自由贸易试验区仲裁院、华东政法大学经济法律研究院、上海市律师协会中国自由贸易区法律服务研究中心、复旦大学高级律师学院四家机构共同发起举办了"首届中国自由贸易区法治论坛"；上海海事大学针对自贸试验区供应链相关的航运、物流、金融、法律等领域成立了中国自贸试验区供应链研究院；华东政法大学成立了中国自由贸易区法律研究院，上海财经大学建立了自由贸易区研究院，等等。上述研究机构的设立和自贸试验区法治建设的专题研究和专题论坛都将成为自贸试验区法制保障工作推进的重要动力。

结　语

在2014年全国"两会"期间，习近平总书记谈到自由贸易试验区建设时强调，建设自由贸易试验区是一项国家战略，要牢牢把握国际通行规则，大胆闯、大胆试、自主改，尽快形成一批可复制、可推广的新制度，加快在促进投资贸易便利、监管高效便捷、法治环境规范等方面先试出首批管用、有效的成果。

上海市委书记韩正同志表示："今年四季度当自贸试验区满周岁的时候，要推出首批可推广、可复制的制度来回答这个问题。"市委副书记、市长、"中国（上海）自由贸易试验区推进工作领导小组"组长杨雄指出，2014年是推进自贸试验区建设的关键一年。要以贯彻三中全会精神为契机，进一步解放思想，胸怀大局，提升站位。要发扬敢啃硬骨头、善打硬仗的优良作风，统筹协调，谋定而动，着力突破瓶颈。要充分发挥自贸试验区的示范效应，主动对标国际先进水准，自我加压，全面带动各部门、各领域、各环节机制创新、管理创新、服务创新。

自贸试验区2013年的法治建设取得了较好的成效。作为自贸试验区建设的核心部分，自贸试验区法治建设的各方面工作也必将更加积极地开展，不断的探索与完善，为自贸试验区周年之际向全国乃至世界交上一份满意的答卷而不懈努力。

B.8 上海市人大常委会编制五年立法规划专题

丁 伟 张明君*

摘 要：

编制五年立法规划是发挥法治的基础性作用、推进地方经济社会发展的重大举措。在上海市人大的精心协调、组织下，充分听取专家学者的意见、积极采纳市民的意见，做到了科学立法、民主立法，使五年立法规划真正适应上海社会经济发展的需要、体现人民的意志。

关键词：

立法规划 科学立法 民主立法

依法治国，建设社会主义法治国家，是党领导人民治理国家的基本方略。立法是依法治国的前提和基础。党的十八大对全面推进依法治国做出了重要部署，对中国特色社会主义法律体系形成后推进科学立法、民主立法提出了新的更高的要求。上海市第十次党代会明确提出了未来五年建设"法治完善"的社会主义现代化国际大都市的目标。地方立法是中国特色社会主义法律体系的重要组成部分，是实现"法治完善"目标的前提和基础。按照党中央和全国人大常委会的指示精神，在中共上海市委领导下，新一届市人大常委会高度重视地方立法工作，把编制五年立法规划作为服务上海经济社会发展的重要举措，推进地方法治建设的重要基础，加强立法组织协调的重要过程，对公众开

---

* 丁伟，上海市人大常委会法制工作委员会主任，教授；张明君，上海市人大常委会法制工作委员会办公室副主任。

展法制教育的重要契机，精心组织实施，确保规划质量。市人大常委会法工委会同市人大各专门委员会和常委会工作委员会共同承担了市十四届人大常委会五年立法规划的具体编制工作。

为了做好立法规划编制的前期准备工作，常委会法工委认真做好相关资料的梳理和研究工作，为立法规划的科学编制提供了大量基础性资料，如根据党的十八大和市十次党代会对立法工作提出的新要求，梳理和分析上海市需要制定或者修改的法规项目；在分析上海市现行有效地方性法规在各领域分布情况的基础上，对上海市法规的分布领域提出补充和完善的建议；分析市十三届人大常委会五年立法规划的完成情况；分析和梳理市人大代表提出的立法议案，重点研究和分析未进入立法程序的立法议案；分析和梳理全国人大及其常委会近年制定和修改法律的情况；分析和梳理国务院近年制定和修改行政法规的情况；跟踪和分析十二届全国人大及其常委会五年立法规划的编制情况。

一 立法规划编制工作的指导思想和主要做法

立法规划编制工作以党的十八大和习近平总书记一系列重要讲话精神为指导，贯彻中发〔2013〕7号文件的要求，落实市第十次党代会提出的目标任务，围绕"五位一体"的总体布局和上海市创新驱动、转型发展的总方针，坚持急需先立、成熟优先、立改废并举，着力加强上海市改革创新重点领域的立法，着力推进科学立法、民主立法，把编制立法规划作为服务上海经济社会发展的重要举措，加强立法组织协调的重要实践，对公众开展法制教育的重要契机，努力为上海建成法治完善的社会主义现代化国际大都市和全国法治环境最好的行政区之一，当好全国改革开放排头兵和科学发展先行者提供有力的法制保障。

市人大常委会立法规划编制工作，主要有以下做法。

（一）服务全市大局，发挥地方立法的引领和推动作用

发挥地方立法的引领和推动作用，核心是将立法放在全市工作的全局中审视，实现改革决策与立法决策相结合，坚持在法治框架内推进改革。当前，上

海的发展已经站在一个新的历史起点上,随着各项改革进入攻坚期,要求法治予以保障的需求更加凸显,在法治框架内推进改革的共识更加牢固,在改革过程中维护好群众合法权益的呼声更加强烈。为此,市人大常委会认真学习贯彻中央和市委精神,专题调研"五位一体"建设情况,准确把握改革创新重点领域和关键环节的法治需求,使立法决策与改革创新决策同步。目前,立法规划包含了创新转型、社会民生、文化发展、生态环境、城市建设和民主政治六大板块内容,提出了中国(上海)自由贸易试验区、推进国际航运中心建设、社会信用体系建设、碳排放交易管理、生活垃圾分类减量、养老机构服务和管理、财政监督条例等45件规划正式项目,努力发挥立法对经济社会发展的引领和推动作用。在规划编制过程中,我们根据全市大局的紧迫需要,及时制定促进改革创新的决定,就改革创新中存在的思想顾虑、制度障碍、机制缺失和利益藩篱等问题做出针对性规定,激发全社会的改革创新的积极性和创造力;坚持法治先行原则,在自贸实验区挂牌前起草并通过《关于在中国(上海)自由贸易试验区暂时调整实施本市有关地方性法规规定的决定》,支持政府依法在自贸实验区建设方面先行先试,加强制度创新。

(二)维护国家法制统一,保障宪法、法律和行政法规在本行政区域的贯彻实施

维护法制统一是宪法、法律尊严和权威的内在要求,也是保证宪法、法律有效实施的重要前提。常委会深刻认识地方立法在中国特色社会主义法律体系中的重要作用,在规划编制过程中强调:一是坚持从宪法和法律赋予的地方立法职权出发,积极开展实施性立法、创制性立法和先行先试性立法,努力保障国家法律和行政法规贯彻落实。本次立法规划项目中实施性立法占了较高比重,直接与全国人大常委会五年立法规划项目相衔接和配套的法规有8件,如"制定地方性法规条例(修改)"、"消费者权益保护条例(修改)"、"食用农产品安全监管条例(制定)"、"大气污染防治法实施办法(修改)"等。二是坚持制定、修改和废止法规并举,把修改不适应经济社会发展需要的法规放到更加突出的位置。立法规划45件正式项目中,新制定的有22件,修改的有23件,分别占48.9%和51.1%。三是坚持从国家法律体系整体出发,明确地

方立法规划项目切口要小，要突出针对性、操作性，能够具体规定的尽可能具体规定，体现有效管用，便于检查监督。四是同步建立对国家立法动态跟踪制度，拟考虑根据国家法律、行政法规制定和修改情况，以及经济和社会发展中出现的新问题，建立规划中期评估和调整制度，加强调查论证，及时补充一批急需的立法项目，切实维护国家法制统一。

（三）加强立法组织协调，发挥人大在立法中的主导作用

加强立法工作组织协调，是人大在立法工作中发挥主导作用的工作载体，对防止和反对部门利益法制化倾向，保障立法本身的公平正义具有重要意义。在规划编制过程中，常委会坚持高标准立项、严要求遴选，引导各方面提出的建议项目更加符合上海发展全局需要。38个政府部门、11家单位、全体市人大代表和市民共提出246件建议项目。为了推进规划编制工作，常委会从两个层面加强了组织协调：一是推动政府层面建立统筹协调机制。市人大常委会经与市政府协商，改变以往由政府部门直接向人大专门委员会申报项目的做法，由市政府常务会议对部门申报项目讨论、平衡后再提交常委会。这种做法，一方面发挥了政府常务会议的统筹协调平衡功能，另外一方面也过滤了一批带有部门利益倾向的法规项目。二是要求人大内部建立组织协调机制。常委会要求各专门委员会根据分工对市政府常务会议讨论后提出的建议项目及社会各方面的建议项目提出专业方面审查意见，法制委、法工委从维护国家法制统一出发提出法制方面审查意见，涉及分歧意见由党组会议集体讨论决定，以制度和程序保障了人大主导作用的发挥。这两个层面组织协调的创新做法，及时运用到2013年立法工作中，取得了良好效果。

（四）坚持发扬民主、科学论证，把好规划项目质量关

提高立法质量，根本途径在于推进科学立法、民主立法。提高规划编制工作质量，关键是提高每一项规划项目质量。我们在编制过程中，注意打破人大和政府的内循环，以科学和民主的工作机制提高规划项目遴选质量。科学立法，就是要求法律准确反映和体现所调整社会关系的客观规律，同时遵循法律体系的内在规律。科学立法的核心，在于立法要尊重和体现规律。常委会在

立法规划科学论证方面,采用市政府统筹论证和市人大专门委员会和工作委员会专业论证同步开展。同时,常委会十分注重"第三方"的独立论证工作,首次委托上海社科院和上海市法治研究会两家"第三方单位"对建议项目开展筛选评估。上海社科院集聚五十余位知名专家,组成政法、经济、文化、社会、生态等五个专家评议小组,通过专人审读、集体审议、组长把关、大组汇总等环节确保筛选质量;上海法治研究会则面向基层群众,分专题听取各类群体的意见,通过"初筛、复筛、终筛"三个环节提出筛选项目。常委会要求两家单位"背靠背"开展筛选,各方不得干预,保障筛选工作的独立性和客观性。

民主立法,就是要求法律真正反映最广大人民的共同意愿,充分实现最广大人民的民主权利、切实维护最广大人民的根本利益。民主立法的核心,在于立法要为了人民、依靠人民。常委会在立法规划编制发扬民主方面,一是高度重视人大代表的主体地位。发挥人大代表联系群众、熟悉情况的优势,在规划编制启动阶段,向全体市人大代表发放立法项目征集表,征集立法规划建议项目。在立法规划建议项目汇总阶段,通过市人大代表网第二次征求全体市人大代表意见。在立法规划框架形成阶段,第三次通过市人大代表网向全体市人大代表征求意见和建议。在三次向全体市人大代表征求意见建议过程中,共555人次代表集中提出30件建议项目。二是充分保障市民的参与权和知情权。在立法规划征集项目建议和立法规划框架初步形成阶段,常委会通过报刊、网络等媒体两次向社会公开征求意见,共326人次市民提出88件建议项目。常委会委托市法治研究会对所有立法建议项目进行初步筛选阶段,市法治研究会深入基层,征询了613人的筛选意见,召开了15场座谈研讨会,覆盖了社区居民、郊区村民、外来务工人员、两新组织白领、中小企业主等社会群体。三是发挥政协协商民主重要渠道作用,专程赴市政协听取政协委员对立法工作、规划编制和建议项目的意见和建议,并积极研究采纳。

经"第三方单位"筛选、法工委与各方研究协商和党组会议讨论,最终形成的立法规划中,人大代表提出的13件项目被采纳,市民提出的14件(其中3件与代表建议重合)项目被采纳,"第三方单位"赞成立项32件(其中22件与人大代表和市民建议重合)。

（五）加强法治宣传，把规划编制过程作为增强公众法治观念过程

法律法规要得到良好实施，必须获得市民的认同。常委会把规划编制作为加强法治宣传教育、提升市民法治素养的重要契机，通过加强新闻报道、做好舆论引导、提高公开透明，提升法治宣传教育工作实效。一是加强新闻报道，提高规划编制的透明度。在七个多月的规划编制过程中，常委会定期召开新闻发布会，中央和上海市媒体先后刊发150余篇报道，有关负责同志参加"新闻夜线"电视直播访谈，生动活泼地介绍了立法规划编制的进展情况。二是用好新媒体，提高市民关注度和参与度。与"新浪微博"合作开展项目征询活动，8万多网友参与并发表评论；与"法宣零距离"官博合作，选取物业管理、养老保障、见义勇为等十个民生话题组织网友讨论，逐步形成共识，增进了网友对地方立法工作重要性的认识，为营造全社会学法、尊法、守法、用法的良好氛围奠定基础。与此同时，常委会在2013年立法工作中坚持"微创新"，首次邀请上海广播电视台对"轨道交通条例"立法听证会进行广播直播，首次通过"上海发布"、"腾讯发布"等介绍新通过的地方性法规的主要内容，取得良好的社会反响，拉近了地方立法与普通群众之间的距离，也为营造全社会学法、尊法、守法、用法的良好氛围奠定了基础。

二 立法规划的框架结构和主要内容

立法规划编制完成后，常委会党组向市委报送了《中共上海市人大常委会党组关于〈上海市十四届人大常委会五年立法规划（2013年—2017年）的请示〉》，市委于2013年12月4日向全市转发了关于常委会党组请示的通知（沪委发〔2013〕17号）。

经市委批转的立法规划项目共分为3类。第一类为正式项目，共45件，其中新制定22件，修改23件，拟在本届常委会任期内适时提请审议。这类项目主要考虑坚持少而精原则，正式项目比上届规划减少15%，这样既能突出立法重点、集中立法资源，也为今后适时调整留出空间。第二类为预备项目，主要是各方面有需求，但还有一些问题需要调研论证，一旦立法条件成熟，可以提请审议。第三类为调研项目，主要是作为今后立法项目的资源储备。其中第一类45件正式项目的基本情况是：

一是发展社会主义民主政治方面（共6件）：制定《上海市实施〈中华人民共和国全国人民代表大会和地方各级人民代表大会选举法〉办法》、《上海市实施〈中华人民共和国国家安全法〉规定》、《上海市预防职务犯罪若干规定》；修改《上海市实施〈中华人民共和国全国人民代表大会和地方各级人民代表大会代表法〉办法》、《上海市村民委员会选举办法》、《上海市人民代表大会常务委员会任免国家机关工作人员条例》。

二是促进创新驱动、转型发展方面（共9件）：制定《上海市人民代表大会常务委员会关于促进改革创新的决定》、《中国（上海）自由贸易试验区管理办法》、《上海市社会信用体系建设条例》、《上海国际旅游度假区管理办法》、《上海市财政监督条例》、《上海市供用电条例》、《上海市推进国际航运中心建设条例》；修改《上海市旅游条例》、《上海市市级预算审查监督规定》。

三是加强和创新社会管理、促进民生改善方面（共15件）：制定《上海市养老机构服务和管理条例》、《上海市教育督导条例》、《上海市急救医疗服务条例》、《上海市民办教育促进条例》、《上海市食用农产品安全监管条例》、《上海市社会救助条例》；修改《上海市消费者权益保护条例》、《上海市实施〈中华人民共和国残疾人保障法〉办法》、《上海市老年人权益保障条例》、《上海市未成年人保护条例》、《上海市精神卫生条例》、《上海市实施〈中华人民共和国食品安全法〉办法》、《上海市人口与计划生育条例》、《上海市房屋租赁条例》、《上海市华侨捐赠条例》。

四是推动文化建设和发展方面（共3件）：制定《上海市文物保护条例》、《上海市非物质文化遗产保护条例》；修改《上海市历史文化风貌区和优秀历史建筑保护条例》。

五是加强环境保护和生态文明建设方面（共6件）：制定《上海市水资源管理条例》、《上海市碳排放交易管理条例》、《上海市生活垃圾分类减量管理条例》；修改《上海市实施〈中华人民共和国大气污染防治法〉办法》、《上海市绿化条例》、《上海市公园管理条例》。

六是促进城市管理和维护公共安全方面（共6件）：制定《上海市地下空间规划建设条例》；修改《上海市轨道交通管理条例》、《上海市建筑市场管理条例》、《上海市民防条例》、《上海市防汛条例》、《上海市道路交通管理条例》。

45件正式项目是对本届任期内立法工作的预期安排，常委会将根据国家立法进展情况和上海市改革创新实际做出调整。

三 落实立法规划、加强立法工作的思考

为了落实立法规划，进一步加强和改进立法工作，市人大常委会将根据全国人大立法工作会议精神和市委要求，认真执行《中华人民共和国立法法》和《上海市制定地方性法规条例》，发挥市人大及其常委会在立法中的主导作用，以实施五年立法规划为契机，进一步提高地方立法质量：

一是推进科学立法，着力提高立法质量。根据上海经济社会发展客观需要和市委重大决策，科学编制和完善年度立法计划。完善立法项目论证制度，积极采纳代表的立法议案，对条件成熟的代表立法议案提请常委会审议。加强重点领域立法，推进改革创新迫切需要、代表反映集中、群众呼声强烈的地方性法规的制定进程。加强法规起草工作指导，推动起草单位提高起草质量，使法规条文能具体尽量具体、能明确尽量明确，增强针对性和可操作性。建立审议协调协商机制，加强对法律关系复杂、意见分歧较大的问题的调研和论证，对争议较大的法规条文实行分项表决。严格按照法定程序开展立法，探索运用修改完善、搁置审议、暂不交付表决、修正案等法定方式，保障地方立法质量。加强地方性法规的清理工作，及时修改、废止与经济社会发展不相适应的法规。

二是推进民主立法，拓展市民有序参与立法的途径。增加地方立法的透明度，提高地方立法的公开性，在立项、起草、审议各个环节，扩大公民对立法工作的有序参与，表达、平衡和调整社会利益，积极发挥各级人大代表、区县人大常委会、社会组织和专家学者在立法工作中的作用。探索重大立法项目委托社会力量起草的机制，健全法规草案向社会公开和公众意见采纳情况反馈机

制，保障和激发市民参与的积极性。完善立法听证制度，提高听证参与人员的广泛性和代表性，确保利益相关方意见得到充分表达。完善法规审次制度，鼓励市人大常委会组成人员充分发表意见，力求使制定的法规体现民意、严谨周密、切实可行。

三是推进立法工作组织协调。完善市人大常委会党组与政府党组的沟通联系机制，健全市人大各专门委员会、市人大常委会各工作委员会、市政府法制部门以及各相关职能部门之间的沟通联系机制，加强协调，形成破解立法难题的合力。完善法规配套规范性文件的督促制定和备案审查制度，促进政府职能部门抓紧制定法规配套性文件，确保法规有效实施。

B.9
上海市行政复议委员会试点情况专题研究

刘建平 袁海勇*

摘　要： 2011年9月，市政府决定上海市开展行政复议委员会试点，同年10月28日，市政府行政复议委员会正式成立。截至2013年底，已召开两次全体会议，审议通过了市政府行政复议委员会《章程》等规定，先后两次聘任了41名非常任委员；召开了十三次案件审议会议，审议了21件重大、疑难、复杂的行政复议案件，在提高市政府行政复议工作质量和行政复议公信力等方面发挥了积极的推动作用。

关键词： 行政复议委员会　试点　案件审议会议　公信力

为贯彻党中央、国务院关于完善行政复议体制、创新行政复议工作机制的要求，根据《国务院关于加强法治政府建设的意见》（国发〔2010〕33号）有关要求，市政府于2011年9月30日下发了《关于上海市开展行政复议委员会试点工作的意见》（沪府发〔2011〕65号），提出在市和区县两个层面开展行政复议委员会试点，目的是通过政府主导、社会专家学者参与政府行政复议工作的形式，进一步提高行政复议工作的能力和行政争议化解的质量，增强行政复议公信力。2011年10月28日，市政府行政复议委员会率先成立并开展试点。两年多来，围绕提高行政复议公信力这个总目标，市政府行政复议委员会试点工作积极开展，并取得了良好成效。

---

* 刘建平，上海市政府法制办行政复议处处长；袁海勇，上海市政府法制办行政复议处主任科员。

一 试点工作的基本情况

根据有关规定，市政府行政复议委员会试点主要通过两种形式展开：行政复议委员会全体会议和案件审议会议。

（一）行政复议委员会全体会议

2011年10月28日，市政府行政复议委员会正式成立，时任市长韩正、常务副市长杨雄和国务院法制办副主任郜风涛等领导出席，正式聘任了31名非常任委员和17名常任委员。会后，市政府行政复议委员会就召开了第一次全体会议，市政府行政复议委员会主任委员杨雄常务副市长到会并做了讲话，为试点工作开展提出了要求，指明了方向。第一次全体会议的主要任务是审议通过有关市政府行政复议委员会的工作规定。经审议，会议通过了市政府行政复议委员会《章程》、《工作规则》和《委员守则》等三项规章制度，为市政府行政复议委员会试点工作的开展奠定了基础。

2013年5月，市政府行政复议委员会召开了第二次全体会议，对试点一年多来的工作进行了全面总结，会上新聘了10名非常任委员（非常任委员总数增至41名，委员总数由48名增至58名），市政府行政复议委员主任委员、屠光绍常务副市长到会并做了讲话。

（二）行政复议委员会案件审议会议

案件审议会议是市政府行政复议委员会试点的主要形式和载体。从成立到2013年底，共组织召开了13次案审会，审议了21件重大、疑难、复杂及新类型的行政复议案件（其中，2013年召开了7次案审会，审议了11件案件）。

对这21件案件，市政府最终均按照案审会的审议意见做出了行政复议决定。其中，依法维持的10件，依法撤销的3件，依法确认违法的3件，因申请人撤回复议申请而依法终止的2件，依法驳回的2件，依法中止的1件，直接纠错率为28.6%；同时，对一些虽经维持但存在瑕疵或需要进行制度改进的问题，市政府法制办根据案审会的建议，向被申请人及有关主管部门制发了5份行政复议建议书，间接纠错率为23.8%，综合纠错率为52.4%。

2013年，市政府法制办对2012年度市政府行政复议委员会审议的案例进行了汇总整理，既记录了每次案审会的过程，还针对每起案例请参加当次案审会的一位非常任委员撰写评析，对案件的主要争议焦点、法律问题及案件的价值等进行阐述。汇总整理这些典型案例，不仅有力指导了全市行政复议委员会试点工作，也对促进全市行政复议工作更加规范化、高质量地开展，发挥了积极的示范带动作用。

二 试点工作的主要举措

市政府行政复议委员会试点具有制度先行的鲜明特点，在实施试点工作两年多的时间里，作为市政府行政复议委员会日常事务的承办部门，市政府法制办始终围绕提高市政府行政复议公信力这个总目标，不断探索创新，已形成了一整确保试点工作有效运作的制度，保证了复议案件审议工作公正、高效地进行。

概括起来，主要体现为以下七项制度。

（一）案审会非常任委员占多数制度。案审会由常任委员和非常任委员组成，非常任委员占多数。在每次案审会遴选非常任委员时，主要依据案件所涉领域和委员业务专长，同时兼顾理论界与实务界的平衡，做到既有高校法学教授，又有政府实务部门专家，还有律师的参与。在有关专业性强的案件审议中，7名参会委员中，非常任委员甚至占到了5位，有效保障了案件审议的专业水平。

（二）参会委员两轮意见征询制度。案审会召开之前，市政府法制办都会至少提前两周将案件材料寄送参会委员，委员们在收到案件材料后，首先要书面反馈意见，做到"早热身，早介入"。在案审会正式召开时，参会委员再根据现场汇报和调查情况，再次发表审议意见。两轮意见征询制度有力保证了案件审议的质量和水平。

（三）调查权与审议权相分离制度。为确保案审会参会委员的独立性，防止参会委员在发表审议意见和表决时受到其他因素的影响,市政府法制办在提交给案审会的初审报告中,只涉及案件事实情况和建议审议事项等内容,对案件本身如何处理,不提任何倾向性意见,完全交由案审会议决,实现案件的调查与审议分离开。

(四)当事人到会接受询问和陈述制度。对一些案情较为复杂以及涉及申请人重大权益的案件,案审会都会请当事人到会接受委员就事实问题的调查询问,当事人也可以就相关问题提出主张和进行辩论。这种制度既有助于委员了解案件事实,又有利于当事人表达利益诉求,对分清是非,实现"案结事了"都具有积极的价值。

(五)行业代表意见征询制度。对于一些专业性强的案件,案审会再增设行业代表论证环节,请相关领域专家和市民代表发表意见,为案审会最终审议奠定扎实的基础。如第十三次案审会审议的某健康咨询企业不服市卫生部门行政处罚案中,对申请人的执业活动是健康咨询还是诊疗的问题,特别邀请了医疗和健康咨询专家、电视台节目主持人以及市民代表出席,广泛征询意见。

(六)案审会表决制度。参会委员经过充分讨论,根据一人一票、少数服从多数的原则,经票决对审议事项及最终处理结果形成审议意见。对审议意见,市政府法制办不得改变,必须据此制作审议报告提出处理建议,报市政府领导审批做出行政复议决定。案审会表决制度是市政府行政复议委员会试点的一大特色,也是确保试点工作真做实干的一大保障。

(七)委员回避和保密制度。为确保案件审议的公正性,凡是与案件有相关利害关系的委员,都不得参加案件审议,为此,每次参会的委员,都要提出与审议案件无有关利害关系的声明书。同时,对案件审议中有关案件材料以及委员发表的意见,严格按照有关规定进行保密,以保证案件处理工作的正常进行,全体委员在受聘或被任命的时候,已签署了保密协议。

三 非常任委员发挥的重要作用

市政府设立行政复议委员会,通过行政机关之外的专家学者参与案件审理,旨在公开、公平、公正地解决行政争议。因此,作为参会委员构成的主体，充分调动和发挥非常任委员在案件审议中的积极作用，是试点工作的重点。两年多来的实践证明，全体非常任委员高度重视案审会，对试点工作的开展，起到了非常重要的作用，主要表现在以下三个方面。

（一）善于核查案件细节。每次案审会上，非常任委员就案件事实详细询问案件经办人，对关键事实和环节，还结合具体证据材料进行反复推敲和论证，体现了一丝不苟的工作作风。如上海市某郊区一村民小组不服区政府土地权属争议处理案，该案时间跨度长达50多年，在此期间用地单位和土地政策均发生了较大变动，争议还发生在村民小组和镇集体经济组织之间，情况较为复杂和特殊。经办人前期做了详细的调查工作，5位参加审议的非常任委员在审议中，又花了大量时间直接向双方当事人发问，详尽了解案件的前因后果，认真把好了案件事实关，最终促使区政府撤销了系争的土地权属争议处理决定，维护了申请人的合法权利。

（二）善于释法明理解惑。在案件审议调查询问环节，针对申请人对法律问题不理解、有误解或偏激情绪，非常任委员做出的解释和说理，往往比常任委员更能奏效，更容易为申请人接受。如在张某等451人不服市某局建设用地规划许可案中，市某局做出行政许可的一项重要依据是2004年编制的《上海市2010年架空线入地规划》。案审会上，申请人代理律师主张该规划的效力止于2010年。对此，某位参会的非常任委员当场做了回应，从规划的性质、效力等方面向申请人做了解释，消除了误解。该委员还从系争高压线工程的重大公益属性出发，建议在做出维持决定的同时，积极采取措施化解行政争议。另外一位参会的非常任委员还指出，小区居民在购房时，购房合同上载有电力高压走廊的提示条款，居民们主张的权益受损部分可以通过民事诉讼解决，为小区居民合法权益的维护指明了出路。

（三）善于建言制度建设。各位委员尤其是非常任委员不就案论案，更加注重面上规范和制度性建设。如在审议的一起吴某不服市某局政府信息公开申请答复案中，系争信息由原市某局在20世纪90年代初制作，该局在政企不分时期既有行政管理职能，又有企业管理职能，该局在实行政企分离后，系争的信息交由某集团公司保管。作为本案被申请人的市某局系原市某局行政管理职能的承继者，因为没有保存该信息而无法提供答复，某集团公司作为企业也表示没有政府信息公开的职责。考虑到类似情况今后仍有可能出现,委员们一致建议市政府法制办向有关主管部门制发行政复议建议书,以从源头上防止类似情况发生。该建议书也成为市政府法制办首例主要针对行政复议被申请人以外的单位制发的行政复议建议书。

四 试点工作取得的基本成效

试点工作开展两年多来,在全体委员的共同努力下,市政府行政复议委员会定位明确、制度和措施到位,试点工作已初见成效,公众对市政府行政复议公信力的信赖感明显提升。

(一)试点已取得有关方面的普遍认可

2013年的一项统计显示,截至2013年4月,试点工作开展一年半来,市政府共收到各类行政复议申请1339件,同比上升24.8%。不少申请人直接致信市政府行政复议委员会提出复议申请,或者主动要求将案件提交复议委员会审议。上海市政府行政复议委员会试点在全国范围内也具有了较大的影响力,已有多个兄弟省市的政府法制机构来沪就行政复议委员会试点工作,与上海市政府法制办进行交流和沟通。

2013年10月上旬,由吉炳轩副委员长率领的全国人大常委会行政复议法执法检查组来沪进行执法检查。10月8日,执法检查组一行在听取相关工作汇报的基础上,还现场观摩了市政府行政复议委员会第12次案审会实况,案审会的审议方式和做法得到了检查组的充分肯定。

(二)试点的面上指导作用不断体现

市政府行政复议委员会试点对各区县和市政府委办局的复议委员会试点工作均提供了有益借鉴价值。截至2013年底,上海市已有杨浦、闵行、黄浦、金山、普陀等5个区政府以及市住房保障房屋管理局参照市政府行政复议委员会的模式成立了行政复议委员会开展试点工作。全市行政复议委员会试点工作正在有序推开。

五 试点工作的展望

目前,市政府行政复议委员会试点仍在不断深化完善中,展望未来,试点工作将按照党的十八届三中全会"改革行政复议体制,健全行政复议案件审理机制"的要求,结合行政复议法的修订实施,进一步深化完善各项创新举措,在以下方面进一步加强和改进试点工作。

(一)逐步扩大案件审议的范围

在确保审议质量的基础上,适当放宽案审会审议案件的标准,将一些带有面上指导价值的案件提交案审会审议,同时再适度加大案审会召开频次,更好地发挥对各类案件在审理上的指导价值。

(二)确保更多委员参与案件审议

目前,市政府行政复议委员会委员总数已达58名。这也为更好地发挥各专业领域的委员作用提供了基础。同时,对一些案情和法律关系较为复杂的案件,可邀请委员参与前期调查和听证,以提高案件审议质量。对当事人参与案审会陈述和接受询问的方式也将做进一步的完善,使复议案件审理程序更为透明,过程更加公开和公正。同时,将根据试点工作需要,适时再扩大选聘一批非常任委员,进一步夯实试点工作的基础。

(三)积极发挥试点对中国(上海)自由贸易试验区建设的推动和保障作用

结合自贸试验区建设的国家战略,积极探索相关行政复议委员会案件审议体制机制改革,围绕案件审理更加公正透明、程序保障更加有力的角度,力争形成一些可复制、可推广的做法,为全国行政复议制度改革和行政复议委员会试点积累有益的经验。

B.10 上海法院"12368"诉讼服务平台运行初期情况回顾

顾伟强 吴金水 高明生 曹云霞*

摘 要： 针对群众反映的案件查询、诉讼咨询、电话找法官等过程中信息不畅的难题，上海法院设立了"12368"诉讼服务平台，以求回应群众对司法工作的关切、期待和需求。此项措施的建立体现了上海法院积极践行司法为民宗旨、深化司法公开、推进司法改革的决心。

关键词： 上海法院 "12368" 诉讼服务平台 建设

上海法院"12368"诉讼服务平台是上海法院针对群众反映的案件查询难、诉讼咨询难、电话找法官难等诉讼问题，回应人民群众对司法工作的关切、期待和需求，积极践行司法为民宗旨、深化司法公开、推进司法改革的重要举措。平台于2013年12月初投入试运行，2014年1月2日正式开通运行。平台运行以来，取得了较好效果。

一 建立"12368"诉讼服务平台背景、目的

一段时间以来，人民群众关于立案难、电话找法官难的呼声很高，上海法

---

* 顾伟强，上海市高级人民法院副院长，一级高级法官；吴金水，上海市高级人民法院审判委员会委员，立案庭庭长，四级高级法官；高明生，上海市高级人民法院研究室编辑科科长，四级高级法官；曹云霞，上海市高级人民法院立案庭助理审判员，一级法官。

院经过深入调研，认真分析人民群众来信反映的意见，全面听取律师、人大代表、政协委员等社会各界的建议，为进一步推进司法为民、司法公开，确实保障人民群众或当事人的知情权、参与权、表达权、监督权落到实处，上海法院在总结全市法院司法便民措施的基础上，拓展"12368"（"12368"是工信部2005年分配给全国法院系统专用的特服号）服务功能，整合法院电话诉讼服务、网络在线诉讼服务、短信诉讼服务、微信微博诉讼服务、窗口诉讼服务于一体，建设更便捷、更高效的"12368"诉讼服务平台。"12368"虽是公众服务号，但在上海法院已确立了自己特定的含义，"1"是一个平台一号对外；"2"是两种诉讼服务方式，人工服务和自助服务；"3"是上海全市三级法院联动；"6"是集热线电话、网络、短信、微博、微信、窗口现场六维服务于一体；"8"是平台重点推出的八大功能，指联系法官、案件查询、诉讼咨询、信访投诉、意见建议、心理疏导、社会评价、督察考核。

二 "12368"诉讼服务平台的意义

"12368"平台的开通，标志着上海法院司法为民工作迈上新台阶，标志着上海法院服务理念提升至新高度，标志着上海法院司法公开进入新篇章，标志着上海法院接受当事人乃至社会监督有了新载体。具体表现在以下几个方面。

（1）落实司法为民的新举措。近年来，上海法院依托坚实的信息化应用基础，陆续建立了远程审判平台、网络庭审直播平台、裁判文书附录法律条文及上网平台、当事人远程查阅电子诉讼档案服务平台等司法便民为民服务举措，取得了较好社会效果。尤其是2010年上海法院在互联网站上，推出了面向诉讼当事人及市民、贯穿诉讼程序全程、三级法院同步操作的"在线诉讼服务综合平台"，提供网上立案审查、材料收转、文书送达、办案进度查询、联系法官、网上信访等31项服务内容，深受当事人好评。"12368"诉讼服务平台，是在总结整合上述服务内容的基础上形成的更完整的服务平台，运用了当事人或市民最普遍最方便的电话、最流行最经济的微信等多种方式，提供项目多、内容更新快、服务回应快，可以真正让当事人或市民感受到便捷实在的诉讼服务。

（2）司法服务理念的新转变。"12368"平台的推出，是人民法院能动司法的新尝试，是人民法院为了充分保障当事人知情权、参与权、表达权、监督权的新实践，是人民法院积极回应人民群众对法院工作新要求、新期待的新实践，更是人民法院基于司法服务理念的新转变。

（3）司法公开的新抓手。当前，最高法院正全面推进审判流程、裁判文书、执行信息三大司法公开服务，上海法院为此也配套出台了《关于深入推进司法公开的实施意见》43条举措。"12368"诉讼服务平台，进一步拓展了司法公开的新途径、新模式。平台加强了社会公开监督的功能，当事人可以方便地通过电话对诉讼服务提出建议、意见和投诉，而这又必将促进法院进一步提高司法公开的全面性、及时性、准确性。

（4）联系人民群众的新纽带。"12368"平台，在总平台基础上下设了22个分平台，它将全市每一法院、每一干警连接起来，共同为人民群众提供服务与帮助。同时，当事人或市民对法院或法官的服务态度、工作作风、审判质量、遵守法纪等情况，可以方便地通过平台及时地进行反映。由此"12368"平台成为人民群众监督评价法院的一个重要平台，可以帮助人民法院及时发现自身工作存在的不足和问题，有利于及时改进法院的工作。这就无形中架起了人民法院与人民群众之间的桥梁，建立了司法与社会的情感纽带，确保人民法院与人民群众之间时时可以互动，处处可以交流，并在交流中强化法治观念，增进理解、增强认同。

三 "12368"诉讼服务平台建设

（1）建一流平台。一是坚持较高标准配备平台设施。挤出专用场地，申请专款用于硬件装备和软件开发，满足平台运作需求。二是坚持高标准建设座席员队伍。在全市法院选拔了一批具有较高思想政治素质和一定工作经验、熟悉法院工作、能够使用普通话和沪语的人员，构建了一支专业化座席队伍。三是坚持高标准配齐配强平台法官。选拔工作能力强、审判经验丰富的法官承担平台管理工作，确保高质量解答人民群众咨询。四是坚持高标准做好宣传动员工作。通过下发《关于开通12368平台的重要提示》、征集宣传标语、向群众发放《12368诉讼指南》等，广泛宣传，提高平台知晓度。

（2）完善工作机制。该平台集诉讼热线、网络在线、短信微信微博、窗口现场服务于一体，实现了联系法官、案件查询、诉讼咨询、心理疏导、信访投诉、意见建议、社会评价、督察考核等八项功能。为有效发挥各项功能，着力完善了三个层次的保障机制：一是建立了法律问题知识库，收集整理了常见的数百个程序性法律问题，以备平台座席员当场答复；二是配备5名后台法官，为座席员解答问题提供智力支持；三是建立了疑难问题解答机制，对不能当场解答的疑难问题，按具体需求，通过派发工单由高院和各法院业务庭的资深法官予以解答。

（3）强化规范考核。把建章立制作为规范工作的基础，先后制定了《上海法院12368诉讼服务平台管理暂行规定》、《上海法院12368诉讼服务平台热线工作实施细则》、《上海法院12368平台事项办理考核办法》、《上海法院12368座席规范用语》等工作细则，对平台运作流程、管理、考核等做出详细规定，确保各项工作有章可循。同时，认真抓好各项规章制度的执行，确保平台高效有序运作。

（4）抓好监督落实。一是严格执行来电回复期限。对联系法官的来电，在1个工作日内予以回复；对一般性咨询查询的来电，在2个工作日内予以回复；对疑难复杂的咨询、信访投诉的来电，最长5个工作日内予以回复。二是加强业务培训。邀请专家对座席员开展专项培训，从服务礼仪、服务技巧、操作流程方面对座席员加强指导，提升服务水平。三是加强检查监督。成立检查小组，对平台工作落实情况开展检查，确保工作措施落到实处。

四 "12368"诉讼服务平台重点功能

（1）联系法官。帮助当事人、代理人以及其他诉讼参与人通过电话联系法官或提供留言服务，法官不在，就派工单给法官。法官按规定在1个工作日时限内回复来电人。

（2）案件查询。当事人凭案件8位查询密码，查询案件受理与否、案号、案件审理或执行进程、开庭日期、承办法官、诉讼材料送达等依法可予公开信息。

（3）诉讼咨询。提供常见程序性法律问题的咨询。来电咨询答复工作分三个层次：先由座席员依照知识库内容答复；知识库没有的，由后台座席法官研究后答复；疑难问题交由相关业务庭专家咨询员研究后答复。

（4）信访投诉。接听并记录涉不立案、执行拖拉、司法作风、司法态度、违纪违法等方面的信访投诉。

（5）意见建议。接听并记录当事人或市民对法院或法官提出的意见、建议、表扬等。

（6）心理疏导。平台配备了 23 名心理咨询师，确保对有心理疏导需求的当事人解惑释疑，提供心理咨询上的帮助。

（7）社会评价。来电人对座席服务态度的评价，平台还对来电评价、意见建议、投诉信访等信息进行社会满意度综合分析，以确定法院工作中需要改进的地方。

（8）督察考核。明确各级法院的各部门正职领导是处理平台诉求事项的第一责任人，平台通过飘单、短信、内网法官工作界面、专人催单等方式提醒工单办理、超期预警，平台处理系统还能对来电事项及时处理情况进行实时分析，形成对各法院、各部门、各位干警的内部考核数据。

五 "12368"诉讼服务平台成效

上海法院坚持"把方便留给群众、把麻烦留给自己"理念，认真高效服务好人民群众的各项司法诉求。平台开通后，广受诉讼群众欢迎。平台自 2013 年 12 月 2 日开始试运行，2014 年 1 月 2 日正式开通，至 3 月 27 日日累计接听处理来电 18034 次，其中咨询、查询、联系法官占来电总数的 91%；另外，网络在线服务开通以来，材料收转 4143 件，联系法官 14817 件，网上立案审查 3546 件，主动向当事人发送诉讼短信 61369 件。平台通过回访，99% 回访者对平台人员的服务表示满意，90% 以上回访者对处理结果表示满意。所有回访者均表示"12368"的推出，使上海法院的便民渠道更畅通，服务更便捷。有的来电人还专门致信平台表示感谢，"他们真正做到习近平主席所强调：要把群众合理合法的利益诉求解决好；对群众急需急盼的事零懈怠。沪法所设置的"12368"诉讼服务平台从制度上完善了、保证了群众利益受到公平对待。向上海法院致敬！上海法官们致敬！由衷感谢"12368"诉讼服务平台的法官们！""12368"诉讼平台的开通，在以下几方面取得了明显的效果。

（1）诉讼咨询更便捷。平台接电中诉讼咨询最多，有6551件，占36.33%，通过座席回答、后台法官回复和专家法官研究后回复，较好解答了人民群众的诉讼咨询。

（2）司法过程更公开。为了进一步推进司法公开，上海法院于2013年底建立了材料接收登记系统，对所有当事人到立案窗口递交或邮寄的要求立案等诉讼材料，凡不是当场立案的全部进入系统，并可通过"12368"随时查询，加上已立案审理案件的相关信息，真正做到了全程留痕、全程可视、全程可查、全程规范。

（3）当事人诉讼更方便。平台开通以来，有5531人次的案件查询事项得到办理，4402人次当事人联系上了法官。对诉讼查询基本做到了当场答复。对当事人要求联系法官，除当场接通的外，派发工单由法官在1个工作日内主动联系当事人。

（4）意见投诉更畅通。上海法院通过开通专线电话、落实窗口人员专门接待、定期召开各种类型座谈会等多种方式，广开大门，认真听取各方面意见建议，处理好信访投诉。平台的建立又开辟了意见投诉的新通道，平台建立以来，信访投诉和意见建议占到8.47%，均按要求做了分流处理、及时答复。

（5）法官为民意识更强化。上海法院的案件连年上升，办案压力越来越大，但高院党组和全体法官坚持全心全意做好司法为民工作，努力做到"把方便留给群众，把麻烦留给自己"，按要求做好联系回复、诉讼咨询、及时答复等工作，在受到群众欢迎的同时，也提高了自身服务意识。

六 "12368"诉讼服务平台的完善

（1）强化功能发挥。通过来电数据及来电内容分析，总结平台办理经验，查改问题，促进全市法院和法官及时回应群众诉求。同时，分析人民群众司法需求重心及对法院工作意见建议，为法院内部督察考评及促进审判管理提供参考。

（2）强化智力支持。推动知识库扩容建设，更好满足人民群众的司法需求。加强研究总结，通过来电办理总结共性问题，形成标准解答后充实进知识库；充分调动平台法官小组积极性，发挥平台法官智囊团作用，协助知识库建设；搜集各类诉讼问答手册、诉讼须知、诉讼百问等资料，经过对比整合后纳入知识库。

（3）提高平台的信息化水平。继续查摆技术问题，根据办理需求提出技术完善建议，强化完善技术支撑力度和范围，进一步提高平台信息化水平。

（4）加强队伍建设。继续完善座席员管理规则，细化工作流程，完善工作质量考核体系，加强技能培训。根据平台管理工作实际，总结平台管理工作特点，充实管理力量，加强平台管理队伍的建设。

B.11
上海检察机关实施修改后刑诉法情况的专题研究

上海市人民检察院课题组*

摘　要： 修改后的《刑事诉讼法》实施以来，上海检察机关不断探索新的机制、细化办案规则、加强协调配合，有效促进了各项诉讼制度贯彻执行，取得了一定的成效。但在实施过程中也遇到了许多新情况和新问题。我们理性剖析存在的问题，并以此为契机进一步更新执法理念、转变执法方式、加强队伍建设，将有助于修改后刑诉法的真正落实和检察机关监督水平的不断提升。

关键词： 修改后刑诉法　贯彻实施　挑战　思考

刑事诉讼法的修改，在我国刑事诉讼制度发展中具有里程碑式意义。在上海市院机关业务部门的配合支持下，我们对上海检察机关实施修改后《刑事诉讼法》（以下称新刑诉法）的情况进行了一次专项调研。

一　上海检察机关实施新刑诉法的基本情况

新刑诉法实施后，上海检察机关认真贯彻落实，不断完善协调配合机制，细化办案规则，取得了一定的成效。

---

* 课题组组长：陈辐宽，上海市人民检察院党组副书记、副检察长。课题组副组长：陶建平，上海市人民检察院研究室主任。成员：万海富，上海市人民检察院研究室调研科科长；王朋，上海市人民检察院研究室综合科副科长；成月华，上海市浦东新区人民检察院研究室助理检察员。

（一）不捕率、不诉率有所提高，降低羁押率成效初步显现

新刑诉法实施后，上海检察机关按照"打击犯罪与保障人权并重"的司法理念，认真履行职能，坚持宽严相济的刑事政策，少捕慎捕，区别对待，不捕率和不诉率均有所提高。2013年1~11月，全市检察机关不捕率为13.8%，同比上升3.5个百分点；不诉率为1.9%，同比上升0.8个百分点。

（二）监督立案等大幅上升，刑事诉讼监督力度明显增强

上海检察机关强化对刑事诉讼活动的法律监督，效果明显。2013年1~11月，全市检察机关受理监督立案241件，同比上升55.5%，监督立案104件；纠正漏捕331件444人，纠正漏诉356件505人；提出违法侦察活动书面纠正意见125件，同比上升45.3%，已纠正110件；提出刑事抗诉42件，提出违法审判活动书面纠正意见13件。

（三）职务犯罪侦查平稳开展，"镜头下"办案能力提升

新刑诉法正式实施以来，全市检察机关侦查部门苦练内功、迎接挑战，不断提升"镜头下"办案能力，保持职务犯罪打击力度，截至2013年10月，全市共立案侦查渎职侵权案件24件39人，较2012年同期立案人数上升25.8%。案件质量保持稳定，未因办案难度的提高而受到影响。

（四）认真执行相关规定，切实保障诉讼参与人合法权利

切实维护犯罪嫌疑人、被告人诉讼权利，在当事人权利义务告知书详细列明16项诉讼权利，加强法律援助工作，探索实行公开审查、公开听审等审查方式，加强对犯罪嫌疑人延长羁押条件的审查，逐步形成公开审查办案的常态机制，拓宽了审查渠道，丰富了审查方法，提高了检察决定的准确性，维护了当事人合法权益。

注重保障辩护律师执业权利，制定《上海检察机关依法保障律师执业权利的十条意见》，全面保障律师会见权、阅卷权、调查取证权等各项权利，重

视听取律师意见。2013年1~11月，在审查批捕和审查起诉阶段听取律师意见4894人，采纳律师意见1923人，受理申请调取证据150件169次，调取证据165份。

（五）案件管理工作稳步推进，执法办案更加规范

上海检察机关自2009年底在全市推行案件管理工作机制改革，新刑诉法实施以来，更是不断进行了加强和完善，大力推进了案件管理工作，充分发挥了统一管理案件、强化法律监督的作用。2013年1~8月，全市案管部门共受理案件（线索）38684件，结案移送34641件，监管涉案物品4941件，发出办案期限预警4347次，有效规范了执法办案。

二 新刑诉法新增检察职能的履行情况

新刑诉法新增检察职能中，上海检察机关除犯罪嫌疑人、被告人逃匿、死亡案件违法所得没收程序目前尚无相关案件外，其他各项职能均有适用。

（一）规范适用特别程序

1. 未成年人刑事案件诉讼

2013年1~11月，所有案件全部落实通知法定代理人或合适成年人到场，涉罪女性未成年人全部由女性检察人员讯（询）问，未成年人不起诉和犯罪记录全部予以封存，监督纠正可能泄露未成年人犯罪记录行为12次。对1024名涉罪未成年人开展社会调查。依法对74名涉罪未成年人做出附条件不起诉决定，不诉率达到14.7%，同比上升4.3个百分点。

2. 轻微刑事案件检察环节和解

2013年1~11月，上海检察机关共成功推动404件刑事案件达成刑事和解。

3. 依法不负责任的精神病人的强制医疗

2013年1~11月，上海市检察机关共受理强制医疗案件31件，提出强制医疗申请27件，目前，法院已决定强制医疗16件。

（二）认真履行新增职能

1. 非法证据排除

2013年1～11月，共启动非法证据排除程序69件97份，作为非法证据排除36件46份。

2. 羁押必要性审查

2013年1～11月，共受理1338件1817人，受理后书面建议变更强制措施465人。

3. 办理控告阻权类案件

2013年1～10月，全市各级控申检察部门审查办理对阻碍辩护人、诉讼代理人依法行使诉讼权利的控告申诉案件5件，侦监部门针对阻碍辩护人、诉讼代理人依法行使权力制发书面纠违1份。6件案件中，4件经承办单位认真审查办理，督促控告对象及时整改，并向控告人做好答复说理工作后，均取得较好成效，另外2件目前尚无办理结果。

4. 指定居所监视居住

对公安机关指定居所监视居住活动开展监督69人，建议变更强制措施1人。

5. 暂予监外执行、减刑、假释同步监督

2013年1～8月，全市监所检察部门共审查监狱移送减刑3247件，假释1699件，暂予监外执行53件，书面提出纠正意见118件，均获采纳。

（三）做好出庭相关工作

1. 简易程序出庭

上海市检察机关严格按照新刑诉法要求，实现简易程序案件100%出庭。

2. 出席庭前会议

2013年1～11月，共参加庭前会议51件53次，参加人员以辩护人居多，无被害人参加，案件类型主要集中在扰乱市场秩序、侵财、贪污贿赂及毒品类案件，会议内容以证据问题为主，庭前会议总体效果良好。

3. 侦查人员、证人、鉴定人、有专门知识的人出庭

2013年1~11月,侦查人员出庭11件15人次,证人出庭15件36人次,鉴定人出庭12件18人次。

4. 庭审证据审查

2013年1~9月,上海市公诉部门办理案件中启动庭审证据合法性调查的案件共11件,除3件案件尚未做出审查决定,其余8件案件的证据经合法性调查中仅有1件案件的证据被排除,其余7件均为法庭采信。

(四)规范职务犯罪侦查

1. 讯问全程同步录音录像

上海检察机关严格按照"全面、全部、全程"的要求,执行讯问职务犯罪嫌疑人同步录音录像制度,2013年1~11月,讯问时实行全程同步录音录像2623次,占讯问总数的99.96%。

2. 技侦措施适用

据统计,截至2013年8月,各级院申请市院通过市公安局办理话单查询2763次,立案后决定使用技侦措施的共14件。

(五)依法办理涉外案件

针对外国人犯罪案件审查逮捕级别管辖的调整,通过实行专人办案、加强信息掌控、开展介入引导、加强办案指导研商等途径,规范案件办理,确保办案质量。2013年1~11月,上海市检察机关基层院共受理外国人犯罪案件69件124人。

三 上海检察机关在实施新刑诉法过程中遇到的主要难题和挑战

上海检察机关在贯彻实施新刑诉法过程中,通过推动司法办案场所建设、推进专业化办案机构建设、试行主任检察官制度等举措为新刑诉法实施提供了坚实保障;形成轻微案件专门办理机制及防止和纠正冤假错案的工作机制,有

效促进诉讼制度贯彻执行；探索公开审查办案方式及保障律师执业权利方式，实现刑事诉讼监督创新发展。当然，在新刑诉法实施过程中，也遇到了许多新情况和新问题，主要表现为以下几个方面。

（一）执法理念的转变不够及时

有些干警对新刑诉法的立法精神未能全面理解和把握。如在"四类人员"出庭方面，态度不够积极，对有"四类人员"出庭的作用和意义认识不够，习惯于公诉人"一力担当"，不习惯通过鉴定人、侦查人员出庭化解疑问和争议，不能充分利用新的诉讼资源回应有关质疑。又如在听取律师意见方面，对听取律师意见的积极作用理解欠深刻，不愿听或者不认真听仍有发生，工作的自觉性有待加强。

（二）执法方式的转变不够大胆

司法实践中，仍有部分干警执法方式与新刑诉法要求不相适应。如在刑事和解的适用方面，由于启动刑事和解程序相较于办理一起普通案件，需要付出更多的精力和时间，特别是在目前刑事和解工作机制尚不够成熟的情况下，势必加剧"人案矛盾"。因此，很多办案部门不愿意进行刑事和解，导致刑事和解的适用率不够高，从而影响新刑诉法的有效执行。

（三）执法规定的内容不够明确

1. 职务犯罪侦查缺乏相应规定

技术侦查的具体内容及"以事立案"概念、标准不够明确，严重影响了侦查的效率。据统计，通信查询方式调整之后，2013年上半年自侦部门通过市公安局申请办理话单查询同比大幅下降，达到67.5%。

2. "四类人员"出庭缺乏相应机制

缺乏对证人、鉴定人的人身财产安全及出庭作证费用的有效具体保障措施，一定程度上制约了其出庭作证的积极性。缺乏侦查人员配合出庭机制，对侦查人员必须出庭的情形、程序缺乏规定，容易产生扯皮现象。缺乏"有专门知识的人"的选任资格及权利义务均的明确规定，不利于实践操作。

3. 强制医疗程序缺乏具体内容

被申请人被强制医疗后的相关程序规定不明确，对强制医疗的期限及该期限与被强制医疗人员所实施行为社会危害性的关系、"不具有人身危险性"的标准及解除强制医疗后如家属未严加看管和医疗致其再次危害社会应如何追究家属责任等无明确规定。被害人诉讼权利不明确，对强制医疗案件的被害人可否申请参与庭审及申请的条件、程序等无明确规定，导致被害人对涉及自身案件的知情权无法保障。对犯罪嫌疑人精神病鉴定期间的监管措施不明确。对疑似精神病人在鉴定未做出前，是作为正常犯罪嫌疑人刑事拘留，还是作为精神病人采取临时性的保护性措施，或者采取其他监管措施，无明确规定。

（四）法律具体适用不尽统一

1. 非法证据排除适用不统一

对非法证据与瑕疵证据在区分上存在混淆，实践中有些认为瑕疵证据与非法证据没有严格的界分，瑕疵证据不能补强就是非法证据，从而有的将瑕疵证据作为非法证据予以排除，有的将证据排除或者不采信等同于非法证据排除。非法证据在诉前、庭前会议和庭审调查中存在重复审查，由于诉前、庭前及庭审中均有对证据收集的合法性进行审查的规定，实践中造成同一份证据经历三次合法性审查，容易造成诉讼资源的浪费。此外，有的辩护人到法院开庭才提出非法证据排除申请，很多证据因为时隔太长已无法获取，更增加了公诉方的证明难度。

2. 对刑事和解的适用条件及证据、执行标准等掌握不统一

对"何为民间纠纷"的理解存在差异，因民间纠纷引起的故意伤害案件，在证据方面有欠缺的情况下，有办案部门从修复受损社会关系的角度出发，对此类证据有瑕疵的案件进行刑事和解，虽然结案效果较好，但可能增加出现冤错案件、量刑失衡的概率与风险。在刑事和解的执行标准上，缺乏统一的经济赔偿标准，导致同类案件的和解赔偿额出现较大差异。此外，检察机关对达成和解后的案件处理，何种情况下可以不起诉，何种情况下仍然提起公诉也标准不一，从而影响刑事和解适用的公平正当性。

3. 对庭前会议的功能、程序及效力的认识不统一

有的混淆了庭前会议与工作协调会的概念,有的对庭前会议内容把握不准,将庭前会议演变为庭前开庭。庭前会议的启动程序也不够规范,对在何种情形下应主动建议法院召开庭前会议的标准把握不准。庭前会议的效力不够明确,致使对庭前会议是否可以当场对可以解决的程序性事项做出裁决、双方达成合意的事项是否在庭审中具有约束力等问题认识不一,实践中有的庭前会议达成合意,庭审中又被推翻,反而降低了庭审效率。

(五)法律监督途径不够健全

1. 监督刚性有待加强

检察机关对办案违法行为监督属于事后监督,对公安机关、人民法院及其工作人员违法行为的法律责任问题缺少硬性规定,是否纠正及纠正幅度仍由相关单位自行处理,这些都可能导致监督效果不佳。

2. 监督方式有待丰富

检察机关对外主要的监督手段是检察建议或纠正违法通知,对内监督则因无法发纠正违法通知而缺少相应手段,采用何种形式进行纠正需进一步研究。

3. 监督措施有待细化

检察机关在律师接待工作中,发现律师违法违规执业的情形时有发生,但由于缺乏相应的惩戒措施,检察机关无法对其进行直接的惩戒监督,只能通过向司法局、律协等部门发出建议的方式进行监督,而这些部门的惩戒机制力度等也相对薄弱,造成律师违法违规执业成本较低,给检察机关依法保障当事人合法权益带来影响。

(六)衔接配合机制需要加强

1. 内部衔接不够紧密

如对羁押必要性审查的界定和适用,新刑诉法仅规定检察机关为开展羁押必要性审查的主体,但对具体审查部门、审查期限、审查方式、羁押必要性的标准以及变更强制措施后的执行程序方面未做规定;在监督措施方面不够得力,变更羁押措施的决定定位于"建议权",缺乏内部监督制约机制,也未涉

及有关机关不采纳建议的后果；文书格式不统一，有"取保候审申请书"、"变更强制措施申请书"等多种，对羁押必要性审查的证据材料范围和要求还不够明确，缺乏统一的适用标准和尺度。加上沟通衔接不够及时，导致各部门对羁押必要性审查工作在实践中具体开展的认识不统一，进而产生不同做法。

2. 外部协调途径不畅

如在指定居所监视居住适用方面，缺少公安机关、法院决定执行活动如何主动接受检察机关监督的具体规定，这导致检察机关知情途径不畅，无法及时准确掌握有关信息，监督工作滞后；在监督的具体审查方式以及监督效力等方面也需要进一步明确。又如在律师会见方面，由于缺少律师接受委托后通知检察机关的具体规定，2013年以来上海检察机关采取拘留、逮捕措施的普通职务犯罪案件中，近30%的案件律师接受委托后未告知检察机关，检察机关难以及时了解掌握律师会见等活动情况，无法履行相关告知义务和开展听取辩护人意见工作，也不能及时发现和纠正律师的违法行为。

五 贯彻落实好新刑诉法的若干思考

一部法律能否实现其立法本意，关键在于"执行"，刑事诉讼法也不例外。新法能否真正落实，不仅关系着法律本身的严肃性，更关系着法治建设的长远发展。

（一）更新执法理念，规范执法行为

"法令行则国治，法令弛则国乱。"而法令之行，在于执法者，如果执法者的理念存在问题，就不可能有公正、廉洁、高效的执法行为，新刑诉法的正确贯彻和实施，要求检察人员必须彻底更新执法理念，更好地推进诉讼民主、诉讼文明、诉讼公开和诉讼监督制约。要进一步强化法律监督理念，依法强化诉讼监督，不断拓宽监督途径，健全完善监督机制，保障法律正确统一实施；要进一步强化人权保障理念，要克服"重惩罚轻保障"的观念，做到打击犯罪与保障人权并重，切实维护诉讼参与人的合法权益；要进一步强化依法行使权力理念，加强检察执法规范化建设；要进一步强化执法为民理念，在执法活

动中要怀亲民之心，办便民之事，行利民之举，展示公正、文明的检察官形象，取信于民。推动诉讼公开、民主、文明，树立良好执法形象。

（二）转变执法方式，提升检察公信力

检察机关应当以"法律守护人"的角色，履行指控犯罪、监督诉讼的职责，不能单纯追求胜诉和有罪判决。要转变执法模式，提高执法水平，提高运用现代化侦查装备和信息技术的能力，重线索管理和初查，加快推进职务犯罪侦查工作由粗放式、强攻型办案向精细化、智取型办案转变；要拓展执法领域，延伸工作职能，加强对滥用强制措施、侵犯诉讼权利等执法行为的审查监督；加强刑事和解、检察救助、跟踪帮教等工作，充分运用释法说理、精神安抚、教育引导、物质帮助等手段，不断延伸工作职能，推进检力下沉，化解社会矛盾，实现执法效果的最大化；要提升执法层次，保证办案质量，将办案质量的要求落实到具体实践中，监督检察干警严格执行执法办案的制度规定，严谨细致地办理好每一件案件，动态监督和全程管理相结合，确保案件质量。

（三）明确相关规定，确保法律统一

1. 明确职务犯罪侦查有关规定

进一步明确技术侦查措施的范畴和种类，明确技术侦查与侦查技术的区别，使办案人员在严格依法规范使用技侦措施的同时，提高办案能力和效率。进一步明确"以事立案"的地位和操作规范。使以事立案案件的合法性不受质疑。

2. 明确非法证据排除规定

明确"应当予以补正或者做出合理解释"所要达到的有效条件，可以是积极条件或者消极条件，从而使得非法证据真正得以排除。明确规定合法搜查的手段，更加清楚地规定搜查方式是否合法，从而有效地弥补非法证据排除规则在具体界定非法证据时存在的过于抽象、原则和不具可操作性等功能性缺陷，进一步加强检察机关法律监督作用。建立和完善对非法取证行为的惩戒制度，对公安、司法人员以刑事诉讼禁止的取证方式收集证据的法律责任做出明确规定，包括刑事责任、行政责任和民事责任，对其他相关违反取证人员进行

制裁。

3. 明确强制医疗的相关规定

扩大强制医疗程序的适用对象范围，强制医疗程序的适用对象应该涵盖限制刑事责任能力的精神障碍者、无受审能力的精神障碍者以及服刑期间罹患精神障碍者。明确"不具有人身危险性"的标准，要明确强制医疗的期限及该期限与被强制医疗人员所实施行为社会危害性的关系，明确解除强制医疗后如家属未严加看管和医疗致其再次危害社会应承担的责任，避免家属为免去医疗负担而更疏于监管和治疗。拓宽精神病鉴定启动权主体范围，将刑事强制医疗的鉴定启动主体范围拓展到检察院、被害人、犯罪嫌疑人、被告人及其法定代理人，明确保障被害人在诉讼环节的合法权益。

（四）完善工作细则，健全相关制度

1. 细化指定居所监视居住实施规定

建立指定居所监视居住案件向检察机关备案及案件跟踪制度，决定机关在做出指定居所监视居住的决定之日起 3 日内向检察机关报送有关的法律文书，执行机关应定期告知检察机关相应的执行情况，在变更、解除、撤销该强制措施时之日起 3 日内向检察机关报送有关的法律文书。同时，检察机关应积极行使监督权，通过案件跟踪机制了解情况。

2. 完善庭前会议制度

明确庭前会议的运行程序，具体包括提起主体、提起方式、会议召集人和主持人、被告人参加的原则、会议召开地点的确立、会议议程及庭前会议适用案件范围等。明确庭前会议的解决事项及法律效力，控辩双方在没有新情况或新证据的情况下，不能对庭前裁定事项和经庭前会议确认的无异议实质问题提出异议，以保证庭审持续进行。

3. 规范刑事和解工作

明确案件范围，进一步明确"民间纠纷"的范围、过失犯罪适用刑事和解的政策要求和"五年内故意犯罪"的判断标准。明确案件移送，在侦查阶段达成刑事和解协议的案件，应依法移送检察机关并由其对和解的自愿性、合法性进行审查。明确案件效力，形成刑事和解与不起诉的衔接机制，达成刑事

和解后依法需要不起诉的案件，应监督和解协议的履行，待赔偿后再宣布不起诉决定，防止因对和解赔偿的反悔造成被动。明确案件程序，在侦查或检察阶段自愿达成和解协议的，可根据案件情况起诉法院依法从轻判决；对法院阶段达成和解的，应当由法院依法从宽处理，检察机关不应因和解而撤回起诉。

（五）加强内外协作，合力应对挑战

1. 加强检察机关内部各部门间的沟通衔接

各部门要紧密协作、信息互通、优势互补，形成整体合力，提高工作效率。要明确羁押必要性审查主体和归口办理，统一执法标准，确保审查客观公正。要对羁押必要性审查的内容、标准及具体程序予以统一，对犯罪嫌疑人的羁押的批准及该状态的延续，都应当以保证刑事诉讼的顺利进行，防止发生新的社会危险性为标准，相关部门需对各诉讼阶段的羁押必要性进行定期复查。

2. 加强与其他司法及行政部门的沟通配合

（1）建立检察机关与侦查机关、审判机关情况通报和问题协商制度。健全完善对证人、鉴定人出庭的安全保护配套措施及经济保障，加强配合出庭作证补贴，提高其出庭积极性。建立侦查人员出庭机制，协助公安机关进一步做好侦查人员出庭培训。

（2）建立律师接受委托后的登记、备案制度。明确律师在接受委托后需要向相应部门进行登记备案，便于及时开展权利义务告知及听取辩护人意见等工作。

（3）建立健全轻微刑事案件快速办理机制。"侦、捕、诉、审"各环节要相互衔接，协调联动，通过召开联席会、座谈会、研讨会等形式，解决快速办理轻微刑事案件中涉及的法律问题、程序性操作问题以及其他问题，力求消除分歧，达成共识，开通办理轻微刑事案件的"绿色通道"。

3. 加强与人民团体和社会组织的沟通协调

要进一步规范合适成年人到场工作，确保合适成年人到场的相关规定落到实处，制定符合实际工作需要的费用标准，逐步建立经费保障机制，实现本地区公安、检察、审判机关在费用标准和支付形式上的统一。要广泛开拓帮教资源，严格落实帮教措施，为落实涉罪未成年人社会观护争取更多的社会资源，

为来沪"三无"涉罪未成年人提供观护帮教条件，为强制医疗人员治愈出院后的监护、生活、就业等问题提供社会支持和帮助。

（六）强化队伍建设，提升监督水平

1. 强化组织领导

为确保学习贯彻新刑诉法工作扎实有效推进，必须切实强化对贯彻实施新刑诉法的组织领导，确保统筹安排到位，对思想认识、专项培训、机构完善、机制创新、人员调配、组织保障等方面工作做出统一专门部署。

2. 强化业务指导

要有效发挥实际部门的业务指导作用，对新刑诉法实施过程中出现的新情况、新问题及时组织开展调研，帮助解决突出问题；及时选编、发布典型案例，开展案件讲评、听庭评议，切实规范执法办案行为、强化业务工作指导。

3. 强化队伍素能

要加强检察人员力量，充分挖掘队伍潜能，通过内部细化工作分工，建立合理的人员梯队培养计划，科学整合资源。要经常性开展相关业务培训，采用"请进来"和"走出去"相结合的培训方式，不断拓宽检察干警的监督视野和提高纠错敏感度。定期进行业务能力和法律文书质量的竞赛与评比，不断促进检察干警的学习积极性和主动性，提高办案人员的释法说理能力和文书制作水平，打造一支专业基础扎实、年龄结构合理、专业方向突出、能力素质全面的检察队伍。

4. 强化制度管理

要进一步完善案件管理制度，加强案件管理信息化，做到案件受理、移送、审结信息统一录入，加强案件办理的程序监管、法律文书监管和涉案款物监管，加强执法重点环节的监督制约和质量监管，消除新刑诉法实施的体制机制障碍。要完善执法办案考评体系，坚持以质量和效果为导向，科学统筹检察办案数量、质量与效果、公正与效率等关系，切实解决片面追求立案数、批捕率、起诉率等问题。健全错案追究制度，严格错案的责任追究，防止错案发生，促进办案人员严格、公正、廉洁、文明执法。

B.12 上海政务诚信制度建设研究*

王 丹 刘哲昕**

摘　要： 目前上海政务诚信整体状况较好，但依然存在民众对政府行为和评价的参与水平较低、重大领域信息公开程度低、政务诚信的惩罚和纠错机制欠缺、权利救济困难等问题。加强上海政务诚信建设，应该引入"信任民主"加强民主建设，构建完整的政务诚信评价、考核、惩戒制度，同时加大信息公开力度，完善监督约束机制。

关键词： 政务诚信　信息公开　信任民主

政务诚信是指实施政务活动的主体在政务活动中真实而不虚假，履行以口头或书面形式与社会公众约定的诺言而不失信用。政务诚信是商务诚信、社会信用的前提和基础，决定着整个国家的信用状况和竞争力。当前我国正处在全面推进法治中国建设的关键时期，法治建设的文化土壤、执法理念、法治理念和精神依然较为欠缺，许多领导干部缺乏契约意识和法治精神，往往出现虚假承诺、随意变更行政行为的现象，使部分公民的私权利受到侵害，政务诚信的状况令人担忧。在上海开展新一轮的改革创新的大背景下，以中国（上海）自由贸易试验区为代表的先行先试的改革举措必然会挑战一大批原有的法律制度和行政规章，如何在法治的框架之下突破原有的制度阻碍，顺利推行改革？

---

* 本文是2013年度上海市政府咨询课题法制专项"政务诚信制度建设研究"的部分成果。
** 王丹，中国浦东干部学院法律与人文综合教研部副教授；刘哲昕，中国浦东干部学院法律与人文综合教研部主任。

如何在实现全面深化改革目标的同时，不损害公民的私权利，维护乃至提升政府的公信力？在改革与稳定的目标面前，信任是永恒坚实的基础，政务诚信状况的改善可以有效提升党和政府的政治合法性和施政可信度，大大降低治理的难度。提升政务诚信建设，是确保改革目标顺利实现和维护国家社会长治久安的重要前提和保障。

一 全国和上海地区政务诚信建设的现状

（一）全国政务诚信总体情况的问卷调查

中国浦东干部学院是一所国家级干部培训学院，学员来自全国各地，以中央机关和地方政府的厅局级、县处级干部为主。针对"加强政务诚信制度建设"这样一个当前政府治理和社会管理的热点难点问题，我们对138名来自全国各地的厅局级（86名）和正处级（52名）干部进行了问卷调查。共计发放调查问卷138份，回收132份，调查普及率达到95.6%。以下图1至图8是部分题目问卷调查汇总分析的结果。

从图1至图8可以看出，大部分领导干部认为在政务诚信、社会诚信、商务诚信、司法公信中，政务诚信对整个国家的诚信体系建设起着基础性和决定性的作用。政务诚信的缺失，主要原因在于政务行为不规范、运行程序不透

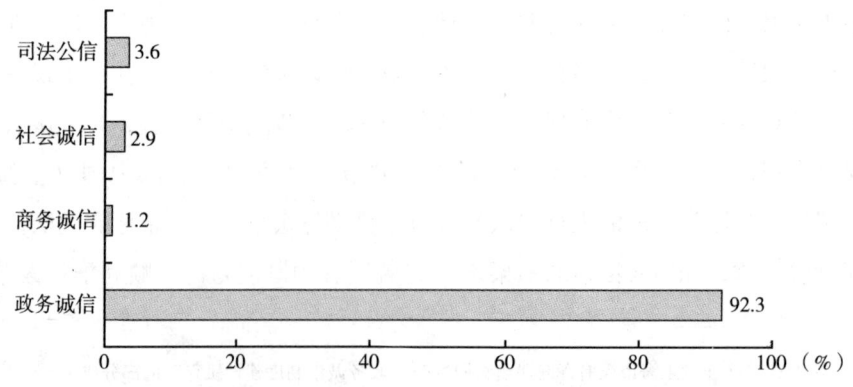

图1 对整个国家的诚信体系起到基础性和决定性作用的诚信

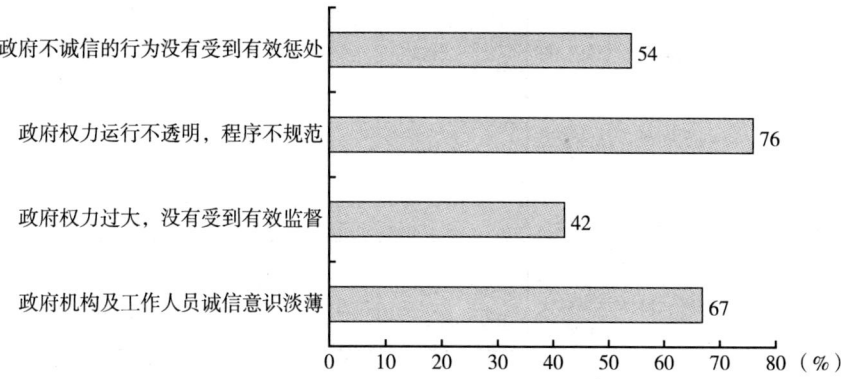

图 2　目前政务诚信缺失的主要原因

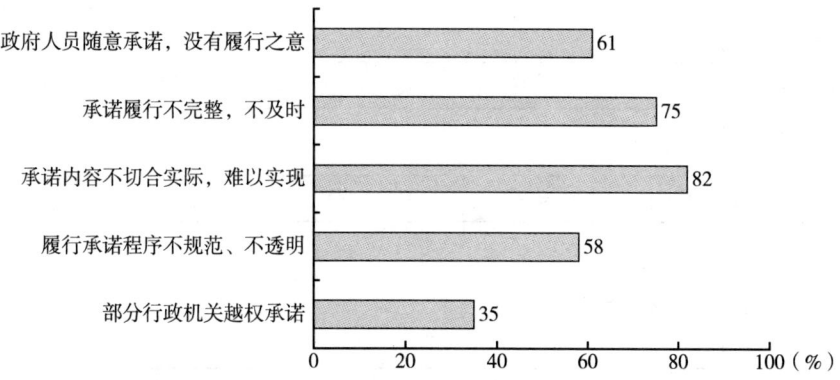

图 3　目前政务诚信缺失的主要表现

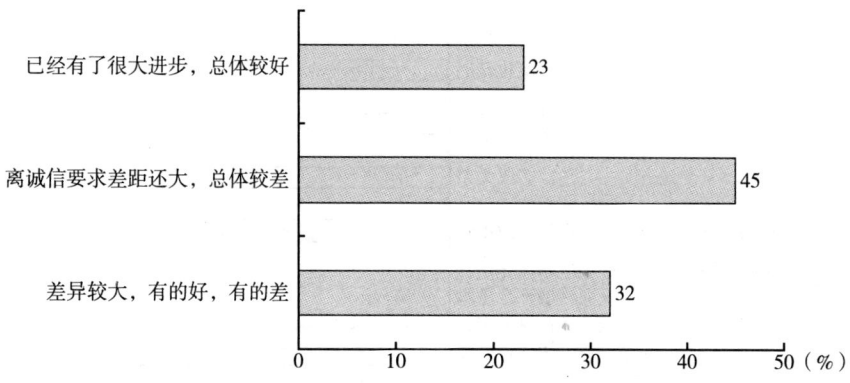

图 4　当前我国行政机关人员的诚信意识

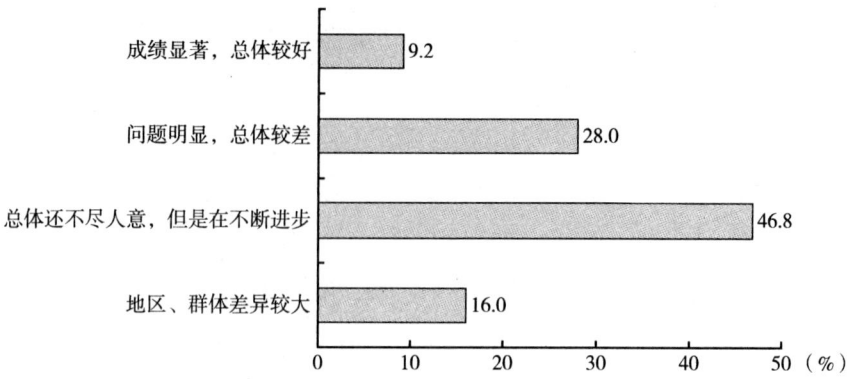

图 5　对我国目前政务诚信状况的总体评价

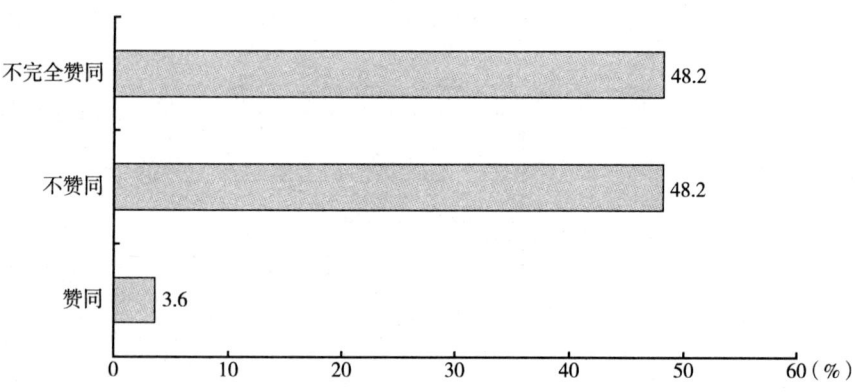

图 6　是否赞同"违法主要发生在基层"的观点

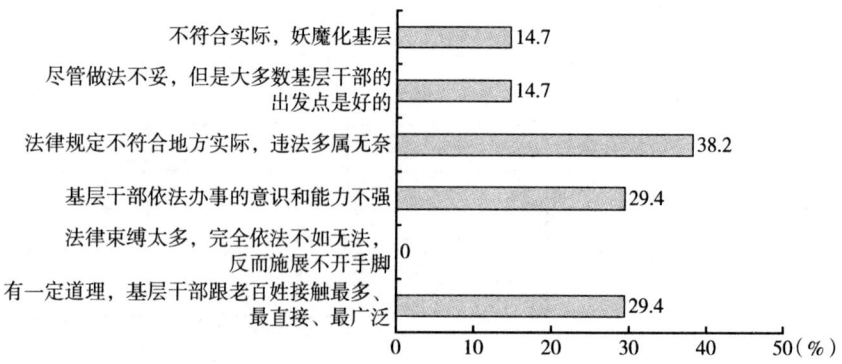

图 7　对"违法主要发生在基层"的看法

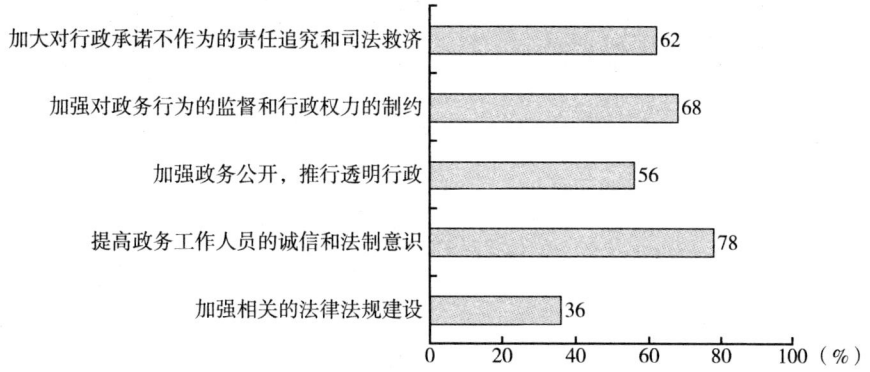

图 8　提高政务诚信的主要途径

明、政务信息不公开及政务工作人员诚信和法治意识淡薄；主要表现在政务承诺内容不切合实际，从而导致根本无法践诺，或者没有及时、完整履行承诺。对于目前我国政务诚信的总体状况和政务工作人员的诚信意识，大部分领导干部都认为总体水平较差，而且存在一定的地区和群体差异，需要提升的空间也很大。对于基层政府存在的一些行政承诺不作为或者是违法的行为，大部分领导干部认为这种说法有失偏颇，部分领导认为与当地的制度规范不够合理以及领导干部的诚信法治意识差有关。对于提高政务诚信的主要路径，大部分领导认为提高政务工作人员的诚信意识和法治思维非常重要，同时要加强对行政行为的监督和行政权力的有效制约，加强政务公开和信息透明度，并加大对行政承诺不作为的责任追究和司法救济。

（二）上海政务诚信情况的现状及问卷分析

为了对上海市政务诚信状况进行更有针对性的调查研究，我们对来自全国各地的领导干部的调查问卷设置了有关对上海政务诚信的评价题目，并征集了包括上海部分区县领导干部和基层党员干部、普通市民群众、专家学者、新闻工作者、外地在沪学生、来沪务工人员和私营企业主在内的 360 多人对近年来上海市政务诚信状况的意见、看法和相关建议，对近年来上海市政务诚信的状况进行了综合评价与剖析。

综合涵盖社会各地区、各行业和各阶层的调研结果来看，大家普遍反映，上海的政务诚信状况总体较好，重视法治建设，政府工作流程规范，办事效率较高，政府推动社会诚信体系建设卓有成效，公务员总体素质水平较高，主流积极向上，为上海改革发展和现代化建设做出了积极贡献。政务诚信水平高也使上海的城市竞争力多年来在全国范围内一直名列前茅。根据课题组发放回收的356份有效问卷调查结果来看，认为上海市政务诚信状况总体上"很好"或"比较好"的分别为15.6%和51.2%，合计占66.8%，只有不到6%的人认为上海政务诚信状况"比较差"或"很差"。在政务诚信选项的具体评价上，上海市政府机关和工作人员在办事公开、流程规范、尊重社情民意、注重效率及民主法治意识等方面也都得到了较高的评价。同时，各方面也认为，在当前上海政务诚信建设领域依然突出存在以下问题。

（1）行政承诺设定与变更过程民众参与率较低。调查问卷反映出，16.3%和62.7%的受调查者认为民众对关涉民生问题的行政决定、行政许可制定和变更的参与程度"很低"或"比较低"，占到了总数的79%。只有17%和4%的受访者认为民众的参与程度"较高"或"很高"。在具体的调研过程中，我们发现，很多受访对象认为，政府对一些关系民生的实际问题，比如马路市场整治、房屋拆迁、非机动车管理等问题的规章制度和行政决定制定以及变更过程不够透明公开，举办听证会的次数和参与率较低，也没有深入基层主动了解民众的想法和愿望，结果往往是政府机关单位单方面说了算，民众意见听取不够充分。部分民众反映，即使向有关部门反映需求后，也没有得到政府机关的主动响应和积极解决，而是寻找各种借口搪塞躲避，回避矛盾。

（2）关涉重大利益的相关领域政务信息公开程度低。问卷调查显示，在关涉重大利益的相关领域如招标、建筑工程、土地交易、产权交易、政府采购、医药购销、资金监管等，政务信息公开程度不高，有36.7%和58.2%的人认为在这些重点领域政务信息公开程度"很低"或者"比较低"，占到总数的94.9%。大多数调研对象认为，政府很多部门在主动公开信息方面存在避重就轻的现象，往往对一些行政许可等管理类的信息公开较多，而在与利益相关的重大领域，政府主动公开信息较少。而且在这些领域，政府与民间在信息公开的具体范围方面往往存在较大争议，并导致依申请公开的参与率和回复率都较低。在政务信息公开的领域监督、制约和评价机制都相对缺乏，导致公权力的行使缺乏有效监督，存在较大漏洞，民众的知情权也难以得到有效保护。

（3）因行政承诺的变更而导致的权益受损难以得到有效救济。调查结果显示，由于行政计划、行政许可等的出台和变更，分别有13.2%和38.6%的受访者认为他们的权益"很难"或者"比较难"得到有效的救济，占到了总数的一半以上。部分受访者认为，政府在出台关涉民生的一些行政命令时，缺乏有效的事先沟通，政策出台后缓冲期较短，权利救济渠道欠缺，因而往往容易出现权益受损的现象。如在某区的马路市场治理过程中，该区域的商贩已经在5年前得到了该区域允许摆摊的行政许可，而且连续多年向工商部门缴纳管理费，但由于在全市城区规划和市容整治的活动中，该区域马路市场被突然叫停，导致大批商贩存留的大量货品无法销售，不得不面临再次寻求换区域违规设摊的风险。

（4）政务诚信的惩罚和纠错机制较为欠缺。问卷调查显示，68.6%的受访者认为目前政府系统缺乏对政务诚信的有效监督、制约、惩罚和纠错机制。由于政府对行政计划、行政许可的制定和变更具有主导性，加之缺乏有效的监督和制约机制，在政务诚信领域出现问题，往往纠错比较困难，民众的维权渠道和方式非常有限，更勿论对政务失信行为的惩罚。虽然《行政许可法》、《行政诉讼法》等有相关的规定，但群众普遍反映维权成本太高，追究政府责任较难。缺乏有效的监督、惩罚机制，导致政务失信的成本极低而纠错成本极高，往往容易产生恶性循环。久而久之，政府的诚信、领导干部在老百姓心目中的形象越来越差，从而使得整个社会的诚信状况每况愈下。

（5）领导干部消极不作为，对行政承诺推诿拖延。问卷调查显示，有高达30.2%的人认为上海领导干部"不尽职责、工作敷衍"。尤其是在上海"社保资金案"以后，一部分上海的领导干部心态发生了消极变化，主要表现为敷衍塞责、等待观望、不求有功，但求无过。不少领导干部抱着"按部就班无风险、敢闯敢试有代价"的心态，没有明文规定的不做，上级领导没有签字的不做，有风险的、要担责任的不做，遇到矛盾绕着走，一律不表态、不吭声。这样消极不作为的后果是很多领域原有的行政承诺无法有效履行，造成推诿扯皮，给政务诚信带来影响。例如有基层领导反映，他们有的项目土地征了，拆迁也基本结束了，现在却没有下文了，找相关的委办局都是相互推诿，区领导也没有最后决定，项目只好停在那里，不但影响了经济发展，还积累了大量的社会矛盾。虽然，上海2013年6月份颁布了《关于促进改革创新的决定》，但是受访的大部分领导干部和基层群众都认为这样的决定要落到实处，必须有相应的配套机制和法治保障，必须进一步调动领导干部的活力和积极性，上海的改革创新才能真正取得实效。

二 上海政务诚信缺失的主要原因

（一）契约精神的欠缺和传统伦理道德的松弛是政务诚信缺失的思想根源

如前所述，行政承诺的存在是政务诚信的前提，而承诺的本质在一定意义上就是契约。政务活动的主体在做出承诺时，就是在实行一项订约或履约的行为。契约精神是西方社会长期发育出来的一种社会主流精神，这种精神的发达奠定了西方社会的商业诚信和政治诚信体系，从而直接推动了市场经济和民主政治的发育和发展。相反，在我国传统诚信观中，诚信基本是一种人身信任，而契约信任观念缺乏。以家族血缘为核心的社会关系和"家天下"的社会结构，加之社会生活范围的相对固定，社会交往空间的相对局限，使得诚信是以道德为支撑，根植于人与人之间相互信任的土壤之中，不需要契约信任的约束，甚至以此为耻。然而，当前我国社会，虽然血缘关系在一定范围、一定程度上还在发生作用，但是人们交往的对象日益复杂，交往的范围日益宽广，契约关系已经或正在代替身份关系，传统的、依靠血缘亲情与伦理道德维系的人身信任，变得越来越脆弱。尤其在政府公共服务领域，直接的血缘和身份关系已经消失，公务人员的承诺和践诺行为将直接影响政府在人民心中的形象。

（二）领导干部选拔任用和考核机制落后，导致公务人员"只唯上不唯下"，随意承诺和无法践诺的情况十分突出

突出表现在大量存在以委任制替代选举制或者名义是选举、真正是委任的情况，产生的后果是：第一，削弱了人民群众在干部选拔任用中的话语权。群众对干部选拔任用的知情权、参与权、选择权和监督权被普遍"虚置"，即使

在干部考察中征求群众意见，其广泛性、真实性也难以得到保证。同时，在委任制比较普遍的情况下，群众的选举结果往往得不到应有的重视和尊重，选举产生的领导干部，在任期内被随意调动的现象十分普遍，比如上海有的区10年换了5任书记、5任区长。这导致大量前任领导在任时所做出的承诺无法得到有效的兑现。第二，在委任制的情况下，领导干部的晋升路径往往是"搞定一群人不如搞定一个人"，导致一些领导干部不断强化对上负责的意识，随时根据上级的意思和决定随意变更或撤销原有的承诺，无视民意，罔顾民生。第三，缺乏领导干部政绩考核的科学评价体系，尤其是缺乏相关行政承诺践诺情况的评估体系，导致众多领导干部和公务人员淡化践诺意识，无视诚信责任。

（三）相关的政务诚信法律体系不完善使政务诚信建设缺乏有效的制度保障

目前我国政务诚信有关的法律制度是粗线条的、模糊的，多数规定仅从原则上对政务诚信加以确认，没有实体程序做保障，更没有形成一个完整的政务诚信法律体系，造成了政府的行政裁量权过大，政府的行为随着官员的更换而变更。同时也缺乏必要的惩罚机制，大量失信行为的惩罚缺少法律依据，守信行为得不到鼓励，造成政府"失信成本低，守信成本高"的困境。主要表现在：一是政务诚信有关的法律体系不够完整，立法漏洞比较明显。目前，我国尚未出台一部针对政务诚信的专项法律来规范政府的行为，如《政府信用法》、《公平信用报告法》等，以突出政府必须守信利民的行政理念，并有效遏制和惩戒政务诚信缺失行为。二是政务诚信缺失的责任主体不明，一些性质特别严重、影响特别恶劣的政务诚信缺失事件的责任追究，只有在上级领导的重视和推动下才得以顺利进行，不少本应追究法律责任的政务诚信缺失案件则不了了之，严重削弱了法律的效力。

（四）政府信息不公开透明，缺乏有效的监督制约机制，导致政务主体的失信行为无法及时纠正

虽然我国已经颁行了《政府信息公开条例》，但大部分政府机关"主动公开"、"全面公开"的意识还不够，公民申请公开的力度有限，司法保障体系不

够健全，导致目前政务信息公开的主动权依然掌握在政府手里，政务信息未能全面、及时、有效公开，人民对政府行为的知情权和参与权没有得到保障。比如，政府在年初向社会公众公布的十大民生工程，到年末很少有公众能够来核实政府的履约践诺状况。同时，政府工作中的一些规则和手续不够明晰，某些程序存在较大的灰色空间，这些都会导致政府与人民之间的信息不对称和人民对政府的不信任。目前，在维持政务诚信方面，很大程度上都是依靠政府官员的自觉，缺少有力的外部监督和倒逼，很难有效约束政府行为。尽管我国设立了很多监督行政权力的制度，但有些监督制度本身缺乏可操作性，有些监督制度又常常做不到位，导致行政权力监督不力，政府失信违约甚至腐败违法的行为无可避免。

三　加强上海政务诚信制度建设的思路和路径

我们认为，政务诚信缺失的根源主要在三个层面：干部任免机制缺乏民众自下而上的制约与倒逼，政府工作机制缺乏规范健全的制度保障，监督约束机制缺乏透明和有效的操作路径。即民主建设、法治建设和监督机制三个层面都需要完善。民主建设是底线，政府的工作应该由人民来评判，要让民众有合法常规的渠道表达意见和诉求；法治建设是保障，能够有效规范政府的权力界限和行为的合法性；监督机制是防火墙，能够有效预防和控制政府失信行为的产生。遵循这样的思路，我们希望通过引入长期以来对中国民主法治的一些创新性研究，来为中国尤其是上海的政务诚信制度建设提供一些思路和建议，希望能够为上海乃至全国的深化改革、提升政务诚信、推进民主法治建设尽一份绵薄之力。

（一）民主建设：创新干部任用和考核机制，推行"信任民主"，加强民众自下而上的监督与倒逼

1. "信任民主"制度的内涵[①]

"信任民主"是中国浦东干部学院法律与人文综合教研部刘哲昕教授在多

[①] 关于"信任民主"的详细介绍，参见刘哲昕《文明与法治：寻找一条通往未来的路》，上海人民出版社，2010，第1版；法律出版社，2014，第3版。刘哲昕：《精英与平民：中国人的民主生活》，法律出版社，2014。

年的教学与实践活动中,认真研究所得出的一种加强民众自下而上监督与权力制约的新型民主方式。其核心观点就是：在保留自上而下的任命权的同时,赋予人民群众自下而上的否决权,方法是对任期过半的政务官进行中期信任投票,不信任即罢免。

"信任民主"最基本的内涵就是"任命权"+"否决权"——任命权自上而下,否决权自下而上；这种构想的提出,是为中国这个"天下国家"量身定制的。中国这个"天下国家"具有多样性且十分复杂,离心力很大,因此必须在正式的制度安排中保持强大的向心力与之抗衡；同时为了保证政治向心力不被滥用,就必须赋予人民一定的权力以供抗衡,罢免不称职官员的否决权无疑可以帮助人民建立起这样的底线防守。在这种理论构想中,官员的任命权是被一分为二的,政治核心掌握任命权,人民群众掌握罢免权（否决权）。正如约翰·奈斯比特在《中国大趋势——新社会的八大支柱》中所提出的一样,中国特色的民主不同于西方,这是一种自上而下与自下而上相结合的"纵向民主",从而区别于西方的"横向民主"。"信任民主"就是一种"纵向民主",它的本意就是希望在自上而下和自下而上之间建立起一种有益和有效地均衡。之所以需要自上而下,那是因为一个"天下国家"天然需要一个强大的政治核心和强大的政治向心力；之所以需要自下而上,那是因为任何政治核心和政治向心力都必须接受人民群众的有力监督和有效制约。

作为一种旨在加强自下而上监督和制约力量的"信任民主"概念的提出也许只是中国浦东干部学院研究者近年来研究的成果,但是这种模式的内涵早已经过了中国几十年来改革开放的实践论证。就像引发中国改革开放的那一纸"大包干契约",不就是30多年前在中国的一个偏远村庄中18位农民在一夜之间提出的改变中国的农业政策——从集体农场到个体耕种吗？从农业迈出第一步起,中国自下而上的力量一直在持续壮大,而且还将继续壮大。这样一个自上而下与自下而上力量相互作用的体系的目标就是建立一个以信任为基础的体系：政府信任人民,人民也信任政府。这一模式适合中国历史、中国人思维以及对和谐稳定社会的追求。近年来,在中国部分地区,也已经开始了这种民主试验。四川和湖北的200多个乡镇正在进行党委书记选举试点。龙兴镇党委书记陈国华就是重庆市第一位直选党委书记,他承诺在3年内使当地GDP翻两番,从而以压倒性优势当选。但是他必须接受每年一次的征集评估。如果遭到1/3以上的人民的质疑,他就会被解职。政治家可以自上而下设立实现目标的框架,但是判断权在人民手中。[①] 从目前全国各地都正在进行的群众路线教育实践活动而言,实际上是将群众路线不仅仅纳入政府的日常工作行为之中,更向前端和终端延伸,与政府官员的任用和考核挂钩,从而对其工作态度和工作行为产生有效的监督和倒逼作用。

"信任民主"的提出,实际上是为了避免长期以来在官员任命和政府行政中存在的"只唯上,不唯下""只听领导要求,不对群众负责"的现象,而这正是导致目前政务诚信缺失的重要体制性根源。因此,若想从体制上对提升政务诚信进行重要改革,就必须对官员的任免机制进行根本改变,将人民群众自下而上的监督和制约权力实实在在落到实处,从而对政务工作人员的行为进行有效的约束。

2. "信任民主"纳入上海政务诚信考核体系的制度路径

将"信任民主"纳入政务诚信制度体系,主要体现在让民众对政务活动与承诺有关的行为的践诺情况进行评估,并将这种评估结果与政府官员和工作人员的履职结果进行挂钩,产生类似于政务工作人员绩效评估和考核任用结果,从而对规范政务工作人员的承诺行为、践诺行为、工作态度、履职情况形成有效的倒逼机制。上海若要实现这一目标,需要注意以下问题。

(1) 以改革人大制度为切入点,将针对领导的"信任民主"与针对普通政务人员的"民主考核"有效结合。从改革的切入点来看,党的十八届三中全会通过的《关于全面深化改革若干重大问题的决定》中指出:要"推动人民代表大会制度与时俱进",人民代表是最直接代表人民利益的群体,因此我们认为,上海以人大改革为契机,建立人大代表中期信任投票机制,通过就继续担任,不通过就被罢免,倒逼人大代表对民众负责。从改革的方式来看,应注意"信任民主"是与"选举民主"相提并论的替代性方案,因此它主要是针对各级政务官而言,而非针对各种公务员。因为信任民主的成本和效率决定

[①] 〔美〕约翰·奈斯比特、〔德〕多丽丝·奈斯比特:《中国大趋势——新社会的八大支柱》,魏平译,中华工商联合出版社,2009,第58~60页。

了它应该主要限制那些具有较大权力、对政府工作产生较大影响的政府官员。在目前我国"官"、"吏"没有完全分开的情况下,就必须要实现对领导干部的"信任民主"和对普通政务工作人员的"民主考核"机制有效统一。以"信任民主"倒逼那些掌握政府重要权力的领导,让他们在具体的对待地区和部门的工作中必须要眼睛朝下看百姓,必须要关注百姓的具体诉求,必须规范自身部门的工作行为和程序,积极认真履行对百姓的承诺,提升百姓对政府部门的信任感,从而赢得继续留任或提拔的机会。通过"民主考核",规范那些普通政务工作人员的行为,让他们不仅向上对领导负责,也向下尊重百姓的权利和合理要求,这样才能在民主考核中获得支持。"信任民主"与"民主考核"的有效结合,能够形成一个"自上而下"与"自下而上"、"任用"与"罢免"(考核)有机统一的良性循环,确保那些尊重和保护民众权利、积极认真履行承诺的政务行为能够得到肯定和发扬,制约和打击那些忽视民众诉求、随意承诺和不认真践诺的行为,从而有效提升政务工作的效率,改进政务诚信,提升政府形象。

(2)设计上海政务诚信指标体系,作为"信任民主"制度体系的有机组成部分。上海若要建设成为一个民主法治的城市,政务诚信的状况与官员的任用情况应该紧密结合。凡是那些注重保护民众权利、认真对公众承诺和践诺的官员应该得到任用的支持;凡是那些忽视民众诉求、对公众随意践诺和不认真履行承诺的官员应该得到惩罚。为此,要创建上海政务诚信指标体系,将那些与承诺相关的政务工作行为进行具体分类,并对承诺、践诺的效率、效果进行科学有效的评估,尤其是要引进以公众作为评估主体,加大公众考核评估的意见权重。从这个意义上而言,政务诚信指标体系的考核情况是"信任民主"运作的重要基础,"信任民主"的运作结果是政务诚信状况的有效体现,从而会倒逼政府官员和政务工作人员更好地改善和提升政务诚信。

(二)法治建设:构建立体的、全方位的政务诚信评价、考核和惩戒体系

1. 建立有效的政务诚信评估机制

诚信评估对政府行为的规范起着重要的指引价值,为社会公众对政府的服

务质量评价提供了有效的渠道，为政府改进服务提供了有价值的信息与意见反馈。评估机制的建设应注意把握三点：第一，建立一套科学的评估指标体系。目前上海有对政府和公务员的评价体系，但是专门针对政务诚信的评价体系尚未建立。我们认为这套体系应该关注政府对公众行为的合理性、有效性、公正性、及时性等为评价指标，重点考核和评价政府在老百姓心目中的形象。第二，形成公众评价与上级评价相结合的评价机制。符合社会的需求、达到民众的满意是政务活动的前提和目标，为此必须提高公众评价的加权系数，将评估成为社会公众表达意志的一种方式。第三，建立有利于公众了解、监督和参与政府工作的渠道与机制。评估的真正目的是为了不断提高和改进政府服务大众的水平，不断贴近和满足社会与民众需要。通过评估，建立与公众参与沟通的渠道，不仅可以改善政府与公众的关系，而且可以使政府对社会的要求做出及时回应，这将有利于提高政府的信誉和诚信形象。

2. 建立奖励诚信惩戒失信制度

有效的惩戒措施是提高政务诚信的制度保障。除了按照公务员法的规定，对公务员突出的诚信行为进行奖励外，法律约束和失信惩罚两手都要硬起来，这是建立奖励诚信惩戒失信制度的关键，具体包括：一是建立健全诚信监督机制。监督的目的就是要防患于未然，使领导干部和工作人员在行动前，要考虑诚信问题。通过监督也可全面掌握公务员诚信的状况和信息，以便及时制约和调整。二是对失信严重行为要予以惩戒。建议修改《行政机关公务员处分条例》，完善政务失信责任追究制，加大行政问责力度。要严格把关，对失信严重的公务员实施道德、法律和经济上的惩罚，使有不良行为记录的人付出代价，甚至绳之以法；要对发生重大失信事件的地方实行责任追究，从根本上杜绝失信状况的再次发生。

（三）监督机制：加大信息公开力度，完善监督约束机制，有效控制政务失信行为

政务信息公开是监督政府行为、提升政务诚信的有效途径。上海作为全国开放度比较高的城市，在政务信息公开方面应该率先改革。首先，设立监督政务信息公开的专门机构。应该设立专门机构对政务信息公开的执行情况进行监督评价。这样的机构可以在人大设立,也可以授权第三方的民间团体,以增强机构的独立性和监督的有效性。其次,重点领域重点公开。应当进一步明确政府主动公开的信息的内容,避免"选择性公开"给政务诚信带来的损害。继续以招标、建筑工程、土地交易、产权交易、政府采购、医药购销、资金监管等作为重点领域,加强公共权力行使环节的诚信制度建设。最后,提升政务信息公开的方式和技巧。《政府信息公开条例》提供了主动公开和依申请公开两种形式。实践中,在主动公开方面,政府应该增强主动服务的理念,降低那些专门为督促政府履行主动公开义务而递交的信息公开申请,全面梳理需要主动公开的内容,该公开以及能公开的都公开;对那些民众经常申请的政府信息,虽然法律没有规定这些信息需要主动公开,但从服务角度,完全可以考虑将其改为主动公开信息,从而提升政府诚信形象。在依申请公开方面,应该主动加强与申请人的事前沟通和交流,增进双方的理解,进而避免不必要的信息公开纠纷;对那些可以公开的信息,不能不尽到搜索审查义务、没有明确申请人所申请信息的具体内容以及掩盖文件管理不规范怕遭尴尬而草率做出信息不存在答复;即使对那些不能公开的信息,也应该对各种应受保护的利益所造成的损害以及对公共利益影响角度充分进行衡量。对一些属于落入公开例外的政府信息,行政机关也可通过将摘要提供给申请人的变通方式予以解决。① 唯有如此,方能有效加强政府信息公开的力度,从而提升政务诚信建设的水平。

在规范行政权力和完善监督机制方面,上海可以从以下几个方面予以重点考虑:第一,建立和完善《行政许可法》的实施配套措施和方法,进一步规范行政许可行为。根据《行政许可法》精神设定行政许可办理和被行政许可活动检查等配套政府规章,研究和探索行政许可评估、相对集中行政许可权实施办法,进一步规范行政许可行为。可以在全市范围内引入上海自贸实验区的"负面清单"管理思路和模式,尽量减少行政审批和许可行为,减少不必要的政务承诺,规范政务行为。第二,加强监督,完善各种监督机制和途径。围绕政府工作的重点和群众关心的热点,组织开展行政监察和效能监察,进一步发

---

① Steve Price, *The Official Information Act 1982: A Window on Government or Curtains Drawn?* (Victoria: Victoria University of Wellington, 2005).

挥特邀监察员作用。特别提出要依法支持和保证群众监督，依法保障人民群众对党和国家机关及公务员的批评、建议、控告、检举等权利。畅通信访举报渠道，设立专门举报电话，推广网上举报，进一步健全受理群众举报的长效工作机制。重视和支持舆论监督，建立完善媒体批评报道收集反馈机制。同时应加快健全舆论监督的保障体系，制定保障群众监督的地方性法规，保护监督主体的正当监督权和人身安全。

B.13
2013年闵行区依法治区工作评估

李瑜青 张 玲*

摘 要: 本文以上海市闵行区2013年依法治区评估的数据报告为依据,就依法执政、依法行政、法律服务与法治宣传、基层民主建设、公正司法与法治监督等方面做了分析、评价,认为以民生问题为核心,以大联动机制、广泛调动的社会性法治力量等为抓手是2013依法治区工作的重要特点。

关键词: 闵行区 依法治区 评估实践

依据《全国法治城市、法治县(市、区)创建活动考核指导标准》、《上海法治城区建创活动评估体系(2012版)》和《闵行区2013年"依法治区"评估指标体系》、《中共闵行区委关于推进依法治区创建法治城区的意见》、《2013年闵行区依法治区工作要点》,参照"中国的法治建设白皮书(2013)"和党的十八大关于法治建设的精神与要求,在闵行区各相关部门自评估、人大代表和政协委员问卷调查、社会问卷调查和企业问卷调查,以及相关座谈会、访谈、网络新闻报道的基础上,华东理工大学法律社会学研究中心及上海市行政法制研究所联合作为第三方评估小组,对闵行区2013年依法治区工作推进情况进行了评估和分析,并形成评估报告。

---

* 李瑜青,华东理工大学法律社会学研究中心主任,教授,博士生导师;张玲,华东理工大学法律社会学研究中心助理研究员,博士研究生。

一 总体评价与工作特色

闵行区2013年依法治区工作在巩固和深化2012年成效的基础上,强化推进了年初计划所确定的重点项目和目标,基本上实现了法治工作的各项指标和要求。2013年3月,闵行区被全国普法办评为"全国法治县(市、区)创建活动先进单位"。从过程-事件视角来看,2013年闵行区"依法治区"工作的总体评价可以概括为:以法治思维为起点,确保党委、政府工作人员的职责履行;以民生问题为核心,开展法治重点工作;以大联动机制为载体,提高综合治理和应急管理能力;以信息公开为基础,助推党委、政府公信力建设;以公众参与为基点,广泛调动社会性法治力量;以新兴网络媒体为工具,开创法治建设信息化时代。以上六点环环相扣。

(一)以法治思维为起点,确保党委、政府工作人员的职责履行

首先,闵行区党委和政府十分重视干部队伍法律素质的培训,将法治教育、法治宣传作为党委和政府机关提升领导干部与基层工作人员法律素养的日常工作之一。除常规的内部培训外,闵行区还注重借助外部法律资源如法学专家的讲课,请律师做法律实务讲解等,提高最新修订或制定的法律法规及时性和有效性的了解;在干部提任中,将法律知识作为必考科目。其次,在法治工作思维的指导下,借助律师等法律人才的专业知识优势,有效应对社会矛盾和纠纷,提高矛盾纠纷解决的合法性和公正性。闵行区正通过以上两方面的努力确保党委和政府工作人员有效履行其职责,保障执政、行政、司法等工作在法治的轨道下稳定前行。这一特色符合党的十八大报告将法治思维纳入行动指南的要求,可以避免一部分官员依靠权力发号施令的习惯,有助于各党政机关用法治的眼光看待一切,以法治的方式定分止争,提升党政机关在人民群众中的形象。

(二)以民生问题为核心,开展依法治理重点工作

闵行区在法治建设中紧紧抓住民生这一核心,及时跟踪公众所面临的问题并充分发挥社会调查的重要作用。如面对流动人口聚居区——"城中村"问

题频发、有效管理难度大等现状,七宝镇的工作人员聚焦重点问题,不断发现问题、研究问题、解决问题,开创性地提出并执行"城中村智能化改造"工作,进行精细管理、有序控制,创新多元管理模式。如违章搭建往往存在着极大的安全隐患,违法占用农用地则对国家粮食安全形成威胁。为保障公众的人身安全和国家利益,浦江镇将法治重点工作确定在违法用地整治上,尤其是废品回收站、窝棚、木材堆场等"四违"整治。尽管在工作中也遇到不少阻力和困难,但其成效也是显著的。

(三)以大联动机制为载体,提高综合治理和应急管理能力

法治工作的重点之一是民生问题,而问题的解决需要机制与制度的支撑。闵行区首创的大联动机制在2012年已初步实现了各部门的整合与联动,2013年的大联动工作机制在之前的基础上得到了深化与拓展。2013闵行联动中心的重点工作是应急管理体系的完善,其重中之重则是"加强应急值守和信息报送工作"。通过《上海市实施〈中华人民共和国突发事件应对法〉办法》、《政府系统值守应急管理要求》等地方性法规,大联动的应急管理工作更具效力、规范。通报机制和考核机制等得以完善,有利于各部门有序开展通报和考核工作。这一特色体现了法治思维与民生问题导向的实践化成果。可以说,制度机制的创新驱动力来源于现实需求,机制的生成与完善及稳定的运行是对现实需求的有效回应,大联动机制的产生、发展即是例证。大联动机制实现了各部门的协同,体现了闵行区党委和政府具有较强的创新力与执行力。

(四)以公众参与为基点,广泛调动社会性法治力量

引导和推动最广大的群众参与法治建设,既包括村民、居民等普通群众,也包括人大代表、政协委员、新闻媒体、律师团队等。其中,不得不提的是广泛参与法治建设的律师队伍。律师所提供的法律服务既有政府主导下的,如"法律进机关"、"法律进企业"、"法律进工地"、"法律进楼宇"等项目,也有律师志愿者团队在开放政策的支持下,自觉地提供的服务,如"她保护"法律服务志愿者沙龙。而基层民主事务决策中公众的参与度也正逐渐得到提

高。这反映了闵行区政府在法治政府的建设中依照市场经济的规律，把一部分政府的权力委托于社会的相关部门，进行有限政府的建设。现实已经表明政府只能是"有限政府"，全能型政府已经不可能存在，法治国家的建设需要政府、企业、社会团体、个人等各方面力量协同发力。

（五）以新兴网络媒体为工具，开创法治建设信息化时代

闵行区的电子信息技术也已渗透到党委、政府法治建设工作的方方面面。从实践来看，政府部门能够第一时间应用网站、微博、QQ群、微信群等新兴网络信息技术，加大政策、政务等信息的公开力度。有助于公民实现知情权、监督权和表达权，进一步提高了党委政府的办事效率，增强民众信任度，加强了自身公信力。总而言之，闵行区在充分利用各类网络技术、开创法治建设信息化新时代的实践中已取得了诸多成就，实现了政府善治的新思路与新路径，反映了闵行区党委和政府能积极地适应时代的发展，在其工作中充满着创造力和活力。网络信息技术的发展是第三次科学浪潮的重要内容，党和政府的工作要借助这一科技载体，不断提升工作的效率和质量。

二 依法治区工作推进情况

（一）依法执政方面：干部选拔规范化、党内民主扩大化、基层决策民主化、民主决策机制化

1. 干部选拔规范化

闵行区区委及组织部高度重视干部的公开选拔，尤其是年轻干部的选拔和培养。在区公开竞职工作领导小组的领导下，在《党政领导干部选拔任用工作条例》和《闵行区关于加强竞争性选拔干部工作若干规定》等相关文件的规范下，开展了竞争性选拔处级干部工作，并对公开选拔职位、选拔范围、报名条件、选拔和录用程序等进行了明确规定。这一工作得到了区人大代表的认可，在访谈中部分人大代表表示闵行区对年轻干部的选拔培养机制已日益完善，以及特别重视年轻干部职业规划的制定、工作能力的提升以及法治意识的

培育。

2. 党内民主扩大化

闵行区积极深化党代会常任制,全区9个镇全面深化党代会常任制,在区卫生局党委开展常任制试点工作的基础上,2013年在区人保局、区教育局党委扩大委局党委常任制试点,建立健全党代表任期制、党代会年会制、党代表活动制。据不完全统计,2013年各单位共组织14位党委委员述职,安排19家基层党组织汇报工作,48名党代表就经济发展、党内民主、年轻干部培养选拔、干部队伍廉洁自律和作风建设等做了大会询问,同时以票决形式确立了11项重要议题和12项提案。①

3. 基层决策民主化

从调研所搜集的信息来看,在实践中,基层尤其是村一级决策的民主参与范围正在提升。"村民周周会"从马桥镇金星村的试点已扩展到全镇,这就是鲜活实例的证明。在实践中,村民的民主商讨从与村民的日常生活密切相关的事务着手,这是吸引村民积极参与的关键点。当然,从实践效果来看,村民个人意见对基层决策的影响力也正在提高,基层决策结果也更容易被广大村民所接受,进而有利于基层决策顺利、有效地执行。基层决策民主化更深一层的价值可归纳为"维持村共同意识",这是推动物质经济发展的重要精神内涵。

4. 民主决策机制化

基层决策民主化是法治建设对民主的要求,而民主决策机制化则是法治建设对法制的要求,前者的创新成果需要通过后者的政策法规来固化和保障。从党委组织部的自评报告中可以看到,闵行区基层党委不仅重视决策的实践探索,而且注重将实践经验制度化,以确保科学决策有规可循、有据可查。如在《关于完善基层党委决策机制保障权力公开透明运行的指导意见》中建立和规范了专题调研、专家咨询、专题听证、代表列席等10多项决策制度②。

---

① 数据参见《2013年闵行区委组织部依法治区工作项目总结》。
② 数据参见《2013年闵行区委组织部依法治区工作项目总结》。

（二）依法行政方面：行政决策民主化、行政执法规范化、执法监督常态化、政府信息公开化

1. 行政决策民主化

突破行政决策内部化的传统模式的禁锢，相关部门积极探索公众参与、专家论证和主管部门决策的机制。充分吸纳不同意见和利益诉求，最大限度地保障社会各方的权益。

2. 行政执法规范化

厘清行政执法事项：2013年全区行政执法主体共有行政执法事项4740项，其中行政处罚事项4339项，行政强制181项，行政给付41项，行政确认51项，其他行政执法事项128项（因行政审批制度改革工作尚在推进中，故行政许可、非许可类行政审批事项未纳入2013年行政执法主体和执法事项梳理范围）。① 规土局、绿容局、体育局等委办局在行政审批业务手册和办事指南等规范性文件的指导下，规范行政审批工作，深化行政审批制度的改革。以绿容局为例，全年共受理各类申请1057件，其中行政审批（核发行政许可文书）375件，行政审核682件，全部在规定时间内合法办结。②

3. 执法监督常态化

规范执法既要求执法主体的自我规范，也需要内外部的执法监督来保障。闵行区政府出台《〈闵行区行政执法监督办法〉的通知》、《行政执法案卷评查制度》、《关于规范违法经营举报类信访件复议诉讼风险的工作要求》等制度，加强执法监督制度化建设，并建立科学完善的执法质量考评体系，加强内部监督。以闵行公安分局为例，2013年该局共回收《执法信息收集表》1000余份，发现各类执法问题2000余个③，并针对所发现的执法问题形成了当场指正、定期通报、案例讲评等多种处理形式，加强监督主体与被监督主体的实时

---

① 数据参见《2013年区委法制办依法治区工作项目总结：构建行政执法监督体系，规范行政执法工作》。
② 数据参见《四个坚持，推进行政许可"四化"建设——区绿容局规范办理绿化、市容、环卫、林业行政许可2013工作总结》。
③ 数据参见《2013年区委公安分局依法治区工作项目总结：建立科学、完善的分局执法质量考评体系》。

交流。

4. 政府信息公开化

2013年区政府在前期基础上,加强和深化了政府信息公开。具体来说,首先就是公开内容细化,尤其是财政性资金信息、公共资源使用信息、公共服务类信息、重大性突发事件、群众关注热点问题等与人民群众切身利益密切相关的政府信息的公开;其次是公开渠道拓宽,即通过优化网络平台,借助微博等新媒体发布政府信息,透明行政权力的行使过程。政府信息公开的工作得到了民众的广泛认可,在满意度测评中,人大、政协、公众和企业对政府信息公开工作的满意度最高,都在90%以上①。

(三) 法律服务与法治宣传方面:法律服务领域进一步延伸、法治宣传形式进一步丰富、社会力量参与力度进一步加大

1. 法律服务领域进一步延伸

全区53家律师事务所年内共办理各类诉讼案件6342件,办理非诉讼事务922件②,并通过政府购买法律服务的形式,全年共有10家律师事务所的218人次律师承办了38起维稳案件。闵行公证处全年办理公证总量28877件,接待咨询18319人次③,并积极开展"公益活动月"活动。区法律援助中心不断加强法律援助制度、规范化建设,进一步扩大法律援助社会覆盖面,全年共受理、指派各类法律援助案件1637件,接待各类来访法律咨询5721件,通过"12368"法律服务热线解答咨询5582件④。

2. 法治宣传形式进一步丰富

丰富法治宣传的形式有助于被宣传对象对法律知识的接纳和吸收,提高法治宣传的效果。针对不同时间节点、不同对象,闵行区组织开展各类专题法律咨询、法制讲座、法治展览等。利用新媒体探索新的宣传方式,利用官方微博、法宣志愿者微博等打响"联盟"品牌,通过开展法治微评、微访谈、微

---

① 数据参见《2013闵行依法治区数据分析报告》。
② 数据参见《2013上海市律协闵行区工作委员会第七次全体会议报告》。
③ 数据参见《上海市闵行公证处2013工作总结》。
④ 数据参见《2013年闵行区司法行政工作总结》。

直播等扩大微博法宣影响力。打造法宣服务圈、法律书友圈、微博文化圈，搭建图书馆法治文化圈，进一步扩大法治文化圈的覆盖面。

3. 社会力量参与力度进一步加大

邀请并接纳律师、律师事务所等外部资源介入政府工作，充分支持法律服务志愿者团队的志愿活动。新成立的"她保护"法律服务志愿者沙龙即通过送法进老舅妈工作站、送法进社区、送法进"城中村"、送法进新媒体、送法进"高墙"等活动，将服务延伸至长期被人忽视却又亟须关注的弱势群体，填补了政府工作中的一些空白。

（四）基层民主建设和社会治理方面：党内基层民主建设展现积极效果、村（居委）民主建设创新多、企业民主建设进展大、社会治安整体情况良好

1. 党内基层民主建设展现积极效果

以党委决策民主化和科学化为目标，2013年闵行的党内基层民主建设有三大积极措施：一是厘清职责权限，理顺党内权力授受关系；二是规范议事规则，增强党委决策科学民主性；三是突出有序参与，强化决策支撑体系，实现党内基层民主从权力配置到决策流程再到决策方式。

2. 村（居委）民主建设创新多

马桥镇"周周会"所处理的事务包括宣传最新的国家政策、共同商讨卫生等公共问题的应对措施、制定村共同体规则等，在调动村民参与村务的积极性、凝聚村民成为新时代共同体方面前进了一大步。新虹街道"周周演"是社区居民就街道各职能部门所确定的宣传主题，发挥主动性进行主题表演与展示，社区居民在参与中提高了法律素养和知识涵养。

3. 企业民主建设进展大

一是职工代表大会建设规范化，在区总工会的推动下，开展了职代会相关法律规范的宣传与培训，通过培育典型的方式，全面激励企业职代会建设的主动性；二是厂务向职工大力公开，出台了《2013年闵行区创建劳动关系和谐企业（厂务公开）工作要点》；三是落实企业职工工资集体协商制度，从上至下的指导确保了企业依法签订集体合同，切实保障了职工的知情权、参与权、表达权和监督权。

4. 社会治安的整体情况良好

在各项社会治理机制平稳运行的情况下,社会治安状况的变化必然不会再是激进式变化,而是一种温和的渐进式变化。2013 年,闵行区以"平安社区建设"为载体,关注民意、改善民生,以完善"应急管理值守"、"公调诉调对接"、"人民调解、信访、行政复议对接"等机制建设为着力点,积极运用各种矛盾化解方式和手段化解各类社会矛盾,从社会治安的整体情况来看,刑事案件与治安案件发案数同比减少,全年全区没有发生较大的灾害性事故,辖区内治安秩序较好、社会稳定,没有发生在全市具有负面影响的治安或维稳案件。

(五)公正司法与法治监督方面:司法公开力度加大、法治监督的社会化程度显著提高、司法公信力不断增强

1. 有效回应社会需求

区法院在案件处理过程中,充分发挥调解优势,遵循"调解优先、调判结合"原则,有效疏导各类纠纷。在司法监督过程中,坚持支持与监督并重,力求促进依法行政,切实保护公民、法人和其他组织的合法权益的统一。检察院将群众反映强烈的"不作为"、"执行难"等热点难点问题作为监督重点,切实维护宪法和法律权威。通过推进基层法庭与社区双向联动,着力提升人民法庭的功能,方便群众诉讼。

2. 司法机关职能进一步强化

区法院不断提升审判效率,2013 年共受理各类案件 33597 件,同比上升 0.83%;审结各类案件 33373 件,同比上升 0.42%;同期结案率达 99.3%。检察院通过加强与公安、法院等部门配合,干警主动加班加点,完善办案机制,健全案件质量把控关等措施,共受理提请审查批捕犯罪嫌疑人 2677 人、移送审查起诉 3752 人,同比分别上升 22.5% 和 49.0%;经审查,批准逮捕 2232 人,提起公诉 3180 人。①

---

① 数据参见《上海市闵行区人民法院 2013 工作报告》。

3. 法治监督有效落实

人大通过监督政府依法行政，充分发挥人大代表在推动民主法治建设中的作用。政协通过推进协商、民主监督等活动，使监督落实到具体和实处。纪委在总结已有经验基础上，统筹推进"外部测"和"网上测"，并通过引进第三方对收集到的信息加以梳理，有序地推进了区级机关效能满意度建设。政府自觉地接受人大监督，对人大常委会依法审议政府专项工作所提出的审议意见的回复率和整改率达到100%。宣传部自觉地接受人大、舆论和监察等各种监督，在应对突发事件中，未发生阻挠、干涉新闻媒体舆论监督事件。编委办通过推进行政管理标准化信息上网工程，逐步推进政府接受各界监督的幅度和力度。法制办通过落实行政执法人员培训制度，加强对行政执法人员的日常管理和行政执法监督工作，监督呈现制度化趋势。

三 评估中发现的问题

1. 依法执政方面

一是社会力量对党委权力运行和党务工作的监督仍集中在基层，且制度保障还不够充分；二是反腐倡廉工作仍面临挑战，群众尤其是企业负责人对反腐成效、党员干部廉洁从政的自觉性、廉政情况、领导权力受监督等的情况评价不高。

2. 依法行政方面

一是超过2/5的被调查者认为行政不作为是依法行政最需要解决的问题，行政不作为问题仍较为突出；二是执法人员的素质和能力提高缓慢，被调查者满意度较低，企业的"满意"比例只有3.53%；三是解决执法难点问题的创新能力尚显不足，仍以"运动式"执法为主，缺乏有效的日常监管机制；四是个别部门存在懈怠情绪，在推进依法治区工作中存在敷衍的倾向。

3. 法律服务与法治宣传方面

一是个别部门仍未意识到普法的重要性，部门之间存在发展不平衡的特点；二是普法队伍的年轻化、法律专业化仍待加强；三是普法所需经费尚不满足实践需要；四是对企业的法律服务的思维和服务方式还有待创新，尤其是法律顾问工作的加强还不到位；五是法治宣传的重点对象未能及时根据需要进行调整。

4. 基层民主建设与社会治理方面

一是村（居）民自治的能力和意识还不是很高，且社区参与主体仍以弱势群体为主，中青年、经济状况较好文化程度较高的居民的实际参与率不高。二是行动与思想认识尚未达到完全同步，尽管各部门对基层民主建设的重要性有充分的认识，但目前的措施还是不能完全满足实际的需求，尤其是民主管理和民主监督的具体形式还需进一步完善；三是社会治理还需进一步改进社会治理方式，将治理关口从事后处置向事前和事中延伸。

5. 公正司法与法治监督方面

一是企业负责人对司法公正和法治监督满意度较低，对案件审判结果存有质疑，对政府自觉接受法治监督的认可度也较低；二是社会大众在如何降低诉讼的时间成本、提高案件审判的执行力度上普遍存在困惑，这是对通过司法途径便捷高效解决纠纷提出的挑战。

四 对策与建议

根据2013年依法治区工作的推进情况及发现的主要问题，提出如下几点建议。

1. 加大党委民主决策的试点范围，监督机制逐渐深化到制度层，重视反腐倡廉工作的机制化

一是在总结和肯定现有实践经验的基础上，扩大党代会常任制范围；二是利用信息时代的便利，以微博、微信为中介，充分吸纳并有效引导青年一代网民参政议政；三是注重实践经验的积累和总结，尤其是要通过制度方式将经验固化，促使权力运行监督的常态化，真正实现党委权力运行的公开透明。

2. 探索和研究执法协调机制，更加注重教育培训的实际效果，强化监督与考评制度的落实

一是明确需协调的关键问题，执法事项的提起、受理、审查、协调到执行程序和有关规则，均应纳入规范的协调渠道；二是深入探索并研究各部门有效

协调的机制；三是进一步提高法治宣传的效果，进一步完善执法主体法治意识与执法效果的考评机制；四是进一步确认法治监督的实质效果，从行政内部监督逐步扩大到外部监督。

3. 以基层调研为工作基础，充分利用社会资源提供法律服务，加大法律进机关、进社区的力度

一是加强基层法律需求调研，从市民的实际需求出发进行法律服务与法治宣传工作，使法律服务与法治宣传更具针对性；二是加大对法律服务与法治宣传工作的资源投入与链接，其中政府应加大人力和经费的投入，同时加强对律师志愿者团队等社会服务力量的吸纳；三是加大"法律进机关、进社区"的工作力度，培养机关领导和工作人员的法治思维，增强市民法治意识。

4. 探索基层民主自治的新方式与新途径，建立契合实际需求的民主机制，最大限度地保障公众的民主权益

一是加速探索基层民主自治的新方式与新途径，扩大民众参与的广度、深度和效果；二是建立契合民众实际需求的民主机制，如维权机制、矛盾预警机制、协商机制等。

5. 司法公开流程制度化，畅通法治监督渠道，加强司法队伍的素质建设和能力建设

一是及时总结司法公开工作的经验，通过完善公开的流程与机制来实现公开力度的进一步加大，助推司法公信力的建设；二是畅通法治监督渠道，扩大案件陪审员和法治监督员的参与面，尤其是要充分保障企业负责人、普通群众等的监督权；三是加强司法机关业务人员工作能力建设，尤其要根据新时期社会纠纷的特点，加强对基层纠纷解决机构工作人员的业务培训。

B.14
上海城镇化发展的法制保障专题研究

韩红根*

摘　要： 城镇化是我国现阶段社会发展转型中最值得关注的一个问题，各地普遍存在的误区是注重硬件的城镇化。上海在城镇化过程中，主要从人的城镇化入手，全面提高城镇化的质量。这方面的实践，能为我国城镇化提供宝贵的经验和借鉴，使我国的城镇化少走弯路。

关键词： 城镇化　法制　保障

党的十八大报告提出：坚持走中国特色新型工业化、信息化、城镇化、农业现代化道路，推进信息化和工业化深度融合、工业化和城镇化良性互动、城镇化和农业现代化相互协调，促进工业化、信息化、城镇化、农业现代化同步发展。[1] 新一届党中央更是明确指出，城镇化不是简单地人口增加、面积扩大，而是要以人为本，着力提高城镇化发展的质量和水平。推进城镇化，核心是推进人的城镇化，关键是提高城镇化质量，目的是造福人民群众。[2]

20世纪80年代，上海在全国率先提出了城乡一体化发展的思路，经过20多年的探索实践，上海城镇化快速发展，城镇化率已经接近90%。按城镇常

---

* 韩红根，上海市法学会农村法制研究会会长，高级经济师。
[1] 胡锦涛：《坚定不移沿着中国特色社会主义道路前进　为全面建成小康社会而奋斗——在中国共产党第十八次全国代表大会上的报告》，2012年11月8日。
[2] 参见《李克强：推进以人为核心的新型城镇化》，新华网，2014年3月5日。

住人口计算,上海城镇化率不仅领先于全国城镇化率均值(全国为51.27%),同时达到了世界经济发达国家大都市城镇化率(世界经济发达国家为80%左右)的水平。在步入创新驱动、转型发展的新时期,上海如何坚持城乡一体化发展的战略,直面制约城镇化健康、可持续发展的实际问题和政策法律瓶颈,进一步解放思想,以改革破解难题,着力提高城镇化发展的质量和水平,进一步释放城镇化发展的红利,维护好、实现好、发展好人民群众尤其是农民的利益,这些都需要我们进行深入思考和研究。本课题组就上述问题提出以下法律思考和对策建议。

一 城镇化发展中存在的主要问题和政策法律瓶颈

我们认为,上海市城镇化发展存在以下四个方面的问题。

(一)实际城镇化率有待提高

目前我国通常以城镇常住人口统计城镇化率,为51.27%;若按城市户籍统计的实际城镇化率仅为35%。上海也不例外,2013年上海常住人口2415.15万人,名义城镇化率接近90%;若按城市户籍人口1420万统计,实际城镇化率为80%左右。这种以常住户口统计的城镇化率,与世界发达国家的城镇化内涵相比,显然是一种"低度城镇化"、"表层城镇化",甚至是"审批城镇化"。因为,城市户籍的居民,在公民就业、居住、医疗、社会保障、子女入学等方面享受的公共服务待遇都优于非户籍城镇居民,而因为城镇化发展被征地的郊区农民,或者是处于城乡"两栖"生活的"半市民"状态的农民工及其家属,在就业、社会保障等方面所享有的公共服务就存在更大的差距。这种状况造成城市中群体的新分裂和城市内部新的二元结构,既影响城镇化战略功能的发挥,又导致一系列城乡经济和社会发展失衡和不稳定问题。

(二)城镇化体系结构有待优化

上海后工业化时期的"十一五"提出的"1966"城镇规划体系(中心城-新城-新市镇-中心村),没有摆脱"一核独大"的圈状梯度发展陈旧思维的老套路。上海目前规划确定的建设用地面积为2981平方公里,按照发达国家全球城市的建设经验,并从建设节约型城市理念出发,如此建设用地面积可以承载近3000万人。但从现有的城镇体系结构上看是另一番景象:一方面,中心城区在体现了繁荣繁华的同时伴生了严重的"城市病",城市运行灾害性风险不断加大。中心城区极化效应明显,在人流、资金流等资源方面具有强烈的吸纳性,造成城市功能叠加集聚,人口密度居高不下。2013年上海中心城区每平方公里常住人口24439人,虹口、静安、黄浦3个区每平方公里达到3万人,超过纽约、伦敦城市人口密度3倍多。另一方面,人为按"一区一城"模式大面积规划建设的郊区新城及新市镇,长期冷冷清清,鲜有人气,造成城市宝贵的不可再生的土地资源严重浪费。郊区城镇化地区占全市面积70%,承载的人口仅占全市人口的29%。与中心城区相比,郊区城镇基础设施便捷程度、区域公共服务软环境,以及商业机会、就业机会等都存在比较大的差距,对转移人口吸引的综合承载能力不高。究其原因,关键是城镇体系中新城、新市镇结构缺陷及其能级失衡,实际功能开发与城镇化发展空间结构、人口布局的期望相悖,制约了上海城市发展的整体效应。

(三)城乡二元结构格局亟待破除

城镇化发展对城乡居民实际收入和生活质量的差距状况没有产生太大的改变,这可以通过两方面的数据加以佐证。

一是基尼系数揭示的城乡居民收入分配差距。基尼系数是体现居民收入差距的指标,数值为0~1,基尼系数越高,说明居民收入差距越大,0.4为国际公认的"警戒线"。数据显示,我国2011年乡城居民人均可支配收入之比为1:3.21,2013年乡城居民收入的基尼系数为0.473,不仅高于国际警戒线,而且位列世界差距大的国家之一。2011年上海乡城居民人均可支配收入之比为1:2.31,虽然小于全国平均值,但与美国、日本等国家1:1的比例还相距甚远。2012年上海城市居民高收入群体人均为70067元,低收入群体人均为17206元,与农村居民同类群体相比,高出近4倍(农村居民高收入群体和低收入群体人均分别为27227元和7018元)。

二是恩格尔系数揭示的城乡居民富裕程度差距。"恩格尔系数"是指食品支出总额占个人消费支出总额的比重,在总支出金额不变的条件下,恩格尔系数越高,说明人的生活质量越差,幸福感不高。根据联合国粮农组织的标准划分,恩格尔系数在60%以上为贫困,50%~59%为温饱,40%~49%为小康,30%~39%为富裕,30%以下为最富裕。2011年我国城乡居民家庭恩格尔系数分别为36.3%和40.4%。2012年上海城乡居民家庭恩格尔系数分别为35.5%和40.1%。与美国(自1980年以来平均为16.45%)、日本(自1990年以来平均为24.12%)相比,差距较大。虽然上海城乡居民消费已经从基本生存型消费逐渐向发展型、享受型消费过渡,但总体感受上幸福指数并不高。尤其是被征地农民,房屋动迁补偿政策前后差异较大,造成前期动迁户住房困难迟迟得不到解决;失去土地生产资料的农民只能享受"镇保",形成了城市内部"二元结构"的基本社会保障制度;现行城镇化政策对农民的土地实行竭泽而渔,不为农民留下延续发展的资产,农村集体经济缺乏财富积累的空间,被征地农民的实际生活水平在下降。

(四)城镇社会管理和公共服务体系有待完善

规划管理体制不够完善。上位规划往往滞后,一定程度上导致了城镇布局紊乱和城镇间的无序竞争。现行的城市管理体制加重了"中心城市偏斜",市政府各部门具有超强的资源配置权力,中心城区迅速发展,建设投资的力度较大,而郊区的城镇投资不足、融资渠道缺乏,造成公共资源配置不足、水平不高。2013年上海非户籍常住人口近1000万,外来农民工近400万,他们大部分集中在郊区新城、新市镇和一般镇,一些城镇化地区的镇村,外来人口"倒挂"超过了本地户籍人口,对当地人口和环境管理造成了很大压力。城郊接合部已经成为新的人口集聚地,他们为上海城镇化发展承载了社会发展和管理的责任,但是城镇居住区、大型居住社区公建配套不完善,公共服务供给不足、医疗教育保障不力,加上镇村财政不堪重负和管理方式不适应等因素,给社会建设、社会治安和社会管理带来了极大挑战和风险。

二 上海农村城镇化存在的法律瓶颈

瓶颈之一:城镇化内涵和质的法律界定问题。城镇化是人类文明史即工业化和农业现代化发展到一定阶段的历史产物,城镇化发展的速度有赖于城镇综合承载能力的提高,城镇化发展的水平离不开经济社会发展的水平。城镇化的核心是"人的城镇化",其本质是农业转移人口市民化。因此,我们应当科学地认识和界定城镇化的概念和内涵,并以此来规划经济社会发展的目标与任务,与国际城镇化发展惯例接轨,先行将城镇化率计算标准调整为以享受真正市民待遇的户籍为依据的实际城镇化率。

瓶颈之二:城镇化进程中保障农民利益的法律制度问题。在推进城镇化发展的过程中,农业转移人口市民化必须具备三个托底条件:一是转移人口稳定就业的基础性托底;二是转移人口享受社会基本公共服务的保障性托底;三是转移人口市民化成本消化的承受力托底。据专家计算,一个农民转化为市民,全国市场平均成本为10万元,2亿多进城农民工需花费20多万亿元才能实现"人口城镇化"。北京、上海等大城市的市场平均成本约50万元,若按上海本地100万被征地农民再加上外来农民工近400万人计算,需要承受的成本为3万亿~4万亿元。如此庞大的经济和社会成本,对各级政府都是一个极大的挑战。

瓶颈之三:深化农村土地产权制度改革问题。这是制约农民有能力融入城镇化的主要制度障碍,也是城镇化发展中政府与农民特殊民事矛盾易发多发的重要领域。现行的农村土地使用制度已铸就了土地增值收益固化的格局:即国家征用农民集体土地的增值收益与低价补偿形成的巨大利差转化为"政府土地财政"。依靠牺牲农民土地财产权的征地制度和用地制度,其本质是城市化进程中对农民权益的一种剥夺。这也是土地产权制度改革进入深水区而需要攻坚克难的问题所在。据此,在推进新型城镇化发展中,必须深化农村土地产权制度改革,允许农村集体经济组织与农民参与城市开发建设,依法调整政府与农民土地权益博弈中的土地增值收益分配格局,提高农民土地增值收益分配比例。

瓶颈之四:完善和创新城镇化社会发展管理体制问题。多年来上海郊区新城范围迅速扩张,镇村行政区划调整合并,行政区划与管理关系发生了重大变化,但现行法律法规体系中缺少直接有效针对城镇管理的法律和法规,城镇行政管理体制与设施配置跟不上发展需要。例如,城镇现有的城镇规划、土地利用、市容卫生、城镇用水、污水处理、垃圾处理、城镇燃气、集贸摊点、文明创建等规章所确定的管理权限都集中在市有关职能部门，涉及发展所需的审批项目都要报市相关部门审批，郊区区县政府不具备管理权。郊区城镇管理部门的职能没有明确的法律界定，在实际执行中往往存在执法主体不明确，执法效率低等诸多问题，有法不依、执法不严、违法不究、以利取法、以言代法、以权压法等执法混乱现象在相当范围内存在。城管执法体制不顺，执法队伍建设滞后，权力交叉，或多头执法，或扯皮推诿，执法效率与依法城镇管理要求不相适应。

三 提高上海城镇化发展质量和水平的思考与建议

2011年3月全国人大讨论通过的《中华人民共和国国民经济和社会发展第十二个五年规划纲要》将城镇化列为经济和社会发展的重要战略和行动纲领，并把"积极稳妥推进城镇化，不断提升城镇化的质量与水平"作为今后城镇化发展的主攻方向。结合上海城镇化发展的实际，就进一步坚持城乡统筹发展，探索城镇化发展法律体系建设，促进上海城镇化健康、可持续发展问题，提出以下思考与立法建议。

（一）关于建立人口城市化质量指标体系与立法建议

上海应该率先按农业转移人口真正市民化的标准统计实际城镇化率，深入推进户籍制度改革。参考国际大城市城市化的经验，制定具有中国特色、上海特点的城镇化质量指标体系，大体可划分为经济类、社会类、教育类、居住类、基础设施类、生态环境类等指标，每类再可分设若干子指标。如社会类重要指标的恩格尔系数，按联合国粮农组织富裕标准线来划分，应设定为30%以下；基尼系数按联合国有关组织规定的比较平均线的标准划分，应设定为0.2~0.3；等等。据此，上海可以在全国率先缩小城乡居民之间、城乡内部居民之间差距，并将其控制在2倍以内，领先扎实地推进实现共同富裕的目标。又如生态环境类中宜居城市的"宜居"，也是提高人口城镇化质量的重要指标，必须建立达到世界级大城市建筑、水质、空气（PM2.5等）、绿化等先进的宜居环境指标体系和实现目标。

（二）关于完善城镇化体系结构与立法建议

将构建上海市域较为完善的城市群结构体系摆上议事日程，将中心城区部分叠加的城市功能调整分散至市域城市群中其他大城市，以利于科学布局城市人口。城市群是城市之间打破行政区划，不拘泥于隶属关系，按城市功能布局设置新城和大镇、新市镇的城市格局。规划发展上海市域城市群，不但是上海与长三角城市群联动发展的重要内容，更是打造与世界城市相匹配的城市体系的重要目标。

按照国家"十二五"规划中关于特大城市、大中小城市的划分标准，上海市域城市群将城市可以划分为特大城市（中心城）-大城市-中等城市-小城市四级城市等级规模体系。按照此标准，上海需要在东西两侧各设置1个人口为300万~500万的大城市，再建设3~5个人口规模在50万~80万的中等城市、5~7个人口在10万~20万的小城市。这样功能齐全的梯次布局既能实现人的城镇化，又能在一定程度上解决人口过于密集的问题。因此，需要对此做超前研究和进行可行性研究。

（三）关于失地农民权益保障制度与立法建议

在推进城镇化发展中保障失地农民的权益，不仅关系农业转移人口实现生产生活方式转变的历史进步，而且关系我国现代化建设事业的平衡过渡，也是避免墨西哥现象，防止落入中等收入陷阱的历史教训。失地农民交出的是土地，但实际上交出的是整个家庭的生存和发展权，涉及居住、就业、保障等当期福利和产业发展、财产继承、家族兴衰等潜在社会风险构成的一系列问题。目前现行法律法规对失地农民权益保障尚存在制度性缺陷，这是因为我国是城市化滞后国家，现行适用城镇化的政策法律带有明显的计划经济时代的痕迹，城乡二元结构、牺牲农民利益，是这些政策法律的基本特点。为此，必须从历史的角度，在法律制度层面研究失地农民权益保障问题，完善和创新失地农民权益保障制度。

1. 征地补偿创业基金制度

促进产业发展，实现产城融合，是推进城镇化健康发展的重要基础。只有保障失地农民能够长期稳定就业,才能促进人的全面发展。建议通过立法制定具体补偿办法,农民集体土地征为国有土地后,从土地出让金中提取一定比例作为失地农民的创业基金,用于失地农民就业职业培训、经商办企业的贷款贴息、开业补偿等,鼓励失地农民自主创业,提高失地农民参与市场就业的竞争力。

2. 土地出让金净收益国家、集体、农民统筹分配制度

在土地出让金净收益分配上,要兼顾国家、集体和农民三者利益,大幅度提高农村集体经济组织和农民获得土地增值收益的比例。重点突破:一是逐步改变"土地财政"的现状,将土地出让金净收益按一定比例返回农民(不低于30%),提高征地农民安置标准,促进失地农民安居乐业;二是集体建设用地使用权转让或出租的收益,应当返回集体土地所有者,促进当地集体经济发展。在这方面,广东、江苏、河北等省份都进行了有益探索,并取得了重大突破。

3. 集体经济组织内部土地补偿费分配制度

上海市沪府发〔1996〕34号文件规定,因集体土地被全部征用后撤制村队建制,土地补偿费按比例分配(40%归生产队集体经济组织成员所有,30%上缴村集体经济组织,30%上缴乡镇集体经济组织)。撤销行政村建制后,土地补偿费50%作为村级集体资产分配,50%上缴乡镇集体经济组织,少数乡镇甚至把集体所得的土地补偿费转化为政府行政开支。"4∶3∶3"分配办法已经不符合《物权法》确立的"一物一权"的物权制度原理,且2004年之后国家相关行政规章规定,土地补偿费必须归土地所有者所有,要全部分配给农民。对此,应当对34号规章予以修改或废止,还权益于土地所有者全体成员。

(四)关于城镇化发展中用地制度与立法建议

1. 建立城乡统一的土地市场

党的十七届三中全会"决定"指出:"逐步建立城乡统一的建设用地市场,对依法取得的农村集体经营性建设用地,必须通过统一有形的土地市场,以公开规范的方式转让土地使用权,在符合规划的前提下与国有土地享有平等的权益。"[①] 上海应当在全国率先改革,改变现有城乡土地市场分割状况,建立城乡统一的土地市场,以市场集约节约配置城乡土地资源,切实维护国有土地和农民集体土地均等的权益。一是实行国有建设用地与集体建设用地同地、同权、同价,通过土地市场显化价值。二是实行城乡建设用地增减挂钩。对农村土地整理、宅基地归并置换节约的土地进入统一的有形土地市场。三是探索市域范围内在耕地占补平衡后节余的"建设用地指标"进入土地市场流转,或进行易地开发,使集体建设用地价格显化,农民集体土地增值收益最大化。四是将国家行使公权力的征用农民集体土地行为纳入土地市场阳光运作,实行有效监督制衡,通过市场网络公示征地补偿安置协议与拆迁方案实施情况和结果,接受市民监督。

2. 维护农民集体土地发展权

根据党的十七届三中全会"决定"精神,上海应当在农村土地所有权确定上有所突破:一是对农村土地的集体土地进行确权登记,确保农民的合法权益;二是对处于城中村或城市化进程中的集体土地予以保留,条件允许的交给农民集体自主经营;三是其他集体建设用地,按照"两规合一"的要求,能开发的开发经营,受限制开发的可以市场价转让给可开发地区的土地所有者,也可实行异地置换开发;四是在征地时,将对被征地农民部分补偿款转化为国有土地出让过程中的招、拍、挂条件,保证当地农民在日后的开发建设中获得一定比例的商业用房和土地增值收益;五是鼓励各金融机构在农村地区扩大融资担保的范围,尝试对农村集体土地的承包经营权进行担保,从而扩大农村建设资金的来源多样化。

3. 探索城中村改造的新模式

我国"十二五"规划提出了"推进城中村和城乡结合部改造"的目标,加快城中村改造将成为推进城镇化发展的重要任务。城中村改造可以有三条路径:第一是政府主导;第二是农村镇级以上集体经济组织自行改造;第三是完全交由房产开发商负责。其中,由集体经济组织主导或参与的"以地富村"

---

① 参见《中共中央关于推进农村改革发展若干重大问题的决定》,2008年10月12日,中国共产党第十七届中央委员会第三次全体会议通过。

的城中村改造模式不失为优选。因为城中村改造不仅是房屋形态的改造，更重要的是社会形态的改造。可以形成四方面的功能：一是形态城市化，按照城市发展规划和市政建设要求进行改造，使城中村的建筑绿化率、容积率和公共设施符合城市标准；二是村民市民化，使居住村民在生活方式、社会意识及社会行为方面真正成为一个城市人；三是组织社区化，在村宅改造的同时，改革组织管理体系，将村民委员会转变为居民委员会，按照城市社区网格化管理的方式，建设农村新社区；四是经济公司化，通过集体经济产权制度改革，组建股份合作制企业，使村民拥有集体资产的股权，长期享受集体资产经营收益的分配，增加村民的财产性收入。集体经济组织主导或参与城中村改造，需要在政策法律上有所突破：一是城中村改造中除公益性征用外，经营性建设用地发展权归属本集体经济组织成员；二是在规划上，实行"总量不变，宅基地指标平移"，对原城中村拆除的土地，按照"能商则商、能工则工"的原则，支持集体经济组织继续发展其优势产业；三是在征地时，将对被征地农民部分补偿款转化为国有土地出让过程中的招、拍、挂条件，保证当地农民在日后的开发建设中获得一定比例的商业用房和土地增值收益。

（五）关于集体经济组织可持续发展与立法建议

1. 农村集体经济组织产权制度

长期以来，传统的镇村农村集体经济组织维系的是一种全体成员共同共有的产权制度，产权模糊且不可分割。随着工业化、城镇化进程的不断推进，城镇化地区实行了镇村归并和"村改居"，原农村集体经济组织成员转为城镇居民增多，外来流入人口也增多，村集体经济组织成员构成日趋复杂，集体经济组织内部产权结构和利益矛盾不断凸显。为此，上海应当创新农村集体经济组织产权制度，支持和鼓励农村集体经济组织按照股份合作制的原则，将集体资产折股量化到人，采取存量资产量化、存量加增量等多种方式推进改革。2013年3月，市委已经下发《关于加快上海市农村集体经济组织改革发展的若干意见》（以下简称《若干意见》），明确了农村集体经济产权制度改革的指导思想和目标任务。但是按照《若干意见》的要求，在主体法人登记、改革税费成本、组织监督程序等方面依然存在许多法律和政策瓶颈，制约了改革的推进。上海市涉及农村集体"三资"(资产、资金、资源)、产权改革方面的政策多是以规范性文件发布,法律位阶不高,且在有关法人地位、注册登记、顾全流转、税收等方面缺乏突破性的扶持政策,为此需要研究制定地方性法规或政策规章,为深化农村集体经济组织产权制度改革提供法律支撑。

2. 加强农村集体资金、资产、资源监管

加强农村集体"三资"监管,对发展壮大集体经济、维护农民合法权益、构建农村和谐社会、巩固党在农村执政地位具有重要的作用。当前上海城镇化进程中,由于镇村行政体制调整和农村居住人口结构变化,农村基层组织建设弱化,集体"三资"管理制度执行不力,集体资产流失或经营收益分配不公等问题引发的群访事件屡有发生。上海市现有的法律法规对农村集体"三资"管理针对性不强,亟须抓紧制定相关地方法规或政府规章,对农村具体"三资"的主体法人地位、产权界定、分配制度、处置程序做出明确规定,以切实维护集体经济组织成员的知情权、管理权和收益权。

(六)关于创新城镇化社会管理体制与立法建议

1. 创新社区管理体制

要着力突破传统体制障碍,按照城市化管理模式,根据人口规模和经济发展程度,采取合理的管理模式,理顺社区管理体制。重点是创新市镇管理体制。建议借鉴"浦江镇模式",将社区事务管理服务中心实体化运作,加强机构和人员的配置,将管理力量、服务资源向郊区和基层倾斜,提升社区管理机构的统筹、协调、整合能力,提高其服务群众,管理社区的工作效率。同时,进一步形成以社区党组织为核心,以社区自治组织为基础,以社区服务中心为依托,以社区社会组织为补充,社区居民广泛参与的社区管理新格局。

2. 建立财政保障制度

要加强市级统筹力度,通过建立人口导入和导出的公共支出共担等机制,协调好市与人口导入区、人口导入区与人口导出区、人口导入镇与人口导出镇之间的关系,加强对人口导入地区的财政扶持。社区作为实现政府公共服务的有效平台,应坚持社区公共管理和服务费用由公共财政承担的原则,做到事权与财权相统一。只有公共财政承担社区公共事务管理支出费用,保证地方性公共产品、社区公共产品的有效供给，才能为镇政府财力减负，确保各项社会管理政策在社区落实、工作在社区开展、问题在社区解决。从而促进地区发展、社区发展。

3. 完善公共服务配套

郊区大型居住社区建设，是推进城镇化发展中百姓安居乐业的重要载体。要按照"立足当前、兼顾长远"的规划原则和"同步规划、同步配套"的建设要求，统筹指导，有序推进，加快促进大型居住社区的完善。同时，按照上海市城市居住区公共服务设施配置标准、相关设置规范和规划要求，并根据不同社区入住居民人口总量、人口结构及实际需求，加大市区财政扶持力度，建设效区大型居住社区的配套设施，努力满足居民的出行就医、就学、购物等基本生活需求，不断提高居住社区宜居水平。

（七）关于建立农民、企业与政府利益平衡机制与立法建议

城镇化发展涉及农民、企业与政府利益的调整和协调，要通过法律的修订和完善，在农民、企业与政府间建立通畅的诉求表达渠道，形成有效的利益平衡机制。主要是以下四方面的机制。

1. 利益表达机制

在城镇化过程中，要注重保护农民的合法权益，更要建立畅通有效的利益表达机制。让农民充分表达自己的利益诉求并正确对待，就能避免损害农民利益，避免造成群体性社会矛盾，消除社会治安不稳定因素。农民权益保护意识较弱、组织能力较差、能动用的社会资源较少，而村镇集体经济组织、开发商和动拆迁公司等掌握强大的资源，农民往往在城镇化过程中成为弱势群体。只有重视农民的合理诉求，才能从根本上避免农民失地却又得不到相应补偿的现象。

2. 利益补偿机制

城镇化发展的最终目标是惠及辖区的所有人，实现整体利益的最大化，但这极有可能损害部分农民的利益。作为特色社会主义国家，要求部分群体为集体利益做适当牺牲是可以的，人民群众也会理解。但对这些利益受损的人，特别是农民应当给予相应的补偿。如果没有正常的利益补偿机制，所谓的"牺

牲小家顾大家"只不过是掠夺农民的借口而已。因此，合理的利益补偿机制应建立在对土地资源市场化评估的基础上，通过对价来实现。集体经济组织也要合理分配土地补偿金等费用，并引导农民正确使用这些资金，避免"一夜暴富、过度挥霍"的现象。

3. 利益约束机制

由于不合理的政绩观和地方税收等需要，地方政府和官员有强烈的利益驱动，容易损害农民的利益。更有地方政府与开发商、拆迁公司形成利益共同体，对开发商、拆迁公司的违法行为不予约束，有的甚至纵容他们的违法行为。而农民也可能不顾地方发展的大局，漫天要价，损害地方发展的整体利益。这就需要通过法律的规定，建立科学的利益约束机制，不但清楚政府的职权界定，明确开发商、动迁公司的定价机制，还要对农民的不合理要求有法律的制约，避免三方中的任一方利用自身的特殊地位损害其他各方的利益。当然，这其中更要注重保护农民这一弱势群体的利益。

4. 利益引导机制

城镇化过程中，各方利益出现冲突是十分正常的。政府应当尽可能起到中立者、裁决者的作用，不能轻易参与利益的直接分配过程，尤其要避免官商勾结损害农民的利益。政府建立正确的利益引导机制，既要正确引导开发商、拆迁公司追求利益的方式，也要引导农民正确表达自己的诉求。

B.15 浦东新区陆家嘴街道"自治金"项目探索

史建三 范政强*

摘 要: 浦东新区陆家嘴街道推出的"自治金"项目经过三年的实践,已经建立了一套完善、高效的工作机制。该项目作为社区基层民主自治的创新性模式,不仅对社区居民生活条件的改善、邻里关系的增强产生了积极作用,更通过这一形式让社区居民可以自主管理社区,培养了居民们的自治经验。"自治金"项目从开创到完善并不断试错的一过程,对基层民主建设和法治社会建设都有重要的借鉴价值。

关键词: 自治金 基层民主 社区自治 法治社会

正如法国思想家托克维尔所言,民主与法治发端时期的首要任务,就是"对民主加以引导,尽可能地重新唤起民主的信仰,洁化民主的风尚,规范民主的行动"。[①] 这一过程不是简单的思想政治教育就能完成的,必须使公民们在长期的实践中得到民主与法治的训练。在相当多数的民众尚不能完全习惯自己统治自己的中国,深化政治文明建设、构筑一个秩序良好社会的前提,就是注重基层的自治建设。虽然当前中国的基层民主日益发展,但其现状并不令人满意:实践中许多必需的制度仍不健全,而已经制定好的制度又因为个别地区

---

* 史建三,上海社会科学院法学研究所研究员;范政强,上海社会科学院硕士研究生。
① 〔法〕托克维尔:《论美国的民主》,张杨译,湖南文艺出版社,2011,第5页。

基层工作者的能力与素质所限未能发挥作用，更大的问题是基层民众民主法治意识不强，没有能够参与进基层民主的实践中来。如何应对这些问题，并且在治理的实践中实现思路上、形式上和手段上的创新，使民主与时间和地点相适应，成为亟待解决的难题。

上海市浦东新区陆家嘴街道推行的"自治金"制度，就是这样一种正在探索中的基层自治实践。它思路新颖特别，形式独树一帜，方式大胆创新，虽然在推行的过程中因为诸多原因还存在着许多问题，但对上海市乃至全国的基层民主自治建设，都具有十分重要的借鉴和参考意义。

一 陆家嘴街道"自治金"项目简介

（一）"自治金"项目缘起

陆家嘴社区位于浦东新区的核心区域，辖区内常住人口13万人，区域性特征明显，城市化程度极高。与上海市大多数社区一样，陆家嘴社区也面临着城市发展中出现的各种问题：社区形态差异大、人口流动大、社区陌生人增多、小区安全管理任务繁重、涉及居民利益的诉求具有显著多元性。但与其他社区不同的是，社区居民个体参政意识较强，表达诉求的途径也五花八门，居民们渴望参与公共事务管理又没有相应的机制。因此，怎样才能从居民的"议论纷纷"到"纷纷议事"，怎样才能从"代民做主"实现"由民做主"，提供公共服务成为目前亟须解决的问题。培育好居民内生的民主自治意愿，拥有依法治理的能力和习惯，解决好自己的事务，不断满足公共事务管理、提供公共服务和满足群众精神文化，改变社会发展带来的"城市病"，形成核心的民主自治的价值观，是"自治金"工作孕育的主要原因。

浦东新区与南汇区合并以后，为了抹平两区合并前各自街道工作经费的差距，区政府采取了"以奖代补"的政策，将原本多出的工作经费以奖励的形式下发给原浦东新区的各街道。如何使用这笔经费，不同街道因客观条件而各有不同。从2011年起，陆家嘴街道党工委和街道办事处用这笔奖款，加上街道办事处的自筹资金设立了社区"自治金"。这笔款项以问题与需求为导向,本着项目化运作的工作理念,专项用于扶持居民区自我服务和自我管理的项目。

(二)"自治金"项目的工作机制

"自治金"的投入原则是"补基础、育队伍、创特色、做公益"。因为"自治金"原本来源于街道办事处的工作经费,因此首先有一部分用于补充街道和居委会工作中所需的必要资金,以及街道和居委会工作人员的补贴、津贴,但该类经费不超过"自治金"所有经费的20%。其余的"自治金"都用于陆家嘴各社区的特色便民项目和社区公益活动。陆家嘴街道希望通过该项目的设立,优化自治管理机制,动员更多的社区资源参与自治家园建设,建设资质团队,实现居民自我管理、自我教育、自我服务、自我监督的"四自"管理模式。

项目强调民主、公开的居民自治程序。在实施中,由居民选举产生的居委会是工作的主要力量。陆家嘴街道包含31个居委会,居民委员会根据群众的需求决定符合社区实际需要的工作项目,并制定好项目的执行计划。"自治金"项目从2011年开始,至今已经完成了两个项目年度,在这三年当中,已经基本建立起了成熟的运行流程。

第一步,社区居民委员会结合日常生活中居民反映的问题和需求,集中呼声较强较广的建议,每年分上、下半年两次进行集体讨论,制定并填写年度计划表,经居民区党组织审核同意后,填写项目申报表并上交到街道办事处民政科;第二步,街道办事处民政科根据申报项目的特点,分发到各个项目所对应的职能科室,再由各职能科室对居民上报的项目申报表进行初步审核,将审核通过的项目交回民政科;第三步则是街道审核,民政科将初审通过的项目汇总后,提交给由街道办事处主要党政领导组成的"自治金"领导小组讨论审核;第四步,街道审核过的项目,由居民委员会将其交由居民代表会议讨论通过,并填写好征询表,至此项目方才正式通过;第五步是项目实施部分,居委会将通过的项目申报表反馈给民政科科室,由民政科和相关职能科室各存档一份,职能科室做好项目实施的跟踪指导、管理、服务工作,居委会负责组织起项目办,全程协助进行各项实施工作。在整个过程当中,居委会都会按照财务报销程序,将"自治金"项目的费用明细单登好账簿,复印好所有发票,进行发票报销,所有使用经费都会在居务公开栏内公示,每结束一个项目所有财务也会一次性公示。在每个"自治金"项目全部实施结束后,街道"自治金"领导小组将对各居委会的"自治金"项目知晓率和满意度进行绩效评估,测评的结果将会作为下一个年度审批该居委会"自治金"项目申请提案的参考依据(见图1)。

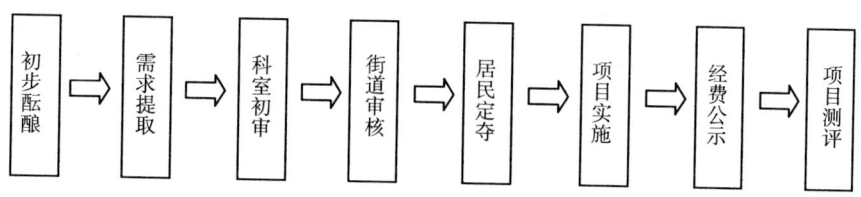

图1　自治金项目流程

整个工作机制,涉及"自治金"领导小组、街道民政科、财务科、纪检科以及其他相关职能科室、居民区社工站、居民区党组织和居民委员会(包括其专门项目的管理小组),每个行动主体之间既有明确的分工,又有相应的配合与监督关系,在形式上已经形成了一个相当完备的工作体制。

二　"自治金"项目实施现状

(一)"自治金"项目的推进

"自治金"项目实施至今已有两期,第一期为2011年6月至2012年8月,共投入自治金158万元,开展项目158个;第二期为2012年9月至2013年12月,共投入自治金159万元,开展项目205个。

在项目的提取和酝酿过程中,居民区的党组织发挥了很大作用。在街道党工委的指导和支持下,为了保证居民委员会设计的项目贴近社情民意,居民区党组织与居委会相配合,努力转变工作理念,运用积累下的管理经验、收集的民情动向,结合社区的会议机制,经过各类委员会会议、楼组长会议、党员会议、居民区联席会议以及个别社区组织的听证会、协调会,共同制定出本社区本年度的"自治金"项目。社区内部逐渐形成了一个动态的组织网络,涵盖了居民代表、楼组长、党员、志愿者和其他群团组织。

在审核过程中，街道民政科为了鼓励各个社区制定和实施更加贴近普通居民实际利益的"自治金"项目，从经费中特别拨出30万元，设立了特色扶持项目，用以在居委会提交的项目提案中选出特色惠民的项目来重点扶持。街道"自治金"领导小组也秉持了严格的审批原则，对明确补贴到人的项目、福利性受众面窄的项目、其中有以各种形式外出旅游及宴请等情况的项目都不予批准，对街道已考虑的实事项目不重复批准，从而保证项目符合居委会建设和发展的方向，保证受益面的宽度与广度，保证在"自治金"鼓励下的居民自治的特色和要素。经过街道办事处、"自治金"领导小组的严格审核，一批诸如"爱心铃"、"居民议事厅"、"社情民意接待室"、"一楼一品"等贴近民情民意的优质项目涌现，保证了社区"自治金"项目的顺利进行。

项目实施过程是整个"自治金"项目是否有效的关键。陆家嘴街道覆盖30余个社区，既有20世纪80年代建起的老社区，又有最近三四年来刚刚建立的新社区，使得不同社区的自治基础有所不相同。总体而言，老社区的居民年龄偏大，因而有许多退休人员主动担任志愿者，参与进了项目的实施过程中来。在工作中，许多在退休前担任党政机关、公司企业领导岗位的人员，逐渐取得了社区其他居民的信任，树立起了威望，成为社区居民当中的意见领袖。这些居民领袖有的被选为居民委员，有的则只是普通群众，因为立场的特殊性和能力的突出性，他们往往能解决居委会工作人员所不能解决的问题，成了各社区"自治金"项目实施过程当中不可或缺的力量。在这些居民领袖影响下形成的许多非正式居民社团，也日益成为社区组织网络中的一部分。

在对实施过程的监督审查方面，陆家嘴街道也做了充分的制度设计与准备。街道办事处财务科对发票报销工作极其严格，每一笔资金都需要审核对应开支的去向，以防"自治金"被用于其他方面。社区内部也自发组织起了规模为5~7人的社区自治督导队伍，成员主要由不坐班的社区居民委员担任。对督导工作所需发放的补贴，则从科室经费中拨出，以保证"自治金"能够实际使用在居民上、社区上。

项目绩效评估过程是分年度进行的"自治金"的收尾步骤，重要性也不容忽视。各个社区项目完成后,街道民政科都会进行绩效评估。评价着眼于项目的全过程,尽量如实反映实事项目在整个管理过程中的综合表现。评估采取指标体系的方式,从项目立项、资金管理、过程管理、项目效益等方面设置细分指标,由党纪委、财务管理部门、民政科、项目对应的职能科室联合评价,评价结果根据《浦东新区财政预算绩效评价结果公开管理办法(试行)》的规定向社会公示。评价的结果直接关系到下一个工作年度该社区所申报"自治金"项目的批准情况和项目拨款数额。此外,2013年,陆家嘴街道还拨出3万元经费,委托第三方在社区群众当中进行工作满意度和知晓率的测评。

(二)"自治金"项目的成效

到2013年,陆家嘴街道"自治金"项目内容已经覆盖至自治载体培育、楼组管理、社区文化发展、社区教育深化、综合管理、助老关爱、社区服务和一居一品特色、实事项目、各类群团建设等社区自治管理、公共服务和综合管理三大类型,其中一些在2011年实施中取得成效的议事类项目如"民声接纳室"和助老服务实事项目,已得到社区居民的认同,第二个工作年度"自治金"工作中在陆家嘴社区内得到了推广。

在"爱心铃"、"一楼一品"等项目影响下,原本邻里之间冷淡的关系有所改变,居民的自治行为正由一个抽象的概念逐步转为群众能切身感受并能亲自参与小区种种具体事务,正由一种政府主导的行为逐渐转化为制度安排下的居民有序参与的行动。随着一个个项目的自治章程、约定、公约、管理制度等的创建,一批群众领袖、社区管理骨干等进入群众的视线,开创了基层群众自治的活跃局面。

这些社区自治项目取得了良好的成效,许多社会管理顽症得到有效解决。诸如小区养狗、养鸽、楼道堆物等小区管理问题,许多小区通过创设"民声接纳"、"民生大会诊"、"老娘舅工作室"、"金老师倾听室"等民生项目、搭建自治议事平台,把难点问题交由居民民主协商,从而使得这些社会管理难点问题得到相当程度的缓解。第三方对居民的满意度统计显示,2012年工作满意度为78%,而在2013年的调查结果中,居民满意度上升到了97%。此外,基层党组织、居委会在开展社区管理过程中，工作人员的依法工作意识也得到了增强，对组织发动群众的方法和工作模式探索得到进一步深化，工作方法和思路也因此随之转变。

需要指出的是，在陆家嘴街道之外的上海其他社区，事实上也组织起了许多类似的便民、利民行为，甚至连陆家嘴街道的许多"自治金"项目，如"爱心铃"等，也是借鉴参考了上海其他社区的类似行为而设立的。因此，"自治金"项目就不应该被理解为简单的对方便民生、体察民情的直接手段，而应该是对居民自治行为的一种催化和诱导。

古代经典中便有言，"必也正名乎！"以新颖的形式、简易的流程作为宣传手段，以"以奖代补"的自治资金作为物质鼓励，并由设计严密的工作机制、监督制度加以保障，社区居委会就能够调动起更多社区居民参与自治工作的积极性，提高普通居民的参与意识、自治意识、公民意识，推动基层民主建设不再是依据空泛高悬的政治语言，而成为有血有肉的、摆在居民面前的积极实践。

（三）"自治金"项目现阶段面临的问题

法谚有言，"法律的漏洞也是法律的一部分"，一个机制即使已经形成和完善，它也不可避免存在一些问题，"自治金"项目也难免如此。社区治理者应该做的，就是在这个机制运行的过程中，发挥技艺理性，审慎地解决面对的问题。

第一，参与项目人群的局限性。陆家嘴街道内部不同社区之间存在着较大的差异，新建居民区与旧建居民区的自治基础各不相同。参与社区"自治金"项目的居民，主要是年龄50岁以上、离退休居民或不就业居民居多，而中青年人群则因为白天在外上班，晚间其他娱乐生活丰富，工作、社交压力较大，加之与邻里间相互缺乏交流而较少参与社区活动。因此，主要由中青年白领构成的新建居民区，其各种居民自我服务、自我管理的自治项目开展难度大，因而主要以文化项目、宣传项目为主。2013年的第三方调查结果也显示出，老社区评估得分明显高于新建的高档小区（见表1）。此外，由于缺乏年轻人的参与，各社区都缺少针对年轻人群的便民项目。

表1　2013年第三方测评各类小区得分统计

小区类别	平均得分	最高得分	最低得分
高档小区	92.69	96.32	86.33
中档小区	96.98	100.00	90.13
老小区	97.92	99.95	90.67

第二，社区人员结构复杂，对少数群体鞭长莫及。上海作为国际化大都市，存在着大量的流动人口，在社区治理工作中则体现为居民区内大量的非沪籍租住居民，因为生活习惯差异和语言差异，租住居民也同样缺乏加入居民自治的积极性，在居民委员会中也缺少应当具有的发言权。陆家嘴街道地处上海核心金融区，具有相当数量的外籍人员和港澳台籍人员，如何顾及这一人群的利益与诉求，并调动他们加入社区自治，也成了一个十分重要的问题。

第三，与业主委员会、物业公司之间工作协调的困难。笔者在调查时，也注意到了很多社区的"自治金"项目在实施过程中，出现了与小区物业公司之间的不愉快现象。如一些小区的停车管理项目，因为物业公司出于商业利益的考虑，放入了大量非小区居民所有的外来车辆，造成了小区居民停车和行车的不便，在与物业公司的斡旋过程中遭遇了一定的阻力。值得一提的是，在类似事件的解决中居民领袖发挥了很大的作用，社区志愿者也自发在小区门口拦截外来车辆。但这并不是解决与物业公司矛盾的根本手段。社区原本就有居民委员会、业主委员会和物业公司的协调会议机制，如何有效地发挥协调会议机制的作用，发挥业主委员会的影响，应当成为"自治金"项目接下来发展中需要考虑的问题。

三 "自治金"项目的经验

（一）"自治金"项目的经验

1. 完善制度保障居民自治

在商品化社会日益完善的背景下，过去一段时间内社会对道德建设的忽视，往往使得人性贪婪的一面展现出来，因此有效的制度安排是对居民自治健康性、有序性的保证。在"自治金"项目的推行过程当中，陆家嘴街道党工委和办事处本着事先细致企划、其间不断调整完善的原则，以严格的管理制度把控"自治金"项目的运行。

在立项环节，每个项目的立项都必须经过社区相关专门委员会、街道民政科、职能部门以及自治金领导小组，以不同角度和不同标准进行多重审核；在财务环节，项目经费的财务报销环节也要有严格的制度安排，不仅要经过财务科和相关职能科室的经费审批，还要接受街道纪检科的严格监督；在运行环节，纪检科受理各类举报、投诉，对项目的运行全程监督，各居民区党组织也对居委会的工作具有监督的资格。这些严密的制度设计，虽然一定程度上损耗了大量精力，带来了不便，在一开始时也引起了一部分居委会工作人员的抱怨，但严格的制度安排却是必不可少的，为了保证属于居民的资金能够有效地运用于实际需要的领域，只能牺牲一部分时间和效率，以保证"自治金"项目能够公正、公开、有效地展开。

2. 促进社区居民自我管理

现代城市生活带来的一个重要结果，就是由原本的熟人社会已经逐步演变为陌生人社会。这一方面促进了人民契约意识的提高；另一方面则导致了公共精神的减弱，这种消极影响对当前民主法治建设尚未完成的中国是十分不利的。在这一语境下，社区建设，特别是居民自主、自发的管理参与就尤为重要。"自治金"项目通过"楼组建设"、"邻里节"等项目中，同住一个楼层的邻里居民，改变了原来互不联系、互不往来的状况，共同解决楼组问题，共同管理楼道卫生，从而建立了居民之间的关系纽带，促进了居民对社区的认同度。在"民声接纳"、"民生大会诊"、"老娘舅工作室"等项目中，居民们共同探讨社区问题，共同解决社区纠纷，这也提高了居民对社区事务的关心程度，加深了对社区建设的问题意识。在项目进行的过程中，一些社区注意在居民中培养以离退休老干部为主体的志愿者的威望和工作能力，许多居民领袖从中脱颖而出，很多社区都出现了居民社团的雏形，这事实上是公民自治建设过程当中具有里程碑意义的一个现象。居民领袖和居民社团，能减少居委会实施项目的工作压力，更为有效地推动居民对社区的自发管理，形成具有社区特色的自发秩序。

3. 推动第三方评估与自身绩效评价结合

在街道办以科室为主体对各个社区的"自治金"实施情况进行绩效评价的同时,还委托第三方在社区群众当中进行工作满意度和知晓率的测评。测评以问卷调查的方式进行,每个社区的问卷数量为30份,分知晓度、实施情况、项目运行、规范操作四个维度进行衡量。表2显示了四个维度各自所占的权重。

表2 陆家嘴街道自治金项目第三方测评维度

单位:个,%

维度	题数	权重	维度	题数	权重
知晓度	2	16.67	规范操作	3	25
实施情况	3	25	满意度	1	8.33
项目运行	3	25	—	—	—

平均一个社区仅登录了30份问卷作为数据样本,从统计学的角度看无疑是不严谨的,这或许与第三方测评的经费限制有关。笔者在调查当中也发现,一些社区工作人员明确承认有相当部分的问卷是居委会人员自己填写的,这也解释了第三方测评的得分为什么明显高于街道办的绩效评价得分,个别社区的第三方评价结果居然达到了满分,这使我们有理由怀疑第三方测评结果的真实性(见图2)。

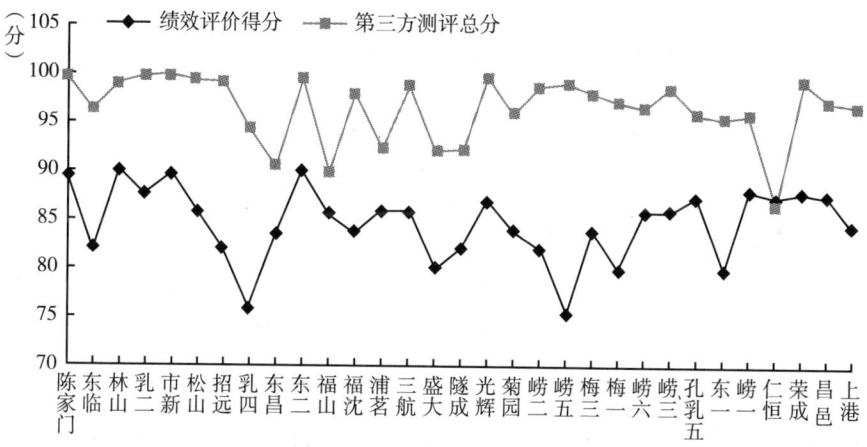

图2 街道绩效评价与第三方测评数据相关性对比

但第三方测评的作用不能被完全否定,统计学中常用相关分析来判断两个数据之间的相关性,相关系数越接近1,则数据的相关性越强。对比陆家嘴街道办的绩效评价结果与第三方测评结果,两组数据的相关系数 r = 0.19595,说明绩效评级与第三方测评的结果存在一定的相关关系。如果以绩效评价得分为 X 轴,第三方测评得分为 Y 轴,制作一张散点图,相关关系就更加明显。由此可见,第三方测评得出的结果是有一定根据的,不能否认其参考价值。而测评中出现的种种弊端,则应当在接下来的工作年度中完善制度,加强监督,提高评估结果的真实性与准确性(见图3)。

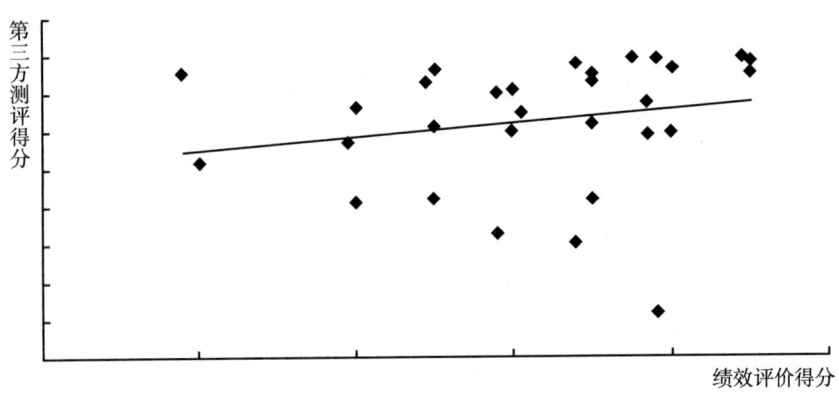

图3 绩效评价与第三方测评数据相关性对比散点

(二)"自治金"项目的推广可行性

前文已经指出,陆家嘴街道"自治金"项目的推行并非一帆风顺,执行两年至今也依然存在许许多多的问题。但这些问题并非僵死的无法克服的困难,而是促使"自治金"机制在动态中不断自我完善、自我调节的推动力量。正因为碰到了许多困难与挑战,也验证了陆家嘴街道"自治金"举措在工作理念、民主程序、自治机制等方面的设计是符合当前社会管理新形势发展方向的。陆家嘴街道创造性地用好浦东新区财政局和民政局的"以奖代补"财政资金,在资金增量的基础上,优先考虑保证民主自治建设经费的投入和激发活力,也为浦东新区的基层民主自治建设开展了有益的尝试和引领示范作用,因而得到了浦东新区财政局和民政局的充分肯定。2013年4月，浦东新区财政局和民政局下达《关于进一步规范居委会建设相关经费的实施意见》，该文件对居民区自治工作经费做出了明确规定，以进一步保障各街镇的自治工作经费能落到实处。

陆家嘴街道的"自治金"项目，一定程度上和陆家嘴街道的自治基础息息相关：第一是因为居民素质高，第二也依靠了公共意识较强的部分居民，"自治金"项目在陆家嘴街道的成功有其客观因素。借鉴陆家嘴街道的居民自治成功经验，不仅要借鉴其"形"，更要借鉴其"神"。究其关键，就是对居民自主管理社区的形式创新。首创"自治金"项目，让原本由区政府推行的以奖代补政策具有了更加简单易懂、更加具有吸引力的执行方式，尽最大可能调动了居民的参与积极性。居民自治，也并非要求普遍执行简单划一的标准模式，而是各个社区根据自身现状，使用适合社区自身主观、客观条件的自治形式。陆家嘴街道"自治金"模式更大的借鉴是它大胆的创新精神。基层自治形式在一定限度内不违反基本法律法规的创新，能够很大程度上改变原有社区的面貌，为全面深化改革工作增添新的活力。

四 建议与展望

《中共中央关于全面深化改革若干重大问题的决定》指出，推进基层民主建设，要"畅通民主渠道，健全基层选举、议事、公开、述职、问责等机制。开展形式多样的基层民主协商，推进基层协商制度化，建立健全居民、村民监督机制，促进群众在城乡社区治理、基层公共事务和公益事业中依法自我管理、自我服务、自我教育、自我监督"。上海具有较其他地区更好的法治基础，因而上海市政府提出，要在2017年率先建成法治政府，要将政府工作纳入法治的框架，不仅需要提高治理者的法治能力，也需要被治理者具有相应的法治素养，法治政府只有在法治社会建设一并进行之下才有可能。培育民众的法治素养，最好的途径就是在他们的社区生活中注入法治血液。而法治社区的完善，又必然呼唤着居民自治建设的进一步深化。陆家嘴街道三年来的民主法治实践的意义，不仅在于形式的变革带来积极作用，更在于"自治金"模式的运行过程中遇到问题和解决问题的尝试。

今后的"自治金"实践，需要多方面的共同努力与改进。第一，陆家嘴街道方面，完善监督机制，改善评估体系应当是首要任务，站在全局高度把控好整个项目的发展方向，保证项目健康运转；第二，陆家嘴各个社区作为基层自治的主体，应当利用好"自治金"这一特殊平台，拓宽视野，增长经验，培养社区工作者的自治能力，让社区自己处理所面对的诸多问题；第三，引导社会各专业组织与陆家嘴街道开展"政社合作"，使社会力量更好地参与社区自治建设；第四，全上海的各地区社区工作者们对"自治金"项目，应当认识到它在基层自治实践方面的意义，在借鉴这一经验的尝试过程中，不要简单地生搬硬套，而应结合陆家嘴街道与自身的自治基础的共同性和差异性，探索出适合自身现实状况的自制模式。"唤起民主的信仰，洁化民主的风尚，规范民主的行动"，这句话在上海如今的基层民主自治建设中又具有了特殊的意蕴，而陆家嘴街道"自治金"项目这一富有魄力的创新，则是其中生动活泼的注脚。

B.16 上海公安机关执法规范化建设专题研究

何家华*

摘　要： 近年来，上海市公安机关以精细化管理为指导、信息化手段做支撑，开展了执法规范化建设活动。积极践行"问题管理、精细操作"、"科技＋合作"的理念，通过解决突出问题求突破、项目管理抓推进，建立了涵盖源头管理、过程管理、结果管理、问题管理、主体管理的"五大执法管理体系"。在全国率先达到公安部提出的执法规范化建设阶段目标和成效标准。

关键词： 上海公安机关　执法规范化　社会管理创新

公安机关执法规范化建设是指为了实现公正、文明、严格、高效的执法目标，在法律的框架内，对公安执法活动进行程序化与标准化建设的一项系统工程。为此，我们要做到以下几点：首先，执法规范化是落实依法行政的要求。依法行政的具体要求包括：合法行政、合理行政、程序正当、高效便民、诚实守信、权责统一。其次，执法规范化是转变政府职能，加强社会管理体制和机制创新的要求。宏观上是国家治理策略的转化，中观上涉及行政体制的改革，微观上涉及执法方式、执法程序、执法工作机制等方面的转变。再次，执法规范化是加强政府保障城市安全和维护社会稳定能力的要求。维护社会安全必须要求行政机关提高执法效率，具体而又细致的操作规范则是效率的可靠保证。最后，执法规范化是依法化解社会矛盾、积极营造和谐有序社会环境的要求。

＊ 何家华，上海社会科学院硕士研究生。

近年来,各种执法问题不断显现,社会批评之声不绝于耳,通过规范化执法可以一定程度上缓解政府和人民的矛盾。

一 上海公安执法规范化建设的背景

1999年,"依法治国,建设社会主义法治国家"写进宪法,表明法治已经成为全社会的共识。当然,法治不仅仅是共识、理念,更是实践,需要扎扎实实的制度建设。此后,立法机关突出解决旧法的存、改、废和立新法的问题;司法机关启动了一轮又一轮的司法改革;各级行政机关不断积极推进法治政府建设。具体到公安系统,一方面公安执法涉及治安、消防、交通等领域,执法点多、面广,在整个行政执法中所占比重很大,因此公安机关执法规范化建设对整个行政执法规范化都有举足轻重的影响;另一方面,公安执法的法律依据不完善,很容易导致具体执法部门之间交叉执法或相互推诿,某些领域甚至存在无法可依的现象,公安机关执法规范化建设任重道远。

2008年,公安部党委做出了在全国各级公安机关开展以推进信息化建设为载体、以加强执法规范化建设为重点、以构建和谐警民关系为支撑的"三项建设"的战略部署。"三项建设"的成功关键在于执法规范化建设。2011年,上海市政府印发的《上海市依法行政"十二五"规划》提出了行政执法规范化的具体目标:第一,行政执法的规范度和执行力不断增强。行政执法队伍建设得到进一步加强,行政执法体制机制调整基本适应社会管理需要。行政执法程序规范健全,行政执法流程细化明确,执法交叉关系逐步理顺,执法盲区及时消除。行政执法人员素质明显提高。第二,规范行政执法程序。制定规范行政执法程序的政府规章,界定执法权责,细化执法流程,明确执法环节,规范执法行为。健全部门行政执法操作指南制度,明确本部门行政执法的权限、程序、流程和步骤。完善相对人权益告知制度,依法保障其陈述权、申辩权、复议权和诉讼权。建立行政裁量权基准制度,科学合理细化、量化行政裁量幅度。完善行政执法调查规则,规范取证活动。健全行政执法档案管理制度,规范档案资料的立卷归档、分类保管和公众查询等程序。建立行政执法规范督察制度,及时发现和有效整治不规范、不文明的执法行为。

上海公安机关进行执法规范化建设是对法治政府建设的进一步深化。此时期也是社会矛盾冲突的高发期，加强执法规范化建设背后是转变思路，实现社会管理制度创新，运用法治方式和法治思维解决社会要求；加强执法规范化也是解决中国社会转型期社会矛盾突出问题，构造安全稳定和谐社会的需要。

二 上海公安执法规范化建设的具体运作

执法规范化建设是公安部党委确立的公安机关长远发展和科学发展的战略决策，也是加强公安队伍建设和促进法治建设的重要举措。为贯彻落实公安部的部署，上海市公安局高度重视，做到决策科学化、领导有效化、动员全局化、贯彻执行长期化。第一，上海公安机关自上而下成立专门的工作班子，先后5次召开全局执法规范化建设动员部署大会，在部署、开展工作的同时明确了执法规范化建设的总目标。第二，组建了公安部、市公安局督导下具体有效的联席会议制度、项目化管理制度、领导干部联络制度和经常性督导制度，使之常态化。第三，上海市公安机关加强制度创新。积极践行"问题管理、精细操作"、"科技+合作"的理念，以精细化管理为指导、信息化手段做支撑，通过解决突出问题求突破、项目管理抓推进，建立了涵盖源头管理、过程管理、结果管理、问题管理、主体管理的"五大执法管理体系"。全市公安机关经过不懈的努力，执法规范化建设取得了明显成效，队伍执法思想更加端正，执法主体更加适格，执法制度更加健全，执法行为更加规范，执法监督更加有效，执法保障更加有力，执法能力和执法水平稳步提高，执法公信力不断提升、群众满意度不断提高。在全国率先达到公安部提出的执法规范化建设阶段目标和成效标准。

（一）源头管理

执法源头管理是规范和制约执法行为的首要前提，通过完善执法依据、明确行为标准，规范执法场所设置，为规范执法提供前端性和基础性的保障。具体包括：第一，强化地方立法，完善执法依据。上海市公安局紧密围绕公安管理工作需求，起草或参与制定、修订了《上海市养犬管理条例》等地方法规和政府规章23项，进一步完善了与上海公安执法相关的地方性法规规章体系。第二，汇编执法依据。为方便公安干警学习、掌握有关法律依据、提高执法质量，市公安局组织编辑了500余万字的《上海公安常用法规汇编》，收录了现行有效的法律、法规、规章、规范性文件等近1500件。第三，完善刑事立案追诉标准。市公安局会同市检察院、市高院、市司法局等部门先后出台了70余项刑事立案、追诉及证据标准，统一了打击犯罪尺度。第四，细化行政执法裁量标准。修订完善《治安管理处罚裁量标准》等行政执法标准，制定《关于对非法拘留违法行为处罚幅度的规定》、《关于规范消防行政处罚自由裁量标准的制度》、《上海市道路交通安全违法处罚标准》等一批规范性文件。第五，规范执法行为标准。(1)市公安局分8册编写了125万余字的《执法应知应会系列丛书》，明确各执法岗位的工作职责、执法依据和操作流程；(2)制定了《110常规警情处置工作流程》，对工作中常见的53个常规警情处置流程进行了详细规定，明确基层指挥员、处警民警的工作职责和工作程序；(3)制定《上海市公安局当场盘问、检查工作操作手册》，规范民警当场盘问、检查的工作流程和工作要求；(4)市公安局制定《公安笔录制作参考》明确各类笔录制作的基本结构和基本要素，提高基层民警的办案质量；(5)市公安局制定《上海市公安窗口接待服务规范化标准》，提高窗口执法工作的质量和水平。第六，规范执法场所设置。市公安局严格按照公安部《公安机关执法办案场所设置规范》的要求，全面完成上海市列入改建计划的376个执法办案场所的硬件改造任务，实现了安全执法、规范执法。与此同时，市公安局制定下发《上海市公安局执法办案场所设置规范实施细则》，以标准统一、因地制宜的思路大力开展执法办案场所规范化改造。市公安局制定下发《上海市公安局执法办案场所使用管理规定》，从细节入手，大力加强执法办案场所的使用和管理。

（二）过程管理

执法过程管理是有效预防和实时纠正执法问题的有效方式。上海市公安局以信息化手段为支撑，强化对执法过程的记载、实时监督和动态控制。具体包括：第一，运行执法管理信息系统。实现案件网上录入、流转、审批、监督、为此市公安局制定了《上海市公安局关于试行网上执法监督考评的工作意见》,全面推进网上执法监督考评工作。第二,建成联网实时监控平台。市公安局在原有视频监控系统的基础上,追加投入资金7306余万元,建成了联网实时监督系统两级平台,实现了对全局466个执法场所联网实时监控。第三,启动全程录音录像工作。市公安局以"全覆盖、高标准、前瞻性"为原则,累计投入资金1800余万元,在全市所有看守所共计395间讯问室内安装了全程录音录像设备,并明确使用范围,完善管理制度。第四,配备信息化警务装备。从2005年起,市公安局启动为一线执法民警配备记录执法过程的信息化警务装备工作,录音笔、警用取证仪的配发率达到100%,配发移动警务终端22581台。2012年以来,市公安局启动了录音笔、警用取证仪的升级换代工作,已逐步配发新一代执法记录仪9514台,覆盖了2/3的基层一线执法民警。

(三) 结果管理

执法结果管理是控制执法质量和追求执法效果的有效措施,上海市公安局通过明晰责任及强化监督,完善执法追责体系和监督考核模式,具体措施包括以下两个方面。

一方面,完善执法责任体系。(1) 全局已全面建立起单位、领导干部和民警三级执法档案制度,作为评价执法绩效和明晰执法责任的有效载体。(2) 在领导层面强化领导干部的审核、审批职责的同时,市公安局制定了《关于进一步加强上海市公安机关领导干部案件审核、审批工作的工作意见》,建立了强化审核监督、经常性督导检查、强化执法过错责任追究、轮值审核、定期汇报等一系列旨在强化各级领导干部审核审批职责的工作机制。(3) 在民警层面建立执法过错追责启动机制。(4) 市公安局制定了《上海市公安局信访工作责任追究规定》,强化因违法违纪、执法过错引发信访问题的行为,以及在信访工作过程中存在过错、造成不良影响行为的追究力度。

另一方面,深化内部监督机制。(1) 完善执法考评制度,市公安局重新修订《上海市公安机关执法质量考核评议实施细则》,巩固"法制牵头、条线负责、各司其责、齐抓共管"的监督模式,进一步健全日常考评、阶段考评与年度考评相结合的考评机制。(2) 配齐、配强基层法制员队伍,市公安局下发《上海市公安局关于进一步完善基层执法部门法制员制度的实施意见》等一系列文件，全市共配备了740名专兼职法制员，明确法制员工作职责，建立法制员库和法制员轮换制度，并对法制员分级管理，初级、中级、高级法制员分别享受不同的政治和经济待遇，促进法制员积极履职，将执法管理延伸至基层一线部门。(3)拓展外部监督渠道。主要包括：加强公检监督配合，特邀法律顾问、监督员对公安工作进行监督，推行"阳光"警务，拓宽社会监督。

（四）问题管理

执法问题管理是促进执法规范、提升执法效能的直接手段，上海市公安通过问题管理机制的有效运行，着力解决执法中的突出问题。具体包括：第一，构建问题管理机制。市公安局下发《上海市公安局关于建立健全执法问题管理机制的工作意见（试行）》，明确执法问题管理职责分工和工作模式，拓宽执法问题发现渠道，建立并落实联席会议，定期评估等制度，强化问题登记、执法差错提示、执法问题整改等工作措施。第二，整改执法突出问题。开展涉案人员非正常死亡和涉案财物专项治理以及警车和涉案车辆违规问题专项治理。第三，破解执法疑点难点。如通过提请人大立法方式规范犬类管理，通过与其他司法行政机关协调解决液化气钢瓶安全管理问题，通过日常检查及联合清查，加强旅馆等留宿场所管理，通过专项整治对非法改造、营运"四类车"进行管理。

（五）主体管理

执法规范化建设的关键是执法主体建设，执法主体管理是提升执法理念和综合执法能力的基本载体。执法理念和执法能力建设必然要求全局转变执法观念，按照法治思维，以法治的方式执法，增强执法人员的执法理念和执法能力。总体要求：合法执法、合理执法、程序正当、权责统一、高效便民、自觉接受社会监督。具体做法包括：第一，开展"改进执法方式，提升执法公信力"、"发扬传统、坚定信念、执法为民"等主题教育实践活动，结合执法问题集中排摸和整改，促进民警牢固树立立警为公、执法为民、公平正义的执法理念。第二，形成日常养成机制，通过执法示范单位及先进个人的评选发挥示范引领作用,三级案例讲评制度,推行领导干部和执法民警旁听法院庭审、科所队长出庭应诉等机制。第三,强化执法能力培训,执法的理念最终靠执法能力来体现。在总体上,构建三级培训体系:依托上海公安高等专科学校,开展警衔和职务晋升、专业岗位、领导干部培训;在分局、县局组建警训队,开展"短平快"的警务实战技能培训;在基层所队推行"随时、随地、随人、随事"的不脱岗培训,满足实战需求。局部上,开展各类规范化培训会,开展新修正的刑事诉讼法培训。第四,开展执法能力考核。具体包括:领导巡考,基本执法资格等级考试,执法规范上机考试。

三 上海市公安执法规范化建设的成效

执法规范化建设开展四年,上海公安经受住了"世博会"等大型活动的重重考验,执法活动更规范,执法办案质量提高;为公安中心工作提供了有力保障;执法公信力及群众满意度全面提升;媒体好评如潮。取得的具体成效如下。

(一)服务公安中心工作

(1)有效的保障"世博会"等重大安保工作。(2)为打击毒品犯罪等专项斗争的开展提供有力支持。

(二)执法质量和水平稳步提升

(1)信访。在信访案件总量方面,2010年、2011年、2012年和2013年,上海市公安局受理的投诉类信访案件总数分别为14695件、12041件、9373件、11057件,2010~2012年信访案件同比分别下降21.54%、18.06%、22.16%,2013年信访案件总量同2012年信访案件总量相比上升0.1796%,这主要是劳动教养取消及国家对涉访涉诉问题的广泛宣传,导致2013年的信访案件总数相对2012年有所上升。

(2)行政复议。在行政复议撤销、变更率方面,2011年为1.7%,2012年为0.8%,2013年1.7%,劳教措施取消引发政策性撤销变更(3月开始政

策调整)。

(3) 行政诉讼。在行政诉讼撤销、变更率方面,2011年为39.6%,2012年为22.5%,2013年28.5%(劳教措施取消引发政策性撤销变更)。

(4) 本市检察机关不起诉。在本市检察机关不起诉率方面,2011年为0.86%,2012年为0.69%,2013年为1.88%,其中绝对和存疑不诉率,2011年为0.13%,2012年为0.08%,2013年为0.27%(主要是新刑诉法实施,检察机关考核导向向少捕少诉转化)。

(三)群众安全感、满意程度持续保持高位

(1) 安全感测评。2011年、2012年、2013年的群众安全感测评指数分别为84.04%、83.28%、83.31%。

(2) 工作满意度测评。2011年、2012年、2013年的群众对本市公安工作满意度测评指数分别为85.23%、81.11%、82.44%。

(四)率先通过公安部达标验收

2012年12月4~8日,公安部执法规范化建设领导小组对上海公安机关开展检查验收。12月25日,公安部执法规范化建设领导小组下发了《关于对上海市公安机关实现执法规范化建设阶段目标检查验收情况的通报》,指出"首家提出验收申请的上海公安机关,全面完成了阶段目标确定的各项任务,取得了明显的阶段性成效,有效保障了世博会等重大活动安保和大量日常执法任务的顺利完成,有力促进了公安工作和队伍建设的发展",标志着上海市公安机关执法规范化建设实现在全国率先达标的目标。

四 "五大体系"建设的经验总结

执法规范化建设是一项具有基础性、全局性、战略性和长期性的工作。上海公安机关一方面基于有力的组织领导和加强与各执法部门的合作,另一方面以精细化的执法理念为指导、信息化手段做支撑,以管理制度创新做保障,取得了让同行瞩目和让百姓认可的成就。

（一）以理念转变统领工作全局

理念建设是先导。正确的理念对实践具有指导作用。上海市公安机关转变执法理念：从管理转向治理，注重运用法治思维和法律手段预防和解决社会矛盾纠纷。上海市公安机关积极践行"科技＋合作"的理念，科技理念主要体现在以信息化手段作支撑，实现"信息公开、网上办事、公众参与"，达到科技和制度的结合，提高了执法活动的智能化，减少了个人对执法的干涉，提高了公安机关执法的透明度，有利于人民对执法活动的监督，提高执法服务的便捷性，做到在管理中体现服务。合作理念主要表现为与市人大合作，解决执法依据缺少、不明确的问题；与市检察院、市高院、市司法局等部门的合作，完善执法标准问题，提高执法工作的效率和效果。上海市公安机关积极践行以精细化管理为指导的理念，构建了从执法依据到执法过程、执法结果，问题反馈与解决到执法主体一整套精细化的细则、标准。

（二）以管理创新保障执法规范化建设

理念要切实践行，社会管理制度创新是保障。上海市公安机关在制度上科学设计、合理安排，推动社会管理规范化、专业化、社会化和法制化。构建了以问题求突破、项目管理推进的组织领导体制，建立了源头管理、过程管理、结果管理、问题管理、主体管理的"五大执法管理体系"这样一套顶层设计和下层设计相契合的新制度。这样一套新型的管理体制，行政管理方式方法，完善了制度，保障了社会和谐稳定，提升了服务，在管理中体现服务，在服务中融入管理。

上海公安机关执法规范化建设是法治建设过程中成功的典型案例。法治一方面是人为的制度设计和实践，另一方面是规则、制度、理念的自治系统。上海公安机关的法治规范化建设利用信息化技术和法治理念教育完成了总体设计和精细化操作的结合，达到了理想和现实的平衡。但法治也是理想和利益的相互妥协，并且是在具体实践中完成理想和实践的联姻。在追求法治化的过程中，制度建设需要通过点滴的工作来逐步推进，很难在短时间内形成完美的制度。

五 "五大体系"建设的思考

上海公安机关在执法规范化建设中虽取得瞩目成效,成效是过往经验的不断积累和教训的不断总结的结果;成效更是不断克服困难的艰辛探索的过程;成效也是过去和现在的结合体,过往的经验和教训在总结历史的同时也在启迪现在。现在的困难是为取得更大成效提供机遇,克服现有困难、解决现有问题的同时也照亮了未来。因此,成效的取得既要把握过往,又要求正确地认识现在。既然执法规范化建设是一个过程,只有起点没有终点,那么在这一历史过程中成效只是上海公安机关执法规范化建设中令人惊羡的一面。从另一面来看,上海公安机关执法规范化建设中还存在以下困难和不足:第一,上海警力是按居住人口数量比例配备而不是按实有人口数量比例配备,因此,在流动人口多的区域就存在警备力量不足的问题。第二,法律规定不明确导致执法主体不明确,存在交叉执法的问题;在执法主体模糊的情况下,在一些执法领域存在公安推在前面的尴尬局面。而实际上,在稳定的秩序下,公安机关应该是执法的最后保障。因此,率先启动公安执法不仅损害了公安形象和权威,也损害了政府和国家的权威。第三,由于存在执法取证难的问题,对"黑车"等百姓反映强烈的问题总不能进行有效治理。第四,由于在百姓实际需要的一些领域具体法律规定缺失,因利益不均而产生的冲突一时无法解决,公安执法存在困难。比如,对广场舞扰民的问题,在面对居民的文化康乐权与休息权冲突时就很难取舍。第五,警械配备的不足和警械管理的限制,使得民警无法有效处理应急事件。比如,民警在面对突发性事件、恐怖事件中人身保障不足,更遑论果断处置。上述这些问题需要我们运用法治思维、法治手段逐渐解决。

热 点 篇

Discussion Reports

B.17
参加上海市立法听证会引发的思考与建议

汤啸天[*]

摘　要： 2013年，笔者作为陈述人参加《上海市轨道交通管理条例（修订草案）》立法听证会。深感立法听证会是参与式民主的好方法，同时，也引发了一些思考：听证人出席听证会是履行义务还是做"重要讲话"；听证会应当如何对听证的内容做出明确规定；应当如何对轨道交通价格做出约束性规定。笔者对改进立法听证的建议是：立法听证会应当成为立法的必经程序；确保与立法有利害关系者参加听证会的平等表达权；用公开化促进立法听证实效的提高；让听证会表达的意见真正影响立法；立法机关应当学会在立法进程中与媒体沟通互动。

---

[*] 汤啸天，上海政法学院正编审，上海市法学会副秘书长。

关键词：

立法机关　立法听证会　参与式民主　思考　建议

2013年8月15日，上海市人大常委会就《上海市轨道交通管理条例》的制定举行立法听证会。笔者因为在修订草案征求意见期间提出了具体的意见，有幸作为市民代表参加听证会，并被列为听证陈述人。本次听证会事先明确围绕《上海市轨道交通管理条例（修订草案）》中第十七条、第十八条、第二十一条、第二十四条、第二十五条等规定进行。在面对面的听证交流过程中，我感到听证人聆听各方面意见的态度认真，公众意见的表达理性有序。2013年9月26日发布的《上海市轨道交通管理条例（修订草案）立法听证报告》也是客观的。作为听证陈述人，笔者在听证会上三次得到陈述的机会，切身体会到立法听证会是听取民意、汇集民智，推进民主立法，提高立法质量的好办法、好途径。

从2013年11月21日上海市第十四届人民代表大会常务委员会第九次会议修订通过的《上海市轨道交通管理条例》看，此次立法听证会达到了预期的效果，比较好地吸纳了群众提出的意见，尤其在加强轨道交通企业服务责任方面与"草案"相比有了明显的进步。作为立法听证的参与者，笔者在深感立法听证成效初显的同时，也看到了立法听证进一步提高的空间。

一　立法听证会是参与式民主的好方法

人类社会发展至今，就人民民主实现的最佳方式而言，有代议制民主与参与式民主两种。代议制民主以其一整套完整的选举程序保障民主的实施，具有"刚性"；参与式民主以参加人选、参与方式的灵活多样，彰显"柔性"。只要运作得好，代议制与参与式两者之间具有互为补充的关系，并不互相排斥。当今世界，以参与式民主补充代议制民主是普遍接受的思路。在代议制民主不发达、不成熟的国家，参与式民主还能够起到带动、推动代议制民主完善的作用。我国民主法制建设的历史基础薄弱，无论就国家民主制度的建立完善或者公民的民主素养、民主习惯的培育角度考察，都需要渐进的长期培育过程。正如俞可平教授所说："实现民主需要具备相应的经济、文化和政治条件，不顾条件而推行民主，会给国家和人民带来灾难性的结果。政治民主是历史潮流，不断走向民主是世界各国的必然趋势。但是，推行民主的时机和速度，选择民主的方式和制度，则是有条件的。一种理想的民主政治，不仅与社会的经济制度和经济发展水平、地缘政治、国际环境相关，而且与国家的政治文化传统、政治人物和国民的素质、公民的生活习惯等密切相关。"① 中国有着几千年封建社会历史，民主制度的建设不可能一蹴而就，公民民主素养、民主习惯也需要在学习使用民主制度的过程中逐步养成。为此，我国民主法制建设应当把科学的顶层设计与不断的实践推进结合起来。完善人民代表大会制度与发展中国特色的参与式民主，应当是共同发力、形成合力的"双缸发动机"。

我国《立法法》明确规定："列入常务委员会会议议程的法律案，法律委员会、有关的专门委员会和常务委员会工作机构应当听取各方面的意见。听取意见可以采取座谈会、论证会、听证会等多种形式。"与座谈会、论证会或者将法律草案在媒体上发布征求意见相比，立法听证会是更为直接倾听民意的重要方式，也是充分发扬民主，提高立法工作透明度，推进立法民主的一项重大举措。"在这个意义上说，'参与式民主'，是一种'横向民主'而不是'纵向民主'，所谓'横向民主'，一般地表现为多元性质。这个特点使它在当前我国社会中充分地显示了其特殊作用。随着我国社会主义民主政治的发展，各种社会组织在政治参与中发挥着越来越重要的作用。"② 横向民主力量来源的多元性、表达方式的直接性、表达时机的灵活性决定了做好组织、引导工作的重要性和艰巨性。正如游泳必须在游泳的过程中才能学会，人民民主权利的正确使用也只有在行使民主权利的过程中学会。我国的民主政治建设，既需要科学的顶层设计，也需要"摸着石头过河"。其中，立法听证会就是参与式民主的具体实施方法，立法机关也需要在敢于开听证会的基础上逐步实现善于开听

---

① 俞可平：《民主是个好东西》，《学习时报》2007年1月5日。
② 宋惠昌：《"参与式民主"：中国式民主的一种实现形式》，《北京日报》2011年11月21日。

证会。游泳不能站在岸上，"下水"是必需的。初学游泳者"下水"之后呛几口水也属于正常现象，但在具体的实践中一定要尽可能降低风险。民主权利的行使必须付诸实践，在一个人民连民主权利都不会使用的国度里，民主政治建设不可能快速推进。

党的十八届三中全会通过的《关于全面深化改革若干重大问题的决定》提出了"全面深化改革的总目标是完善和发展中国特色社会主义制度，推进国家治理体系和治理能力现代化"。这一总目标的设定，是对我国改革开放35年来经验教训的深刻总结，也为我国未来全面深化改革指明了方向。当前，我国公民民主权利的行使还处在"学习使用"的阶段，从学习使用到学会使用还有一个渐进过程；同样，立法机关也在学习如何保障人民的民主权利，立法机关的学习过程更需要付诸实践的自我革命。要而言之，一是在立法活动中落实人民当家做主的社会主义民主本质，通过真诚地听取民意、平等地与民互动、有效地汇集民智，进而提高立法质量。二是要真正回归"公仆"的位置，不是对人民指手画脚或者"替民做主"，要真心实意倾听人民的意见，把手中的权力变成为人民谋利益的责任。三是通过广泛的公民参与，特别是在社会治理中的公民直接参与，培养民主意识，提高民主能力，养成民主习惯，为整个国家政治生活的民主化奠定坚实的基础。

二 参加《上海市轨道交通管理条例》立法听证会引发的思考

（一）听证人出席听证会是履行义务还是做"重要讲话"

本次立法听证会是上海市人大举行的第12次立法听证会，也是本届市人大常委会举行的第一次立法听证会。应当充分肯定，市人大常委会领导成员高度重视，常委会主任殷一璀和常委会副主任钟燕群、吴汉民、洪浩、薛潮，秘书长姚海同及其他常委会组成人员作为听证人参加了会议，认真听取了各方面的意见。事后笔者看到，反映该次听证会情况的"立法听证报告"称"常委会主任殷一璀出席听证会并做了重要讲话"。这也许是人大常委会干部草拟文件的习惯表达方式，但是，人们不禁要问：人大常委会主任参加听证会究竟是履行其职责所规定的义务还是借此讲台发表"重要讲话"呢？对照党的十八大报告提出的新"两个凡是"："凡是涉及群众切身利益的决策都要充分听取群众意见，凡是损害群众利益的做法都要坚决防止和纠正"，总觉得"常委会主任殷一璀出席听证会并做了重要讲话"十分别扭。举行立法听证会是尊重人民主体地位，倾听群众意见，提高立法质量的实践，在中国还属于刚刚起步的阶段。即便领导人有重要意见需要发表也不应当选择听证会这样的场合。笔者记得殷一璀主任的讲话主要内容是肯定了探索立法听证的意义，对陈述人发表的见解表示感谢，表示要认真总结此次听证会的经验，进一步做好立法工作。与其说殷一璀发表重要讲话，倒不如说是做了诚恳的表态。我国已故宪法学家蔡定剑教授在"中欧公众参与的制度与经验"研讨会上曾经说过："公众参与从根本上改变了政府传统的获取民意的方法，由封闭转为公开透明，由政府和官员主导一切，变为公众能主动参与，特别是利害相关人有权利参与。可见，公众参与使政府的决策治理过程由过去的'官控'变为'民动'，从而使决策和治理变得更加科学、客观和反映民意。公众在公共决策和治理过程中也能有相当大的主导作用，因而官员就不能主导一切。这是公众参与最大的功效。"由此看来，尽管听证会是在人大常委会有关负责人主持下进行的，人大常委会负责同志参加听证会恰恰是倾听者、求教者，而绝不是居高临下来发表"重要讲话"的。

（二）听证会应当如何对听证的内容做出明确规定

按照听证会事先告知，本次听证会的听证内容有三项：一是修订草案第十七条、第十八条、第二十一条等条款关于轨道交通企业应当履行的服务职责的规定是否合理、可行（简称"轨交服务职责"）；二是修订草案第二十四条关于冒用他人证件或者使用伪造证件乘车者的信息，纳入上海市个人信用信息系统的规定，其必要性和可操作性如何（简称"逃票纳入个人信息系统"）；三是修订草案第二十五条关于轨道交通设施范围内的禁止行为的规定是否合理、可行（简称"禁止行为的规定"）。听证会主持人表示，上述听证内容是常委会审议以及公开征求社会意见期间，各方较为关注，涉及市民权益，需要进一步听取市民意见的问题。毫无疑问，准确把握立法过程中的矛盾焦点，立法听证会才能准确地确定听证内容。如果立法听证会的内容不明确，就会"各说各的"，难以形成交集。明确听证内容是必要的，但是，听证内容应当是与公民、法人或者其他组织切身利益有关的事项，包括涉及经济、社会发展中的重大问题的事项，涉及人民群众普遍关注的热点、难点问题的事项，涉及公共利益或者不同利益群体之间有利益冲突的事项和各方面意见分歧较大的事项。本次听证会把"轨交服务职责、逃票纳入个人信息系统、禁止行为的规定"列为听证内容具有合理性，但听证会回避了市民关于轨道交通票价偏高的议论，却有些许令人失望之感。当然，轨道交通的票价问题非常敏感，一旦列入听证会的内容可能会冲淡主题，但如果能够明明白白地告知"本次听证会为立法听证，轨交票价属于价格调整听证范围，将在票价调整时另行组织听证"，岂不更好。道理非常简单：从法理而言，凡是直接关系重大公共利益和人民群众切身利益的、社会上存在较大争议的、不同群体之间存在明显利益分歧的、涉及人民群众反映集中的热点难点问题的、人民群众强烈要求听证的决策事项，都应当进行听证；就法律规定而言，我国《价格法》第23条规定："制定关系群众切身利益的公用事业价格、公益性服务价格、自然垄断经营的商品价格等政府指导价、政府定价，应当建立听证会制度，由政府价格主管部门主持，征求消费者、经营者和有关方面的意见，论证其必要性、可行性。"可以肯定地说，只要拟变动上海轨道交通价格，就必须举行听证会。如果能够在轨道交通管理条例的立法过程中"有言在先"，也许更能够顺民心、合民意。

有鉴于此，听证会对听证内容做出明确规定是必要的，但是也需要讲究方式方法。本次听证会关于听证内容的规定，需要改进之处至少有两种选择方案：一是在明确规定听证内容限于"轨交服务职责、逃票纳入个人信息系统、禁止行为的规定"之外，说明轨道交通票价的听证由相关的价格调整听证会另行组织；二是在规定本次听证会内容是"轨交服务职责、逃票纳入个人信息系统、禁止行为的规定"之外，再加上"其他与群众利益密切相关的内容"。

（三）应当如何对轨道交通价格做出约束性规定

《上海市轨道交通管理条例（修订草案）》第二十条规定："轨道交通票价

应当与上海市其他公共交通的票价相协调。票价的确定和调整应当按照规定召开听证会，广泛听取社会各方面意见，经市物价管理部门审核并报市人民政府批准。"这一条款在市人大常委会通过发布的《上海市轨道交通管理条例》中，除了序号变为第二十七条外只字未改。笔者认为，"轨道交通票价应当与上海市其他公共交通的票价相协调"是一个似是而非的命题。早在"修订草案"征求意见期间，笔者就指出这一提法是错误的。这里的"其他公共交通的票价"显然主要是指上海市公共汽车、电车的票价。否则的话，为什么不写上海轨道交通票价应当与北京市轨道交通票价相协调呢？如果上海轨道交通票价与北京轨道交通票价相协调，上海的轨道交通必然降价。

在逻辑关系上，若设公共交通票价为 A，则轨道交通票价为 a_1、公共汽车票价为 a_2、出租汽车票价为 a_3、过江轮渡票价为 a_4。毫无疑问，a_1、a_2、a_3、a_4 乃至 a 的 n 都属于 A 的一部分。按照"轨道交通票价应当与上海市其他公共交通的票价相协调"的说法，这里所指的所有票价将在轨道交通、公共汽车、出租汽车、过江轮渡票价内部之间协调。如果在上海市范围内，轨道交通票价说要与公共汽车、电车票价相协调，公共汽车、电车说要与轨道交通票价相协调，这种内部协调的结果将是 a_1、a_2、a_3、a_4 的价格永远不变。因为定价时 a_1、a_2、a_3、a_4 的价格都是"相协调"的。显然，无论 a_1、a_2、a_3、a_4 都是公共交通票价 A 的一部分，A（公共交通票价）应当与具有基准性的外部指标体系相协调，而不是在公共交通票价 A 的体系内部（a_1、a_2、a_3、a_4）之间相协调。协调体系应当是外部的还是内部的选择，体现了定价权掌控者的立足点。公共交通票价正确的协调体系选择应当是国民经济的发展水平与市民的实际支付能力。一般商品或者服务定价的基本因素是成本因素、供求关系、竞争格局，公共交通价格的确定更应当把惠民放在第一位，以充分体现其公共性。《价格法》第二十五条规定："政府指导价、政府定价的具体适用范围，价格水平，应当根据经济运行情况，按照规定的定价权限和程序适时调整。消费者、经营者可以对政府指导价、政府定价提出调整建议。"在这一规定中"应当根据经济运行情况"适时调整政府指导价、政府定价的具体适用范围，价格水平的含义非常明确，何必要搞一个"轨道交通票价应当与上海市其他公共交通的票价相协调"的说法呢？公共交通票价的决定权在地方，又是直接涉及民生的敏感事项。北京与上海在轨道交通票价方面的差异有目共睹，正确定价的做法只能是全面考虑上海的经济运行情况，而不是辩称"轨道交通票价应当与上海市其他公共交通的票价相协调"。

笔者关于轨道交通票价的确定应当以公共交通票价以外的具有基准性的体系作为价格协调标准的意见，在口头交流时也得到了立法机关工作人员的认同。但令人遗憾的是，本次听证会明确规定了三个方面的听证内容，群众有关轨道交通票价的议论并没有得到表达的机会。有关轨道交通票价的内容，在最后由上海市人大常委会通过发布的《上海市轨道交通管理条例》文本与修订草案中只字未变。

三 改进立法听证的几点建议

当然，从中国的法治建设的渐进性角度理解，立法听证在我国还处于探索过程中，笔者在坚信"明天会更好"的同时，也就立法听证活动的进一步完善提出如下建议。

1. 立法听证会应当成为立法的必经程序

迄今为止，我国立法听证的实践还很不充分，宣传作用大于实际意义。应当使立法听证真正成为一种民众广泛参与立法的民主制度，必须解决在非紧急状态下的立法听证的普遍化。我国现行《立法法》对立法听证仅作了选择性的规定，即立法听取意见的形式有多种，包括座谈会、论证会和听证会，听证会仅是可选择的形式之一。建议修订《立法法》时，对听证会做出强制性的规定。同时对立法者而言，《立法法》也应该进行广义的界定，即包括法律规范的起草者和审议、批准机关。与此对应，在立法的起草和审议、批准阶段必须历经"双重听证"的法定程序。不仅各级人大常委会要更多地举行听证会，各个专门委员会负责起草或审议的法律也应当分别由各专门委员会举行听证会。

2. 确保与立法有利害关系者参加听证会的平等表达权

立法听证会的参与者应当包括法律规范涉及的利害关系人、法律专家学者、草案的起草者、人大常委会组成人员、政府官员及司法实务部门的代表，等等。听证会进行之前,尽可能充分地提供背景材料,清晰地梳理争议的焦点。听证会要对听证陈述人的发言时间进行平等的限制,要杜绝一切大话、空话、套话,针对立法内容明确表达意见。发言人各抒己见,互动交锋,对发言内容的真实性负责。

3. 用公开化促进立法听证实效的提高

立法听证会的实效如何,主要取决于立法机关是否真心诚意,关键在于提高听证会的透明度:一是程序公开,举行听证前制定听证规则,将规则和程序告知陈述人;二是听证内容公开,在听证前将听证内容在报上和互联网上公布;三是听证陈述人人选的公开,要保证持有不同意见听证陈述人的数量;四是听证报道公开,对媒体不设限制,尽可能采用电视或者广播直播的方式;五是听证结果公开,听证报告和以听证为基础形成的修改稿,应当在媒体上发布。

4. 让听证会表达的意见真正影响立法

听证记录的使用效力,在我国《立法法》没有做出明确规定,实践中难免出现"做做样子"的虚假听证。为了让立法听证会对相关立法产生实质性的影响,必须明确听证记录的法律地位。我国可以借鉴美国行政裁决听证程序中的"案卷排他原则",将立法听证会记录作为立法决策的证据来源。凡是主张进入立法的内容必须在听证会上公开陈述,接受不同的意见的交锋,才能使立法者的自由裁量权受到必要限制。唯有如此,立法听证会才能真正发挥作用。

5. 立法机关应当学会在立法进程中与媒体沟通互动

我国的新闻媒体已经在推动民主立法、科学立法方面起到了积极的作用,但也有进一步改进的责任。目前,立法机关在立法进程中与媒体沟通互动的研究还很不充分,操作上也时常陷于两难境地。立法活动必须通过媒体得以传播,立法机关如何尊重媒体、用好媒体、用足媒体的课题亟待探索。建议立法机关尽快组织力量进行专题研究,以期用正确的理论指导实践。

B.18
《上海市轨道交通管理条例》制定过程评述

范政强[*]

摘　要： 本文尝试从修改通过《上海市轨道交通管理条例》的过程、细节入手，窥一斑而见全豹，展现并评述上海市人民代表大会在立法方面的工作现状。上海市人大在修订该条例前充分将草案在社会中酝酿，并通过立法听证会等途径广泛听取多个利益攸关方的意见，并在常委会审议过程中遵循着完善的表决程序。本文还重点分析了草案中关于地铁禁止规定一则的制定过程，禁止规定的反复修改，体现了上海人大立法者的兼听与审慎。

关键词： 人大立法　轨道交通　地铁禁食

2013年11月21日，上海市人大常委会第九次会议表决通过了《上海市轨道交通管理条例》（以下简称《条例》），《条例》将于2014年1月1日起实施。上海轨道交通是上海乃至其周边城市的交通动脉，平均每天的客流量就高达800万人次，相当于全中国客运铁路运输的总客流量，因此该条例的制定工作，从一开始就引起了全社会的广泛关注。有关地铁车厢内禁止进食等若干个热门提案，也引起了社会的广泛争论。本文尝试对《条例》的立法过程进行研究，列举其特色，并对"地铁车厢内禁止进食"提案从提出到被否决的过

---

[*] 范政强，上海社会科学院硕士研究生。

程进行重点分析。由此见微知著,"举一隅不以三隅反",以图间接概括上海市人民代表大会立法工作的宏大景象(见图1)。

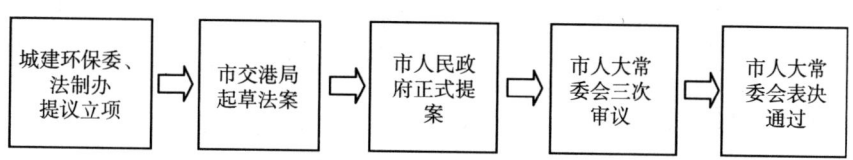

图1 《上海市轨道交通管理条例》立法流程示意

一 《条例》出台过程中的显著特色

《上海市轨道交通管理条例》在2013年以前已经有了修改草案,是上一届五年计划的预备项目,它曾被列为2010年第8号、2012年第10号议案。经过几年时间的准备,《条例》修订议案由上海市城建环保委、上海市法制办共同提出立项,然后由市交港局起草草案,再由市政府将此议案提交市人大常委会。经过完善的审议程序,最终在市人大常委会表决通过。从提出立项到正式实施,立法程序环环相扣,其中有许多鲜明的特色,值得在此加以研究。

1. 草案在社会中的充分酝酿

2013年4月初,上海市人大本年度工作肇始之际,修订轨道交通管理条例就被列入年度立法工作计划,在市人大公众网站上公示。此后,不论是初步起草的《条例》修改草案,还是在人大常委会内部的审议工作,都有相关消息公示在上海人大网络站点中。因为网站本身的专业性、公务性,上海人大主页知名度相对不高,公众获取该《条例》修订工作进度的渠道主要是大众媒体。《解放日报》、《东方早报》等报刊媒体都能及时跟进立法工作的进度,让市民及时获取相关信息。微博、社交网站和本地交流论坛成为市民交流表达对《条例》意见的主要渠道。

以往立法的一大弊端就是,虽然某一议题在社会上进行了一定讨论,但立法者缺少获取舆论意见的渠道,由此产生了闭门造车的现象。为了及时获取来自网络舆论对《条例》修改工作的意见，2013年4月12日，上海人大公众网邀请了市人大代表、上海理工大学环境与建筑学院副院长黄晨，市人大代表、黄浦区残疾人联合会副理事长朱如安、上海市交通运输和港口管理局客运处副处长戴祺参加"人大网议日"活动，就"轨道交通大家谈"这一议题，与广大网友进行在线交流。提问的障碍也被尽可能地减少，网民无须注册就可以直接在人大公众网主页上署名或匿名提出自己的问题。

2. 公开、透明、真实地进行的立法听证会

《中华人民共和国立法法》第五条规定："立法应当体现人民的意志，发扬社会主义民主，保障人民通过多种途径参与立法活动。"在近二十年的法治实践中，保障人民多种途径参与立法活动的方式主要是立法座谈会、民主评议会、协商会等，不同地区形式不一，效果也十分不同。

《条例（修订草案）》的立法听证会召开于2013年8月15日，并提前7日于7月29日进行了公告。听证会并不是宽泛地就整部草案进行听证，而是具体地选取了几个被认为有争议的条款，即修订草案第十七条、第十八条、第二十一条等条款关于轨道交通企业应当履行的服务职责规定之合理性与可行性，修订草案第二十四条关于冒用他人证件或者使用伪造证件乘车者的信息纳入上海市个人信用信息系统的规定之必要性与可操作性，修订草案第二十五条关于轨道交通设施范围内的禁止行为的规定之合理性与可行性等三个问题进行了详细讨论。这三个问题已经提前一个月在《解放日报》[①]、上海人大公众网公布。虽然这三个问题是由官方所选取的，听证会失去了讨论其他问题的权利，但保证了这三个问题能被细致地讨论。

听证会参与人通过登录网站或者拨打电话报名，似乎是出于增加意见代表性的考虑，报名者被要求表明身份及自己所持观点。并不像很多立法听证会为图省事，只找所谓"内部人员"参加的现象，本次立法听证会的最终参加者既有社区工作者、高校专家学者，也有上海海事大学普通学生和普通上班白领，可谓是涉及社会各个相关人群。人大公众网现场通过视频转播听证会状况，此外还有文字版的图文直播可以查阅。通过听证会文字稿可以看出，现场

---

① 见《解放日报》2013年6月20日，第7版。

提问的含金量较高,参与者的意见也并不十分统一,在个别问题上,听证会参与人之间出现了针锋相对的争论。

3. 人大常委会的"三读"审议

经过了充分的酝酿,人大代表从不同渠道获取了反馈信息与意见,提案也正式交由人大常委会进行讨论,经过"三读"程序后交予表决。"三读"是指人大常委会前后三次对草案进行审议。虽然"三读"是欧美议会立法的通例,但不论是《立法法》,还是上海市地方立法补充规定,都没有要求立法议案必须经过三次审议才能进行表决。《上海市人民代表大会常务委员会议事规则》第二十一条规定:"列入常务委员会会议议程需要表决的议案,在审议中如认为有重大问题需要进一步研究的,经主任或者主任会议提出,出席会议的常务委员会组成人员过半数同意,可以暂不付表决,交有关专门委员会进一步研究,提出意见。"这为"三读"程序的实施留下了空间,事实上,近几年来上海市人大常委会的重要议案,都是经过三次审议之后才交付表决的。

2013年9月上旬,人大常委会第四次会议对市政府提请审议的《条例(修订草案)》进行了第一次审议。会后,市人大常委会法工委通过媒体向全市公开征求社会意见;还通过市人大代表网和区县人大常委会向市、区县、镇三级人大代表征集意见;另外还委托部分人大代表联络室组织听取部分社区居民意见;通过开展问卷调查、召开常委会立法听证会、政协委员座谈会等方式,多渠道、全方位听取了意见和建议。收集了这些意见之后,最终再交由市人大常委会进行第二次、第三次审议,"历尽艰辛"的新《条例》才最终向世人见面。

二 "地铁禁食"条款更改过程分析

之所以选取本案例,是因为有关地铁里是否应该禁止饮食的问题在草案向社会征求意见期间引发了广泛的讨论,其代表性、突出性和争议性使得它具有鲜明的案例价值,值得单列出来分析。

问题集中在《条例》中列举的乘客禁止性行为条款上。原修改于2006年的轨交管理条例第二十四条规定,"在轨道交通设施范围内禁止下列行为:(一)拦截列车;(二)进入轨道或者隧道;(三)攀爬或者跨越围墙、栅栏、栏杆、旋转闸;(四)强行上下车;(五)吸烟,随地吐痰、便溺,乱吐口香糖渣,乱扔果皮、纸屑等杂物;(六)携带猫、狗等宠物;(七)涂写、刻画或者擅自张贴;(八)擅自设摊、卖艺或者从事销售活动;(九)乞讨、躺卧;(十)违反法律、法规规定的其他行为。"并没有对饮食进行规定。2013年初步修改草案中,增加了"禁止饮食行为"、"禁止携带自行车(含折叠式自行车)进站乘车"、"禁止使用滑板和溜冰鞋"三项条款,并在第六条禁止猫狗宠物条款中增加了"导盲犬除外"的限定。而到了6月新的修改草案公布,准备召开立法听证会时,"禁止饮食行为"这一条款已经被删去。直到人大常委会进行审议,并最终公布了《条例》修改案,对车厢内乘客饮食行为的禁止规定始终没有再次出现。据起草该修改草案的市交管局的解释,轨交禁食问题属于道德文明范畴,尚不宜在法规中强制规定。

这样的考虑是有道理的。《条例》草案曾拟规定轨交车站、车厢内禁止饮食,并就此向社会公开征求意见。调查结果呈现出了明显的两极分化:40.6%的受访者表示"同意",52%的受访者"不同意",7.2%的受访者认为"规定可以更人性,不要一刀切"①。在另一项问卷答案更为多样化的微博调查中,对"上海地铁拟全面禁食"的设想,支持者占57.6%,反对者为7.1%。26%的人担心"规定很好但执行难",17.5%的人说"上班族赶路伤不起",12.3%认为地铁禁食规定可以优化,19.6%的市民建议"先把地铁站里的便利店关了再说"。②

这项调查体现了立法工作中经常遇见的难题,就是多个利益攸关方之间意见的矛盾。民主立法是民主制度最基本的体现,然而在这一过程当中,并不是简单的少数服从多数,而往往是占劣势的若干个攸关方应对占优势的若干个攸关方,在这种情况下,只有每一个利益攸关方的意见都被照顾考虑,才有可能实现一个真正的"合议"。比如在本案例当中,如果忽略因占极少数的生理原

---

① 资料来源于新华网"新华调查"有关统计,2013年4月1日。
② 钱蓓:《市轨交管理条例修订草案暂未将车厢饮食列入禁止行为》,上海人大公众网。

因需要频繁进食的婴儿、糖尿病患者,至少存在三个利益攸关方:地铁运营方、早起赶路的上班族、反感地铁进食的乘客,此外,还应该考虑持中间态度的旁观者。下表简单归纳了多方面对地铁是否禁止进食的态度,以及这一方的态度对于全局决策的重要性(数据来源于前文提及的调查)和该方意见的紧迫程度。

表 1 地铁禁食规定利益攸关方意见及影响

利益攸关方	态度	意见重要性	意见紧迫性
地铁运营方	赞同禁食	维持轨交运营,根据《条例》具有行政职权,影响力重大	比较迫切,地铁进食会影响其他乘客,影响运营秩序,并造成轨交隧道的鼠患
早起赶路的上班族	反对禁食	根据调查,不得不在上班路上进食的约占受访者的18%,虽然是乘客中的少数,但是高度集中于地铁早高峰时段	高度迫切,上班时间匆忙,没有固定用早餐时间,地铁禁食会极大影响其生活步调
反感地铁进食的乘客	赞同禁食	根据调查,支持禁食规定的约占受访者的58%,该人群是地铁乘客中的大多数,虽然其中很多人也有地铁进食习惯	较不迫切,他人在车厢中进食会影响自己的舒适度,但并不影响自己的生活需要
中间态度的旁观者	无所谓	介于上述两个人群之间的模糊地带,数量难以确定	不迫切,是否禁止进食都对自己无所谓

从表 1 可以看出,对轨交车厢内禁止进食,赞同的人群约占一半以上,其中最迫切的是代表轨交运营方的轨交公司,这一方组织程度高,对人大常委会决策的影响力大,因此对在初步制定草案期间加入禁食规定起了很大的作用。而反对的人群则占少数,禁食规定将让自己早晨根本没有整段的用早餐时间,年轻上班族的要求最为迫切,然而由于他们组织松散,而且大多处在企事业单位中下层,难以直接影响人大常委会决策。这一方的意见只有在草案公布后的社会酝酿阶段才能影响决策者,这也是禁食规定最终消失在《条例》修改草案中的原因之一。

此外，法律法规的执行、实施问题也十分重要，需要在立法之前考虑法律法规可能的实施情况，进行"前置"思考[①]。面对执行起来十分困难的规定，如果强制实施，不仅会造成行政执法资源的极大消耗，也会引起普通民众的抵触情绪，降低了他们对于法律法规的认可程度，进而影响法律的权威性。同时，如果执行该规定不到位，很容易使得原本精心设计好的法律法规得不到施行，成为具文，民众对成为具文的法律法规的淡漠，同样也可能危害到法律的权威性，从而影响整个社会尊法、守法的意识。对"饮食"的认定和禁食的执行非常困难，像婴儿、低血糖患者的饮食没法一概禁止。而且上海轨道交通路线绵长，许多线路的列车自出发到终点往往长达一个多小时，禁止在车厢内饮水就显得十分不人性化，也没有必要。但是如果仅仅规定不得在车厢内进食，那就带来界定上的困难，何者为饮？何者又为食？"名不正则言不顺，言不顺则事不成"，法律要求逻辑上的清晰和外延上的明确，在地方性法规上做如此模糊规定，结果只能是"民无所措手足"了。

出于这个原因，禁止乘客在车厢内饮食的规定，最终仅仅被写入了以轨交公司的名义发布的乘客守则中，作为"倡导性的规定"。但这又引来了另一个问题：公民个人如何对待乘客守则？在法治社会的语境下，具有约束力的要求必须具有合法性和正当性，而守则就显得有些不伦不类。目前的媒体宣传中，乘客守则中的这项规定都被作为"地铁禁止饮食"来宣传，如果仔细审视问题就会产生。它既不是地方性法规，也不是行政规章、规定，显然没有国家强制力来保障；同时它还不是一个民事合同或者约定，因为从乘客买票、刷卡进站到乘上列车，乘客从来没有时间或者机会来承诺自己能遵守这个文明准则，整个过程当中只有轨交公司单方面的宣示。因此，这种乘客守则，只能作为民事双方的一方的倡议性要求来看待，甚至连"规定"也不能算。

三 启示与建议

在上海市人大常委会第九次会议上，人大常委会主任殷一璀评价轨交管理

[①] 王海燕《"前置"的可执行性考虑》，《解放日报》2013年12月12日。

条例的修改过程,"这项工作有一个鲜明特点,就是深入开展法规草案审议修改阶段的调查研究。围绕难点问题,有关委员会广泛征求意见,深入听证论证,为相关利益主体提供了利益博弈和观点争锋的开放平台,较好地处理了各种关系,既体现了立法的倡导引领作用,又为社会各方所接受认可,发挥了立法协调、平衡社会利益关系的重要职能。"不论是社会酝酿、公开听证还是后来严格的"三读"程序,其最主要的目的就是尽可能地获取全社会所有利益涉及方的意见。总体上看,这次立法过程已经实现了原本的期望,同时也带给法治上海、法治中国的践行者们一些很有意义的启示。

1. 对社会舆情的把握与采纳

作为上海市地方立法的主要承担者,上海市人大常委会在审议通过立法草案之前听取社会舆论的意见,显然是科学立法、民主立法的应有之义。然而对来自不同渠道的舆情应当如何把握就成了新的问题。如上所述,在此次《条例》修改草案的制定和通过过程中,社会意见主要来源于"人大网议日"活动、立法听证会、基层人大代表反馈意见、基层社区居委会收集的意见、问卷调查、上海人大公众网以及人大代表个人通过微博等网络工具收取的意见。这些不同的渠道都具有各自的特点,其意见也各自具有一定的局限性。如常常被认为与"民声"画等号的网络舆情,往往焦点过于集中,意见摇摆不定,容易受舆论环境影响,妨碍个体独立思考①;立法听证会因为其形式原因,真正做到参加者畅所欲言比较困难;而问卷调查的准确性也很大程度上取决于调查工作人员和受访者的调查态度。因此,在充分听取舆论意见的同时,更要求常委会既考虑各个利益攸关方的意见及其迫切程度,也考虑法规的实施可行性。

2. 对立法听证会机制的完善

法律法规并没有对立法听证会的执行做严格规定,事实上也不需要做太多限定,听证会在立法工作当中的运行原本就是一个动态的机制,如果做每一细节都要求按程序执行,那反倒会导致这一机制的僵死。而正是听证会的能动性,就要求时刻寻找并尝试解决整个机制中出现的问题。如"轨交条例"的这次立法听证会,问题就在于民众是否有机会讨论被限定的主题之外的条款内

---

① 陈娇娥:《网民政策评议焦点识别模型研究》,《情报杂志》2013年第4期。

容？在有限的时间内就三个具体的主题进行充分商讨，有必要而且效果很好，但对社会舆论感兴趣的其他内容，如何发起下一次公众听证会，至今依然尚无先例。而参考各利益攸关方的呼声就其他内容召开立法听证会，应当说是正当而且必要的。

3. 法律法规对公民个人权利介入的边界

国家制定的法律应当有其边界，法律法规可以规定乘客应该购票乘坐轨道交通，可以规定汽车遵守交通规则，但是不能规定个人应该如何吃喝拉撒睡，原因就在于法律法规应当规定的是处在社会状态下的人在与他者相处时的行为，所谓的权利和义务，前提就是要存在着除了个人之外的他者，从而在人与人之间划定出一条"群己权界"①；相反，在个人的私生活方面，或是闺阁深处的家庭当中，国家制定的法律法规鞭长莫及，这就是法律的边界。然而这条边界并不是一条线，而是一条或宽或窄的条带，包含着许多无法区分究竟是社会行为还是个人行为的对象。如地铁车厢内的饮食行为，一方面它涉及个人的身体健康情况，属于个人最私隐的内容；另一方面又影响车厢内周围乘客，韭菜饺子的气味、不小心泼洒出的奶茶，都侵害到了他者的利益，对这一条边界当中的行为，究竟是否应该由法律法规来规定，这是一个问题。近现代以来，人类社会进入了一个法律法规全面向这条边界渗透的时代，许多涉及个人行为的法规规定也应运而生，带来的影响也喜忧参半，一切都需要实践来解决。

4. 公序良俗对于法治社会的意义

古人云，"徒善不足以为政，徒法不能以自行。"② 法律法规就犹如一张疏而不漏的天网，严格又往往容易产生无法照顾到的阴影，以这次轨交条例中的禁止行为为例，不仅是饮食行为，推搡冲撞、功放音响等现象虽然会造成乘客的不快与不适，但同样都没有被录入在内。即使在理想的法治社会当中，也并不是只有依靠法律法规来解决一切社会关系，道德或者公序良俗同样具有十分重要的地位。正如前文中所说的《轨道交通乘客守则》，它只有成为社会普遍认可的公序良俗，才能对公众的生活产生影响，并指导公众的乘车行为。而守

---

① 〔英〕约翰·穆勒：《群己权界论》，严复译，商务印书馆，1981，第5页。
② 朱熹：《四书集注》，凤凰出版社，2008，第277页。

则所以成为一项公序良俗,不仅需要宣传和引导,还需要整个社会认识到法律的边界,认识到道德法则在法治社会当中的意义。

因此,对于当前越来越复杂的社会环境和立法环境,上海人大的立法者们一要发挥自主性,审慎地采纳各方面传达而上的舆情意见,统筹兼顾各个方面,带着全局性的眼光自主进行决策;二要在现有的良好基础上,继续完善三读审议制、立法听证制等立法程序,尊重程序正义,用程序保障法治的有效性和真实性;三要尊重少数人的意见,重视弱势群体的需要,与所有社会阶层与不同需求层级对话,照顾多方面的利益,保障每个人的合理权利,确保民主的制度能带来民主的结果;四要尊重公序良俗,发挥公共道德准则的作用,一方面避免所制定的法规条例与公序良俗发生冲突,一方面培育好良风美俗,在法规条例力所不能及之处发挥应有的作用。在上海建设法治社会的新时期,立法者的责任十分重大,每一点细微的改变,都能为法治上海带来新的风貌。

B.19
从《上海市轨道交通管理条例》修订看回应型立法趋势

曾凡证 章亮亮*

摘 要： 《上海市轨道交通管理条例》修订有其现实的意义，并且是一部相对成功的法规，从2014年1月1日实施以来，保障了上海地铁稳定运行。该法规成功的重点在于对社会需求、民众需求的回应。而在这种回应之下，也有一些固有法制路径的依赖存在，从而导致了对于一些涉及公众根本利益的事实选择性回应。例如，尽管有相关听证员提到，但关于票价问题并未纳入听证会的讨论范围。笔者希望在下一次的立法过程中，能加入更多的民主因素，让更多声音被听到，从而真正的踏上回应型法的道路。

关键词： 《上海市轨道交通管理条例》修订 回应型立法 趋势

在《转变中的法律和社会：迈向回应型法》一书中，P. 诺内特与P. 塞尔兹尼克"把社会上存在的法律现象分为三种类型：压制型法、自治型法以及作为改革方向的回应型法。"[①] 而《上海市轨道交通管理条例》的修订无不显示出回应型法的一种立法趋势。

压制型法主要依靠法背后的强制力推行，1990~2010年，中国的许多法

---

* 曾凡证，华东政法大学博士研究生，南京审计学院讲师；章亮亮，华东政法大学博士研究生。
① 〔美〕P. 诺内特、P. 塞尔兹尼克：《转变中的法律和社会：迈向回应型法》，张志铭译，中国政法大学出版社，2004，第3页。

律，特别是加入 WTO 之后的许多立法是这种类型，社会对法制度的需求不多，而法制度的推行主要是依靠强制力。自治型法则是淡化了强制性的色彩，"通过设置一套专业化的、相对自治的法律制度，把决定的大权控制在一定职能范围内，公正合理的程序是法律的核心，这个社会秩序以普遍性的法则为核心，法律、政治、立法与司法严格区分。"① 罗尔斯《正义论》之后的美国立法逐渐展示了上述状态。回应型法，顾名思义，即注重法律的权威性（非强制性），也注重法律秩序的整体，这种整体性即注重法律制度对社会需求的满足，这本身是一种变革或者改革，并且是有目的的变革和改革。我们通过有目的的指引对现存的规章制度基准进行变革，并引为目的的纯正性制约行政裁量以及达到缓和制度屈服于社会压力的危险。

因此，从这次《上海市轨道交通管理条例》（以下简称《条例》）的修订过程来看，确实体现了回应型立法的特点。

一 回应了管理与运营体制的变化

（一）轨道交通四分开的体制已名不副实

《条例》在 2002 年制定时，上海市轨道交通实行四分开体制——"投资、建设、运营、监管"。也即由多个主体参与运营和建设工作，原上海市城市交通管理局负责统一监管。但 2002 年至今上海市轨道交通运营线路已从 2002 年的 3 条发展到了 13 条，并陆续有新的线路上马。原来的分开体制模式与高速扩张的需求产生了巨大的矛盾，这种矛盾尤其表现在世博会配套设施前夕，明显感觉职能过于分散。由于这部分职能属于政府的职权范围，并且通过授权的方式赋予企业性质的轨道交通运营公司。因此在 2002 年以后，上述四职权依据上海本地情况和国家管理情况做出了新的规定，但这些规定并未反映在地方立法当中。

---

① 〔美〕P. 诺内特、P. 塞尔兹尼克：《转变中的法律和社会：迈向回应型法》，张志铭译，中国政法大学出版社，2004，第 6 页。

（二）立法对管理与运营体制变化的回应

首先，轨道线路专项规划职责被分离出来。2002年《条例》当时规定，上海轨道交通的专业规划由上海市交通港口管理局编制，轨道交通网络的规划则由市规划局编制。但是，轨道交通发展至今，轨道建设中的专项规划包括三类：分别是系统配套设施专项规划、选线专项规划和网络系统规划。在新《条例》第七条中根据修改实际编制情况明确了市规划国土资源管理局负责轨道交通网络系统规划、选线专项规划。市交通港口局会同有关部门编制系统配套设施规划。

其次，轨道建设的规划编制主体也进行了变更。在2003年国务院发布了《关于加强城市快速轨道交通建设管理的通知》，规定准备上马轨道交通的城市应当制定交通建设规划；由发改委与建设部审核后报国务院批准。据此，原由市交通局一个处室承担的建设编制职能，调整为为由市发改委及建委等多个部门组织编制的职能，此种修改可见新条例第八条。

而有关上海地铁的建设和运营主体，则在过去的11年中发生了较大的变化。当初四分开的体制分别由申通集团、上海地铁运营有限公司、上海地铁建设有限公司和上海现代轨道交通股份有限公司投资、建设和运营。后由于城市规模不断扩大，世博会对城市交通考验逐渐增强，需要建立一体化运营的模式。经上海市政府同意，地铁运营有限公司、地铁建设有限公司和现代轨道交通股份有限公司分别于2004~2007年并入申通集团。目前，申通集团已全面负责上海市轨道交通的投资、建设和运营。因此，新《条例》第四条规定"市人民政府确定的轨道交通企业具体负责上海市轨道交通的建设和运营"。①

这种改变也使用了行政法中的职权委托原理，在新《条例》第四条中，上海人大规定"申通集团"可以作为行政处罚的实施主体，而这部分权利来源于市交通行政管理部门本身。而根据我国的《行政处罚法》的规定，行政处罚可以委托给其他组织，包括企业。因此，在立法过程中较多人讨论的申通集团是否有执法实施主体资格的问题上答案非常明确：申通集团可以作为执法的实施主体。本文需要明确的是，虽然申通集团可以作为实施主体，但对该执

---

① 见2014年新修订颁布的《上海市轨道交通管理条例》。

法行为不满的责任主体,是市交通行政管理部门即上海市交通运输和港口管理局。也即,对申通集团的处罚不服,告的是该处罚权的实际享有主体。其背后的法理即是"权力委托责任由权力所有者承担"。

二 回应了更高安全系数的需要

(一)大网络高负荷使得运营环境承担高风险

应当说,随着整个运营网络规模的不断扩大,客流量的激增。轨道交通成为近半上海人出行的首选,大大缓解了公共交通的压力,但轨道交通运营安全面临着新的挑战。主要表现在以下几方面。

首先,对运营环境的高安全要求。在2010年世博会举办期间,上海市加强了安保工作,在所有轨道车站配备了安全检查设施、设备,对乘客携带的物品进行安全检查,但这种检查只能预防危险品,不能预防恐怖袭击、突发事件,以笔者长期乘坐地铁出行的经验来讲,在早高峰时期的上海地铁如要实施恐怖袭击,将是一个巨大的灾难。

其次,运营流程的安全也一再引起大家重视。据统计,"2010~2012年,轨道交通共计发生门夹伤事件756起、缝隙踏空事件410起、掉下站台事件92起"。① 2011年7月28日,上海地铁10号线发生逆行,该月27日10号线又发生追尾,让公众对轨道运行的安全关注度达到了最高点。

最后,在日常的运营过程中,对激增的客流量的控制也成为一个大的难题。地铁网络搭建完成后,高峰时间交通运力与客流增长之间矛盾逐步凸显,极端客流不断出现,2012年迈过单日750万人次大关,2013年经常稳定在单日850万人次大关,2014年3月23日地铁日均流量突破900万大关。大客流致使乘客推搡滞留事件时有发生,因此对客流量的控制变得异常重要,控制顺畅与否直接关系地铁安全运输及整个城市的安全。

---

① 孙建平:《关于《上海市轨道交通管理条例(修订草案)》的说明》,2013年6月19日在上海市第十四届人民代表大会常务委员会第四次会议上讲话,http://www.spcsc.sh.cn/shrdgzw/node5/node48/n1293/u1ai54934.html。

（二）立法对提高运营安全系数的回应

对轨道交通的整体安全性而言，在近十年的管理过程中，逐渐形成了一定的机制。其主要是定期安全评价和日常动态监督检查相结合的政府监管机制。这项职能原属于市交通港口局，因安检的技术性要求较高，将该局的此职能委托给专业的机构参与轨道交通的安全检查工作，因此此项职能实际执行集团也为申通集团内部的独立部门。其具有部分执法权，负责安全评价和动态监督检查两项工作。委托之后可以保证安全检查的专业性，同时也确保检查工作客观、公正，并且能够有效降低安检的成本。这项规定主要体现在《条例》第三十九条。

同时在第四十条针对突发事件，增加了处置方式。要求轨道交通运营企业承担更多的义务，主要是要编制轨道交通突发事件应急预案，并定期开展应急演练，提升应急处理能力等。《条例》明确："轨道交通企业是轨道交通运营安全的责任主体。其应当按照有关规定建立健全安全生产管理制度，配备专职安全生产管理人员。"① 此外，还要求轨道交通企业积极开展常规安全隐患排查，按期对轨道交通设施设备进行安检，排除安全隐患。

针对客流量大、高峰时间拥堵等问题，相关部门采取了在3、6、8号线车站实施限流的措施。在早高峰时期，部分站点不停靠也成为限流新方法，笔者乘坐2号线就碰到多次早晚停运现象。应当说，这些措施在运能无法大范围提高的情况下，已成为运营管理的常态。因此，基于公共安全的考虑，《条例》二十二条授权上海地铁运营公司在发生轨道交通客流量激增可能危及运营安全等紧急情况时，可以采取停运限流等临时措施。

三 回应了诚信社会建设的需要

（一）便利成为空子

为了给公民乘坐地铁带来方便，地铁的收费区域与非收费区域之间采用的

---

① 《〈上海市轨道交通管理条例（修订草案）〉立法听证报告》，http：//www.spcsc.sh.cn/shrdgzw/node5/node49/u1ai53391.html。

是半封闭式的管理模式，通过闸机相隔开，方便乘客快速进出。但是这也为部分人逃票带来了便利，笔者一个朋友初来上海，由于本身是体育专业的，身手颇为矫健，出入上海地铁如入无人之境，浑然不知票为何物，与笔者见面第一句话居然是说"上海的地铁太方便了，都不用票"。笔者只好苦笑劝他不要违法占小便宜。在《条例》修改前，对逃票的执法主体，执法标准都没有规定。

此外，上海市为了给上海市老人提供更多接触社会的机会，70岁以上老人可以免费乘坐公共交通出行。但是，经常会看到一个打扮时髦的年轻人刷卡过闸机之后，传来清脆的"老人卡"声，让过往群众非常惊诧，于是大家都错愕这是要多好的保养才能做到啊。冒用敬老服务卡乘车等逃票行为日渐增多，并成为考验社会诚信的一个视角。

（二）用立法维护社会诚信

对于逃票行为，市十四届人大一次会议期间多名代表提出了对轨道交通逃票行为应予立法处罚的提案。因此，《条例》对使用伪造证件乘车或者冒用他人证件逃票行为做了专门规定：乘客不得冒用他人证件、使用伪造证件乘车。对逃票乘客除补收票款，还可以加收五倍票款。而五倍票款属于惩罚性质，在《条例》修订过程中，提案主体提出要加收十倍票款，后改为五倍。而罚款的执法主体正是轨道交通运营企业。虽然五倍的罚款不高，但是一旦有罚款纪录，乘客罚款信息将被纳入个人信用信息系统，可以起到一定的威慑作用。

四 回应了乘客对服务质量提高的需要

笔者有两年的时间早晚高峰上下班时，和相关朋友共同讨论过地铁服务的问题。例如灵活性问题、延误处理问题等。在这十来年的运营试验过程中，一些较好的经验也被以法条的方式记录下来。在新修订的《条例》第十六条、第十七条、第十八条、第二十一条对运营企业的运营行为进行规范和限制，以提高服务的有效程度。一是轨道交通因故障不能正常运行十五分钟以上的，向乘客提供退票和出具延误证明的服务。二是向社会公开列车具体运营时间、运营间隔，还通过显示屏等媒介提供列车运行状况和换乘指示等信息。三是在各车站设置问询服务中心，为乘客提供相关信息服务。

五 构建了听证会等回应渠道

上海市人大常委会在2013年8月15日就《条例草案》中的第十七、第十八、第二十一、第二十四、第二十五条等规定，举行了立法听证会。参加听证会的社会各界听证代表一共15人，除此之外还有13位听证旁听人。听证会采用自由报名、人大遴选的方式举行。提案主体交通管理局与市政府法制办负责人也参与了听证会。

应当说，上述问题有部分是在立法听证会上进行了深刻探讨，这对《条例》的出台有着极大的帮助，增加了条例的社会回应性，使其融入了更多的立法智慧。例如将逃票、冒用老人票纳入个人信用信息系统，就在听证会上论证了其可行性和操作性。

人大还主动动用调查问卷的方式来增加立法的可接受程度。绝大部分受访市民认为，逃票后加收五倍至十倍票款的规定是合适的，无须进一步加大加收票款的幅度，最终保持了五倍的规定。

六 迈向回应型法的犹豫

回应型法有四个特征，首先是法律推理中的目的特征得以加强；其次民间公共性概念可以发挥其效用；再次，法律制度具有开放性和弹性，可以适应社会的发展；最后法律制度的设计更为有效。在此次立法过程中，人大对轨道交通自身的管理体制及社会的要求做了回应，并且解决了规范与实际不一致的问题，记录了一些较好的经验与做法。不过，仍有一些问题亟待深入讨论以及一些讨论甚至还未触及。而这其中的一些问题可能反映了社会的巨大需求。

（一）轨道交通票价的问题未深入探讨

《条例》第二十条规定"轨道交通票价应当与上海市其他公共交通的票价

相协调。票价的确定和调整应当依法召开听证会，广泛听取社会各方面意见，经市物价管理部门审核并报市人民政府批准。"① 这一条并无实质变化，在立法听证会中也未深入展开探讨。上海政法学院的汤啸天在征求意见期间即提出该命题似是而非。因为不争的事实是，北京地铁的票价采用通票制，2块钱随便坐，上海的定价到底是依据什么做出的。

本文认为中国现在存在一个"听证必涨"现象，即但凡某一个公共服务性质的收费项目要举行价格听证了，其结果最终是价格必然涨价。这种现象使得人们认为公众听证会就是走过场。而上海何时召开轨道交通票价听证会，可能也意味着票价要进一步提高。笔者认为，为何不开一个听证会，试图论证现行的轨道交通票价是不是偏高，为什么比北京高，开一个降价的听证会。也许此时才能具体知道地铁运营的收支状况。

（二）对乘客行为的规范过严

增设了部分禁止行为，包括携带自行车、活禽、宠物进站乘车以及在车站内使用滑板、溜冰鞋等易对其他乘客造成影响，带来一定安全隐患的行为。应当说在第三十一条规定的多数行为，笔者都是认同的，因为轨道交通属于公共资源，确实不应当被一些行为，比如滑板、轮滑、设摊等行为占用公共资源。但是，对带折叠自行车入地铁的禁止性行为值得商榷。关于该禁止项，在听证会的讨论中分成了两派，有的听证陈述人反对禁止折叠自行车进站乘车，认为制定法规时要全面考虑，用人性化的方法来对待折叠自行车进入车厢。有的听证陈述人赞同禁止折叠式自行车进站乘车，认为轨道交通客流高峰不单纯是在早晚上下班时间，在某些线路上非高峰的时段也有可能会出现大客流的状况。在这种状况下允许携带折叠自行车进站，在操作上有一定的难度。

笔者认为，这种禁止毫无道理。首先，从其他拥有轨道交通的城市和地区看。如德国、比利时、日本和英国是允许折叠自行车进入地铁的。又如南京、广州、香港及台湾地区也都允许折叠自行车进入地铁。其次，一辆普通的折叠自行车实际上占有公共资源并不大，甚至不比一个行李箱大。相反在繁忙的2号线、

---

① 见2014年新修订颁布的《上海市轨道交通管理条例》。

3号线，来往于火车站机场的许多乘客的行李比一辆折叠自行车大许多。最后，折叠自行车实际上增加了公民出行的机动性，有利于减缓公共交通的压力，并且是一种低碳行为。因此，笔者认为有必要允许折叠自行车进入地铁，当然可以考虑错峰放行，或者要求带入地铁的折叠自行车必须有包装袋等要求。

（三）强制性主导下的回应不足

应当说，听证会、问卷调查等方式都提供了更多渠道给立法者一个思考和倾听公民意见的机会。但是这种方式毋宁说是一种制度设计，还不如说是一种居高临下的放低姿态。因为，首先无论是问卷调查还是听证会，都是由人大主导召开的，听证会代表的选择也是人大遴选。在这其中公民的参与性有限，或者说换做另外一部法律可能连这种参与性都达不到。其次，对于在地铁进食社会各方有强烈共识，在公开征求意见和问卷调查中，80%以上的人同意在一定范围内采取禁食措施，后在立法过程中未纳入《条例》，这表明民意与最终决定之间的差距。最后，有关这部条例的立法过程中，极少看到法院的身影，我们制度的变更并非是法院驱动型，而是行政驱动型，从本次提案的主体就可见一斑。

因此，强制性主导下的回应性缺点显现，即选择回应及无法确定民众的真实目的。

七　结语

应当说，此次立法较为成功，从2014年1月1日实施以来，保障了上海地铁稳定运行，同时又加开新的线路。其成功的重点在于对社会需求、民众需求的回应。而在这种回应之下，也有一些固有法制路径的依赖存在，从而导致了对一些涉及公众根本利益的事实选择回避，例如关于票价的问题并未纳入听证会的讨论范围，虽然曾有相关听证员提到。笔者希望在下一次的立法过程中，能加入更多的民主因素，让更多声音被听到，从而真正踏上回应型法的道路。

附　录
Appendix

B.20
附录一　2013年上海法治大事记

新修订《上海市信访条例》施行

2013年4月1日，历经两次修订的《上海市信访条例》正式施行。修订后的条例共有53项条款，其中约半篇幅对信访事项的处理流程、信访机构工作人员的行为规范等予以了明确规范；还有一批限制性条款对国家机关行使权力的行为，特别是对行政机关的行为做出了进一步约束。

通过《关于促进改革创新的决定》

2013年6月19日，上海市人大常委会通过了《关于促进改革创新的决定》。为充分调动和保护全社会改革创新的积极性，破除妨碍科学发展的思想观念和体制机制弊端，激励和保障改革创新工作，营造有利于改革创新的制度环境，上海市出台了这个决定。其中最大的亮点是将为"试错"护航，即对改革创新未能实现预期目标，但有关单位和个人依照国家和本市有关规定决策、实施，且勤勉尽责、未牟取私利的，不做负面评价，并依法免除相关责任。

《上海市居住证管理办法》施行

从2013年7月1日起,《上海市居住证管理办法》以及配套的《上海市居住证积分管理试行办法》和《上海市居住证申办实施细则》施行。《上海市居住证管理办法》明确了居住证功能和载明信息、持证人待遇和相应法律责任等内容,使上海的外来人口管理更加规范、科学。

"开门纳谏"编制五年立法规划

在编制2013~2017年立法规划过程中,上海市人大在科学化、民主化立法思想的指导下,积极征询社会各界的意见,首次委托上海社会科学院、市法治研究会根据立项范围和遴选重点进行初步筛选,并分别提出了书面报告。

上海高院法官涉嫖被查处

2013年8月6日,上海市纪委、市高级人民法院党组和有关部门做出决定,对市高院法官陈雪明等夜总会娱乐事件做出严肃处理,相关法官被开除党籍,并提请开除公职。

上海自贸试验区挂牌成立

2013年9月29日,中共中央政治局委员、上海市委书记韩正为"中国(上海)自由贸易试验区"揭牌。商务部部长高虎城和上海市委副书记、市长杨雄共同为"中国(上海)自由贸易试验区管委会"揭牌。建立中国(上海)自贸试验区,是党中央国务院做出的重大决策,是深入贯彻落实党的十八大精神,新形势下推进改革开放的重大举措;其重点任务是加快政府职能转变、探索管理模式创新、扩大服务业开放、深化金融领域开放创新;争取在政府职能转变、外商投资管理体制改革、实行负面清单管理模式、扩大服务业开放、创新监管服务方式、人民币资本项目可兑换、金融市场利率市场化、人民币跨境使用先行先试等方面有重大突破。自贸试验区将为我国其他地区的进一步改革开放提供可复制的经验。

行政复议决定书网上公开

从 2013 年 10 月起,对于市政府做出的复议决定书,只要不涉及国家秘密、商业秘密和个人隐私,原则上都要主动在网上公开,这在全国省级政府中还是第一家。一方面有助于提高复议工作的公开透明,便于接受社会监督;另一方面,也有助于提高政府行政复议决定书的制作水平,提高办案质量,下一步将在全市范围内推开。

上海检察机关公布"加强执法为民工作 21 条"

2013 年 10 月 8 日,上海市检察院公布最新出台的《上海检察机关加强执法为民工作 21 条》。这是上海市检察机关结合党的群众路线教育实践活动,并根据新《刑诉法》、《民诉法》等规定落实的制度成果,涉及执法方式转变、执法作风改进等六个方面,强化了律师的作用,加强对民生案件专项监督的力度。

上海市高级人民法院被确定为全国推进司法公开三大平台建设试点法院

全市法院加强审判流程公开、裁判文书公开、执行信息公开平台建设,依法全面及时公开司法信息。所有案件庭审已实行了全程同步录音录像;全年对包括复旦大学研究生林森浩故意杀人案在内的 674 件案件庭审进行网络直播,网上浏览量 2756 万人次;实现依法可以公开的生效裁判文书全部在网上公开。

发布"2013 年至 2017 年推进法治政府建设意见"

2013 年 11 月 6 日,上海市政府举行例行新闻发布会,市政府法制办主任刘华介绍了当天上海市政府发布的《关于 2013 年至 2017 年本市进一步推进法治政府建设的意见》,规定了上海市本届政府在五年任期内建设法治政府的目标和任务,是全市推进政府法制工作的行动纲领。

上海市碳排放交易试点正式启动

2013年11月26日,上海市碳排放交易启动仪式在上海环境能源交易所举行。国家发展和改革委副主任解振华、上海市委副书记、市长杨雄、市委常委、副市长艾宝俊等领导出席了仪式,本市各相关部门领导、碳排放交易专家委员会成员以及试点企业代表参加了仪式。

"上海法院12368诉讼服务平台"试运行

为解决群众反映的"案件查询"、"诉讼咨询"、"电话找法官"等有关诉讼难题,建立了"上海法院12368诉讼服务平台",并于2013年12月投入试运行,提供联系法官、案件查询、诉讼咨询、信访投诉等一站式受理、一门式综合服务。

B.21
附录二 上海市法治建设状况调查问卷（法律专业人士）*

尊敬的先生/女士：

您好！党的十八届三中全会对中国法治建设全局做出了总体部署，也对法治国家、法治政府和法治社会一体化建设提出了新的更高要求。为了深入把握上海市法治建设状况，促进法治建设发展，为上海市今后的依法治市、法治宣传工作提供第一手资料，我们组织了本次问卷调查。请您按真实情况填写。本次调查采用无记名的方式进行，不会泄漏您的隐私。回答问题时，请您在每题对应选项上打："√"。

上海社会科学院法学研究所

上海法治市情研究中心

2014 年 1 月 18 日

个人信息

1. 性别：
   （1）男　　　　　　　　　　（2）女
2. 年龄：_____周岁
3. 在沪居住时间：
   （1）1 年及以下　　　　　　（2）1 年以上至 3 年（含 3 年）
   （3）3 年以上至 5 年（含 5 年）（4）5 年以上至 7 年（含 7 年）
   （5）7 年以上

---

* 律师问卷除了在个人信息上略有不同外，内容与本问卷完全一致，因此未收录。

4. 受教育程度：

(1) 大学专科及以下　　　(2) 大学本科

(3) 硕士研究生　　　　　(4) 博士研究生

5. 政治面貌：

(1) 中共党员　　　　　　(2) 民主党派及无党派人士

(3) 群众

6. 行政级别：

(1) 科级及以下　　　　　(2) 处级（含副处级）

(3) 局级（含副局级）及以上

7. 所在部门：

(1) 人大　　　(2) 政府　　　(3) 政协

(4) 司法机关　(5) 党委系统　(6) 其他部门

8. 部门层级：

(1) 市级　　　　　　　　(2) 区、县级

(3) 街道、乡镇　　　　　(4) 其他

一　总体状况

1. 您对2013年上海法治建设总体状况（包括民主政治、法治政府、公正司法和社会治理等方面）_____？

(1) 非常满意　(2) 比较满意　(3) 一般

(4) 不太满意　(5) 非常不满意

二　民主政治

2. 您对上海市各级人大代表在代表市民利益方面所做的工作_____？

(1) 非常满意　(2) 比较满意　(3) 一般

(4) 不太满意　(5) 非常不满意

3. 2013年上海市人大制定了《上海市地下空间规划建设条例》，修订了

附录二　上海市法治建设状况调查问卷（法律专业人士）

《上海市轨道交通管理条例》、《上海市未成年人保护条例》等地方性法规，着力解决上海社会发展中一些突出问题。您对上海市人大制定的地方性法规＿＿＿＿？

　　（1）非常满意　　　（2）比较满意　　　（3）一般

　　（4）不太满意　　　（5）非常不满意

4. 2013 年，上海市人大常委会委托上海社会科学院和市法治研究会，开展五年立法规划建议项目筛选工作，在充分论证的基础上，将国际航运中心建设、社会信用体系建设、生活垃圾分类减量和财政监督等 45 个方面列为立法规划正式项目。您对上海市人大编制立法规划项目工作的情况＿＿＿＿？

　　（1）非常满意　　　（2）比较满意　　　（3）一般

　　（4）不太满意　　　（5）非常不满意

5. 您对 2013 年上海市人大和政府举行听证会情况（请在下表中打"√"）？

类别＼满意度	非常满意	比较满意	一般	不太满意	非常不满意
5.1 人大听证会过程和效果					
5.2 政府听证会过程和效果					

6. 您对上海人大 2013 年监督政府、法院和检察院工作的效果＿＿＿＿？

　　（1）非常满意　　　（2）比较满意　　　（3）一般

　　（4）不太满意　　　（5）非常不满意

7. 2013 年上海市人大以政府职能转变为重点加强对法律法规实施情况的监督，以促进全口径预决算为重点加强计划预算监督，以司法队伍建设为重点加强对法院、检察院工作监督。您对上海市人大增强监督实效，推动重大决策部署和法律法规落到实处工作情况＿＿＿＿？

　　（1）非常满意　　　（2）比较满意　　　（3）一般

　　（4）不太满意　　　（5）非常不满意

8. 2013 年，上海市人大常委会顺应形势要求，及时做出在中国（上海）自贸试验区暂时调整实施上海市有关法规规定的决定，与全国人大常委会有关决定相衔接,为上海先行先试、加快各项制度创新提供法制保障。您对此项工作_____?

(1) 非常满意　　(2) 比较满意　　(3) 一般
(4) 不太满意　　(5) 非常不满意

9. 您对2013年上海市人大开展专题询问(如对环境保护工作开展的专题询问)的形式和效果_____?

(1) 非常满意　　(2) 比较满意　　(3) 一般
(4) 不太满意　　(5) 非常不满意

10. 您对2013年上海政协围绕中心、服务大局、履行职能的总体情况_____?

(1) 非常满意　　(2) 比较满意　　(3) 一般
(4) 不太满意　　(5) 非常不满意

11. 您对上海政协反映社情民意工作的总体情况_____?

(1) 非常满意　　(2) 比较满意　　(3) 一般
(4) 不太满意　　(5) 非常不满意

三　法治政府

12. 您对2013年上海市各级政府在利用网络征集民意方面所做工作(如市政府网站开设"政府规章草案民意征询平台";在政府网站上征集市民对年度十大实事立项的意见和建议)_____?

(1) 非常满意　　(2) 比较满意　　(3) 一般
(4) 不太满意　　(5) 非常不满意

13. 您对2013年上海市各级行政机关主动公开政府信息情况(如政府在应对"突发事件"方面的信息和百姓关心的重大问题方面的信息公开情况等)_____?

(1) 非常满意　　(2) 比较满意　　(3) 一般
(4) 不太满意　　(5) 非常不满意

14. 上海市行政执法部门应该职能明确、恪尽职守,既不推诿卸责与互相扯皮,又不重复执法与打架执法。您对上海 2013 年的行政执法情况_____?

(1) 非常满意　　(2) 比较满意　　(3) 一般
(4) 不太满意　　(5) 非常不满意

15. 您对 2013 年上海市行政执法部门在做出各种具体行政行为的过程中(包括行政处罚、行政许可、行政强制、行政收费等)严格遵守法律规定的时间、步骤、方法和程序等的总体情况_____?

(1) 非常满意　　(2) 比较满意　　(3) 一般
(4) 不太满意　　(5) 非常不满意

16. 您对 2013 年上海市各级政府各类服务窗口的办事效率_____?

(1) 非常满意　　(2) 比较满意　　(3) 一般
(4) 不太满意　　(5) 非常不满意

17. 您对 2013 年上海市各级政府各类服务窗口工作人员的服务态度、服务意识和服务质量_____?

(1) 非常满意　　(2) 比较满意　　(3) 一般
(4) 不太满意　　(5) 非常不满意

18. 您对 2013 年上海市各级各类行政机关的行政复议效果_____?

(1) 非常满意　　(2) 比较满意　　(3) 一般
(4) 不太满意　　(5) 非常不满意

四　司法公正

19. 您对 2013 年上海的司法工作____(请在下表中打"√")?

类别＼满意度	非常满意	比较满意	一般	不太满意	非常不满意
19.1 审判质量					
19.2 审判效率					
19.3 审判效果					
19.4 检察质量					
19.5 检察效率					
19.6 检察效果					

20. 您对2013年上海司法机关工作人员综合素质____（请在下表中打"√"）？

类别＼满意度	非常满意	比较满意	一般	不太满意	非常不满意
20.1 法院工作人员					
20.2 检察院工作人员					

五 社会治理

21. 您对2013年上海市各级党组织依法执政的理念和能力_____（请在下表中打"√"）？

级别＼满意度	非常满意	比较满意	一般	不太满意	非常不满意
21.1 市级党组织					
21.2 区县党组织					
21.3 乡、镇和街道党组织					

22. 您对2013年中央关于改进工作作风、密切联系群众的"八项规定"、"六项禁令"在上海的执行情况_____？

（1）非常满意　　（2）比较满意　　（3）一般

（4）不太满意　　（5）非常不满意

23. 您对所在街道（社区）2013年举办法制讲座、法律咨询和法律进社区等法治宣传服务活动的情况_____？

（1）非常满意　　（2）比较满意　　（3）一般

（4）不太满意　　（5）非常不满意

24. 您对2013年上海社会治安的总体状况_____？

（1）非常满意　　（2）比较满意　　（3）一般

（4）不太满意　　（5）非常不满意

25. 当过马路遇到红灯，但四周没有车辆通过，可以保证绝对安全时，一些上海市民便闯红灯，疾步穿过马路。您对2013年上海道路上行人遵守交通规则的状况_____?

 （1）非常满意 （2）比较满意 （3）一般

 （4）不太满意 （5）非常不满意

26. 您对2013年本单位劳动关系状况（包括劳动合同签订及争议处理、提供薪酬福利、促进工会建设与民主管理、增加职工培训和营造企业文化等方面）_____?

 （1）非常满意 （2）比较满意 （3）一般

 （4）不太满意 （5）非常不满意

27. 您对2013年所居住社区建设和管理工作情况（包括社区治安、社区环境、社区和谐、生活便利、居委会办事效率和服务态度等）_____?

 （1）非常满意 （2）比较满意 （3）一般

 （4）不太满意 （5）非常不满意

28. 您对所居住小区的业主委员会2013年工作情况（包括选取物业管理公司、听取业主意见、订立业主公约、对物业管理公司监管、配合街道办与居委会工作等）_____?

 （1）非常满意 （2）比较满意 （3）一般

 （4）不太满意 （5）非常不满意

29. 您对2013年上海法治建设所需财政保障和投入的情况（如增加执法经费、资助法治宣传和购买法律服务经费等）_____?

 （1）非常满意 （2）比较满意 （3）一般

 （4）不太满意 （5）非常不满意

30. 您对2013年上海律师行业的专业化、规模化和国际化建设_____?

 （1）非常满意 （2）比较满意 （3）一般

 （4）不太满意 （5）非常不满意

31. 您对2013年上海市民在遵守法律方面的状况_____?

 （1）非常满意 （2）比较满意 （3）一般

 （4）不太满意 （5）非常不满意

32. 您对上海逐步缩小与其他国际化大都市（如纽约、伦敦、东京、香港等）法治水平差距的努力和成绩_____？

（1）非常满意　　（2）比较满意　　（3）一般

（4）不太满意　　（5）非常不满意

33. 2013年，您在生活中遇到自己无法解决的困难时，您对从下列哪种求助渠道获得帮助（选择性填写），并给出满意度评价_____（请在下表中打"√"）？

类型＼满意度	非常满意	比较满意	一般	不太满意	非常不满意
33.1 私人关系网					
33.2 社区组织					
33.3 工作单位					
33.4 政府组织					
33.5 司法机构					
33.6 网络、媒体（包括微博等自媒体）					
33.7 其他,请注明_____					

34. 您对上海2013年治理下列城市弊病的效果_____（请在下表中打"√"）？

种类＼满意度	非常满意	比较满意	一般	不太满意	非常不满意
34.1 非法占道经营					
34.2 车辆非法营运					
34.3 不文明养犬					
34.4 群租					
34.5 禁烟场所吸烟					
34.6 交通拥堵					
34.7 有毒、有害食品					
34.8 其他,请注明:_____					

B.22
附录三 上海市法治建设状况调查问卷（市民）

尊敬的先生/女士：

您好！党的十八届三中全会对中国法治建设全局做出了总体部署，也对坚持法治国家、法治政府和法治社会一体化建设提出了新的更高要求。为了深入把握上海市法治建设状况，促进法治建设发展，为上海市今后依法治市、法治宣传工作提供第一手资料，我们组织了本次问卷调查。请您按真实情况填写。本次调查采用无记名的方式进行，不会泄漏您的隐私。回答问题时，请您在每题对应选项上打："√"。

上海社会科学院法学研究所

上海法治市情研究中心

2014年1月18日

个人信息

1. 您的性别：
   （1）男　　　　　　　（2）女
2. 您的年龄：_____周岁
3. 您的受教育程度（包括在读）：
   （1）初中及以下　　　（2）高中或中专、职校与技校
   （3）大专　　　　　　（4）本科及以上
4. 您的户籍：
   （1）上海户口　　　　（2）上海居住证　　　（3）其他

5. 您在沪连续居住时间：

（1）1年以下（含1年） （2）1年以上至3年以下（含3年）

（3）3年以上至7年以下（含7年） （4）7年以上

6. 您的职业或身份是：

（1）政府机关工作人员 （2）教师及科研人员 （3）企业员工

（4）专业技术人员 （5）医疗机构工作人员 （6）个体户

（7）农民 （8）失业下岗人员 （9）退休人员

（10）学生 （11）其他：_____

7. 您个人月收入（包括工资、奖金、补贴等在内的所有收入）：

（1）2000元及以下 （2）2001~4000元 （3）4001~6000元

（4）6001~8000元 （5）8001~10000元 （6）10001元及以上

问卷内容

1. 您对2013年上海法治建设（包括民主政治、法治政府、公正司法、社会治理等方面）的总体状况_____？

（1）非常满意 （2）比较满意 （3）一般

（4）不太满意 （5）非常不满意

2. 您对2013年中央关于改进工作作风、密切联系群众的"八项规定"、"六项禁令"在上海执行情况_____？

（1）非常满意 （2）比较满意 （3）一般

（4）不太满意 （5）非常不满意

3. 2013年，上海市人大制定了《上海市地下空间规划建设条例》，修订了《上海市轨道交通管理条例》、《上海市未成年人保护条例》等地方性法规，着力解决上海社会发展中的一些突出问题。您对这些地方性法规的内容_____？

（1）非常满意 （2）比较满意 （3）一般

（4）不太满意 （5）非常不满意

4. 您对上海人大2013年对"一府两院"（政府、法院和检察院）监督的效果_____?
   (1) 非常满意　　(2) 比较满意　　(3) 一般
   (4) 不太满意　　(5) 非常不满意

5. 上海市行政执法部门应该职能明确、恪尽职守,既不推诿卸责与互相扯皮,又不重复执法与打架执法。您对上海 2013 年的行政执法情况_____?
   (1) 非常满意　　(2) 比较满意　　(3) 一般
   (4) 不太满意　　(5) 非常不满意

6. 请您对 2013 年上海各级政府各类服务窗口工作人员的服务态度、服务意识、服务质量_____?
   (1) 非常满意　　(2) 比较满意　　(3) 一般
   (4) 不太满意　　(5) 非常不满意

7. 您对上海法院 2013 年的审判工作_____?
   (1) 非常满意　　(2) 比较满意　　(3) 一般
   (4) 不太满意　　(5) 非常不满意

8. 您对上海检察院 2013 年的检察工作_____?
   (1) 非常满意　　(2) 比较满意　　(3) 一般
   (4) 不太满意　　(5) 非常不满意

9. 您对 2013 年上海社会治安的总体状况_____?
   (1) 非常满意　　(2) 比较满意　　(3) 一般
   (4) 不太满意　　(5) 非常不满意

10. 您对所居住社区 2013 年的建设和管理工作(包括社区治安、社区环境、社区和谐、生活便利、居委会办事效率和服务态度等)_____?
    (1) 非常满意　　(2) 比较满意　　(3) 一般
    (4) 不太满意　　(5) 非常不满意

11. 您对上海市居民 2013 年在遵守法律方面总体状况?
    (1) 非常满意　　(2) 比较满意　　(3) 一般
    (4) 不太满意　　(5) 非常不满意

12. 您对上海 2013 年治理下列城市弊病的效果_____（请在下表中打"√"）?

种类＼满意度	非常满意	比较满意	一般	不太满意	非常不满意
12.1 非法占道经营					
12.2 车辆非法营运					
12.3 不文明养犬					
12.4 群租					
12.5 禁烟场所吸烟					
12.6 交通拥堵					
12.7 有毒、有害食品					
12.8 其他：_____（请注明）					

附录四 上海市法治建设状况问卷满意度单项分布状况

B.23

单位：%

类别		法治状况满意度单项分布状况					地方性法规满意度单项分布状况					人大听证会满意度单项分布状况					人大监督满意度单项分布状况				
		非常满意	比较满意	一般	不大满意	非常不满意	总体满意率	非常满意	比较满意	一般	不大满意	非常不满意	总体满意率	非常满意	比较满意	一般	不大满意	非常不满意	总体满意率	非常满意	比较满意	一般	不大满意	非常不满意	总体满意率
所在部门	检察官	26.1	65.0	8.3	0.6	0.0	83.3	35.3	57.1	6.4	1.3	0.0	85.3	26.1	65.0	8.3	0.6	0.0	83.3	39.7	50.0	8.3	1.9	0.0	85.5
	法官	26.9	54.6	16.4	1.6	0.6	81.1	28.9	52.7	16.1	1.9	0.4	81.6	24.4	46.7	26.0	2.1	0.8	78.4	28.2	51.0	18.5	1.2	1.2	80.8
	人大机关工作人员	3.8	63.5	32.7	0.0	0.0	74.2	11.5	65.4	21.2	1.9	0.0	77.3	3.8	63.5	32.7	0.0	0.0	74.2	9.6	46.2	36.5	7.7	0.0	71.5
	政协委员	4.1	69.7	23.8	1.6	0.8	74.9	8.0	72.3	16.1	3.6	0.0	77.0	4.1	69.7	23.8	1.6	0.8	74.9	2.6	45.6	43.0	8.8	0.0	68.4
	依法治市办及司法行政机关工作人员	19.2	59.3	19.2	1.9	0.4	79.0	19.1	56.3	22.9	1.7	0.0	78.5	19.2	59.3	19.2	1.9	0.4	79	13.9	53.7	27.7	3.4	1.3	75.1
	专业律师	9.3	54.7	30.2	5.3	0.5	73.4	12.2	56.8	28.1	2.3	0.5	75.5	9.3	54.7	30.2	5.3	0.5	73.4	8.9	35.7	41.4	11.4	2.6	67.4
	市民	9.1	58.6	28.8	3.1	0.4	74.6	14.2	53.2	29.0	3.1	0.5	75.5	9.1	58.6	28.8	3.1	0.4	74.5	9.1	45.1	37.9	6.8	1.0	70.9

续表

类别		法治状况满意度单项分布状况						地方性法规满意度单项分布状况						人大听证会满意度单项分布状况						人大监督满意度单项分布状况					
		非常满意	比较满意	一般	不太满意	非常不满意	总体满意率	非常满意	比较满意	一般	不太满意	非常不满意	总体满意率	非常满意	比较满意	一般	不太满意	非常不满意	总体满意率	非常满意	比较满意	一般	不太满意	非常不满意	总体满意率
性别	男	10.8	55.6	28.1	4.9	0.6	74.2	14.1	54.2	28.4	2.7	0.6	75.7	10.8	55.6	28.1	4.9	0.6	74.2	9.9	36.9	40.1	10.5	2.6	68.2
	女	10.6	59.0	27.1	3.1	0.3	75.3	14.1	59.5	24.1	2.1	0.3	77.0	10.6	59.0	27.1	3.1	0.3	75.3	11.2	46.2	34.7	7.0	1.0	71.9
年龄	29周岁及以下	13.2	58.4	25.3	3.1	0.1	76.3	16.7	57.1	24.0	2.0	0.2	77.6	13.2	58.4	25.3	3.1	0.1	76.3	13.0	46.5	33.7	5.9	0.8	73.0
	30周岁至39周岁	10.3	57.2	27.8	4.1	0.6	74.5	13.2	56.1	27.8	2.4	0.5	75.8	10.3	57.2	27.8	4.1	0.6	74.5	10.0	38.8	39.5	9.5	2.1	69.0
	40周岁至49周岁	9.2	53.3	31.3	5.3	0.9	72.9	12.7	53.0	30.9	2.7	0.8	74.8	9.2	53.3	31.3	5.3	0.9	72.9	8.5	36.7	39.5	12.0	3.3	67.0
	50周岁及以上	8.9	57.5	28.8	4.7	0.2	74.1	12.9	60.5	23.1	3.1	0.3	76.5	8.9	57.5	28.8	4.7	0.2	74.1	8.8	39.1	39.7	10.7	1.7	71.0
户籍	上海户口	7.8	64.3	23.7	3.6	0.6	75.0	13.1	55.4	28.5	2.4	0.6	75.6	7.8	64.3	23.7	3.6	0.6	75.0	7.0	50.2	34.9	6.6	1.2	71.0
	上海居住证	9.0	55.1	30.8	5.1	0.0	73.6	10.3	53.2	30.8	5.8	0.0	73.6	9.0	55.1	30.8	5.1	0.0	73.6	3.8	45.5	40.4	9.0	1.3	68.3
	其他	10.8	52.8	34.4	1.8	0.3	74.4	17.1	50.5	28.9	3.0	0.5	76.1	10.8	52.8	34.4	1.8	0.3	74.4	13.8	38.4	40.7	6.3	0.8	71.7
在沪居住时间	1年及以下	10.6	52.4	35.0	2.0	0.0	74.3	18.4	49.4	28.7	3.4	0.0	76.1	10.6	52.4	35.0	2.0	0.0	74.3	14.0	40.1	39.8	5.7	0.3	72.4
	1年以上至3年	14.0	56.1	26.3	3.5	0.0	76.1	14.9	53.5	28.1	3.5	0.0	76.0	14.0	56.1	26.3	3.5	0.0	76.1	10.5	45.6	36.8	6.1	0.9	71.8
	3年以上至5年	12.7	61.4	22.9	2.4	0.6	76.6	20.1	53.7	22.0	3.7	0.6	76.6	12.7	61.4	22.9	2.4	0.6	77.8	9.0	44.6	36.8	4.8	1.2	71.1
	5年以上至7年	8.7	64.1	23.4	3.1	0.6	75.4	12.1	58.8	26.0	2.4	0.6	75.3	8.7	64.1	23.4	3.1	0.6	75.9	7.7	49.3	33.8	7.9	1.3	70.9
	7年以上	17.8	60.7	19.4	1.7	0.3	78.8	20.3	57.2	20.5	1.9	0.0	78.7	17.8	60.7	19.4	1.7	0.3	79.2	18.4	51.8	25.5	3.5	0.9	76.7

附录四 上海市法治建设状况问卷满意度单项分布状况

续表

类别		法治状况满意度单项分布状况					总体满意率	地方性法规满意度单项分布状况					总体满意率	人大听证会满意度单项分布状况					总体满意率	人大监督满意度单项分布状况					总体满意率
		非常满意	比较满意	一般	不太满意	非常不满意		非常满意	比较满意	一般	不太满意	非常不满意		非常满意	比较满意	一般	不太满意	非常不满意		非常满意	比较满意	一般	不太满意	非常不满意	
教育程度	大学专科及以下	14.1	54.1	28.1	3.8	0.0	75.7	12.4	61.6	23.8	2.2	0.0	76.9	14.1	54.1	28.1	3.8	0.0	75.7	10.8	41.1	38.9	8.1	1.1	70.5
	大学本科	11.2	55.6	28.4	4.4	0.4	74.6	14.3	56.3	27.1	2.0	0.3	76.4	11.2	55.6	28.4	4.4	0.4	74.5	11.0	38.4	38.6	9.7	2.3	69.2
	硕士研究生	10.3	56.1	28.1	5.0	0.5	74.2	14.3	55.5	27.1	2.5	0.7	76.0	10.3	56.1	28.1	5.0	0.5	74.1	10.6	40.8	37.1	9.4	2.0	69.7
	博士研究生	9.3	61.6	25.7	2.6	0.5	75.3	13.6	57.0	25.7	3.4	0.4	76.0	9.3	61.6	25.9	2.6	0.5	75.2	8.9	45.5	37.2	7.4	1.1	70.7
政治面貌	中共党员	13.0	59.7	23.5	3.6	0.5	76.3	15.6	60.8	21.5	2.0	0.2	77.9	13.0	59.7	23.5	3.6	0.3	76.3	12.9	44.8	32.7	8.1	1.4	71.9
	民主党派	8.1	50.5	32.8	8.1	0.5	71.5	11.9	49.2	33.5	4.3	1.1	73.3	8.1	50.5	32.8	8.1	0.5	71.5	8.1	28.0	48.4	12.4	3.2	65.1
	群众	10.4	53.3	30.7	4.9	0.6	73.6	13.3	54.4	29.6	2.1	0.6	75.6	10.4	53.3	30.7	4.9	0.6	73.5	9.8	35.5	41.0	10.9	2.9	67.6
行政级别	科级及以下（含副处级）	20.0	62.3	16.7	1.0	0.0	80.2	23.3	57.6	17.5	1.5	0.0	80.5	20.0	62.3	16.7	1.0	0.0	80.5	20.2	53.3	22.7	3.4	0.3	77.9
	市级	18.3	53.3	26.7	1.7	0.0	77.7	18.3	51.7	28.3	1.7	0.0	77.3	18.3	53.3	26.7	1.7	0.0	77.6	18.3	46.7	33.3	1.7	0.0	76.3
	区、县级	3.6	65.5	30.9	0.0	0.0	74.5	9.1	69.1	20.0	1.8	0.0	77.1	3.6	65.5	30.9	0.0	0.0	74.5	9.1	49.1	34.5	7.3	0.0	72.0
部门层级	街道、乡镇	21.6	61.5	15.4	1.5	0.0	80.6	23.8	55.7	19.1	1.3	0.0	80.4	21.6	61.5	15.4	1.5	0.0	80.6	21.8	51.9	23.3	2.5	0.4	78.4
	其他	20.5	60.7	18.8	0.0	0.0	80.3	24.8	58.1	16.2	0.9	0.0	81.4	20.5	60.7	18.3	0.0	0.0	80.3	17.9	57.3	21.4	2.6	0.9	77.8
		13.8	48.3	27.6	6.9	3.4	72.4	13.8	55.2	24.1	6.9	0.0	75.2	13.8	48.3	27.6	6.9	3.4	72.4	6.9	48.3	27.6	10.3	6.9	67.6
总体满意率		10.7	57	27.8	4.1	0.5	74.7	14.1	56.4	26.6	2.4	0.4	76.22	11.5	39.4	40.7	6.6	1.9	70.5	10.4	40.7	37.9	9	1.9	69.7

277

续表

类别		代表市民利益满意度单项分布状况						政府听证会满意度单项分布状况						立法规划满意度单项分布状况						人大监督实效满意度单项分布状况					
		非常满意	比较满意	一般	不太满意	非常不满意	总体满意率	非常满意	比较满意	一般	不太满意	非常不满意	总体满意率	非常满意	比较满意	一般	不太满意	非常不满意	总体满意率	非常满意	比较满意	一般	不太满意	非常不满意	总体满意率
所在部门	检察官	25.5	50.3	21.0	3.2	0.0	79.6	31.3	44.7	20.7	3.3	0.0	80.8	32.1	57.7	9.0	1.3	0.0	84.1	34.6	52.6	11.5	1.3	0.0	84.1
	法官	24.5	47.1	23.6	4.0	0.8	78.1	23.1	45.6	28.3	2.1	1.0	77.5	29.7	52.7	15.5	2.1	0.0	82.0	27.9	51.6	17.6	1.7	1.0	80.8
	人大机关工作人员	5.8	46.2	42.3	5.8	0.0	70.4	6.4	53.2	36.2	4.3	0.0	72.4	15.7	62.7	17.6	3.9	0.0	78.0	11.5	53.8	30.8	1.9	1.9	74.2
	依法治市办及司法行政机关工作人员	16.6	48.6	28.1	6.0	0.6	74.9	18.0	45.6	29.7	5.8	0.9	74.8	21.2	56.8	19.4	2.1	0.4	79.2	17.3	52.5	26.2	3.6	0.4	76.5
	专业律师	8.8	43.0	38.7	7.4	2.1	69.8	8.7	35.3	44.7	8.7	2.6	67.7	14.5	57.3	25.8	1.9	0.5	76.7	10.0	42.3	39.7	6.4	1.5	70.5
性别	男	10.4	41.3	37.7	8.1	2.3	69.9	10.5	34.1	43.5	9.0	2.9	68.0	15.3	55.4	26.3	2.3	0.6	76.5	10.7	41.3	39.9	6.5	1.6	70.6
	女	11.3	49.1	33.8	5.0	0.8	73.0	11.8	42.8	38.1	6.2	1.3	71.4	18.1	60.5	19.7	1.3	0.4	78.9	14.7	49.5	30.5	4.4	0.8	74.6
年龄	29周岁及以下	14.5	50.2	30.5	4.1	0.6	74.8	15.3	45.5	33.0	5.1	1.1	73.7	21.3	61.3	16.4	1.1	0.0	80.6	17.2	51.0	28.5	3.2	0.2	76.4
	30周岁至39周岁	10.2	41.8	39.9	6.3	1.8	70.5	10.2	34.0	44.1	9.3	2.4	68.0	16.2	57.2	23.8	2.2	0.6	77.2	12.3	43.7	36.9	5.8	1.2	72.0
	40周岁至49周岁	8.5	42.2	35.5	11.1	2.7	68.5	9.7	33.8	43.9	9.6	2.9	67.5	14.6	51.8	30.1	2.7	0.8	75.3	8.8	42.0	40.6	5.9	2.6	69.7
	50周岁及以上	10.1	45.8	35.7	6.8	1.7	71.2	9.2	40.2	41.9	6.4	2.4	69.5	12.9	59.9	25.4	1.5	0.4	76.7	10.3	41.5	38.6	8.1	1.5	70.2

附录四 上海市法治建设状况问卷满意度单项分布状况

续表

类 别		代表市民利益满意度单项分布状况					政府听证会满意度单项分布状况					立法规划满意度单项分布状况					人大监督实效满意度单项分布状况					
		非常满意	比较满意	一般	不大满意	非常不满意	总体满意率	非常满意	比较满意	一般	不大满意	非常不满意	总体满意率	非常满意	比较满意	一般	不大满意	非常不满意	总体满意率	非常满意	比较满意	一般	不大满意	非常不满意	总体满意率
在沪居住时间	1年及以下	42.9	42.9	14.3	0.0	0.0	85.7	42.9	42.9	14.3	0.0	0.0	85.8	42.9	57.1	0.0	0.0	0.0	88.6	28.6	42.9	28.6	0.0	0.0	80.0
	1年以上至3年	26.7	73.3	0.0	0.0	0.0	85.3	40.0	46.7	13.3	0.0	0.0	85.3	33.3	66.7	0.0	0.0	0.0	86.7	40.0	53.3	6.7	0.0	0.0	86.7
	3年以上至5年	29.2	45.8	25.0	0.0	0.0	80.8	23.8	42.9	33.3	0.0	0.0	78.1	37.5	54.2	4.2	4.2	0.0	85.0	16.7	66.7	16.7	0.0	0.0	80.0
	5年以上至7年	18.0	54.0	20.0	8.0	0.0	76.4	22.2	53.3	15.6	6.7	2.2	77.3	24.0	60.0	16.0	0.0	0.0	81.6	24.0	56.0	18.0	2.0	0.0	80.4
	7年以上	16.8	48.1	29.1	5.5	0.5	75.0	19.3	45.6	29.3	5.4	0.6	75.6	22.1	57.0	18.3	2.3	0.3	79.7	20.3	51.5	24.4	3.3	0.5	77.5
教育程度	大学专科及以下	9.2	52.2	32.1	6.5	0.0	72.8	9.9	44.8	38.1	5.5	1.7	71.1	13.0	61.4	23.4	2.2	0.0	77.1	10.3	46.2	36.4	6.0	1.1	71.7
	大学本科	11.0	43.2	37.3	7.0	1.6	71.0	11.3	36.4	41.6	8.5	2.2	69.2	16.5	56.8	24.1	2.1	0.5	77.3	12.4	43.9	36.6	5.6	1.4	72.1
	硕士研究生	10.2	44.1	36.2	7.0	2.5	70.5	10.6	37.4	42.0	7.6	2.5	69.2	16.5	57.0	24.1	1.8	0.5	77.4	12.3	44.4	36.1	5.9	1.3	72.1
	博士研究生	12.5	57.1	25.0	5.4	0.0	75.4	10.7	46.4	37.5	5.4	0.0	72.4	17.9	66.1	16.1	0.0	0.0	80.4	12.5	57.1	28.6	1.8	0.0	76.1
政治面貌	中共党员	12.2	47.6	33.8	5.5	1.0	72.9	12.9	41.0	37.9	6.9	1.4	71.3	17.7	60.0	20.2	1.8	0.3	78.6	14.0	49.2	31.0	5.2	0.6	74.2
	民主党派	9.1	38.7	38.2	9.7	4.8	67.4	11.5	28.6	46.2	8.8	4.9	66.6	14.1	53.0	29.7	2.1	1.1	75.4	10.8	34.4	43.0	9.1	2.7	68.3
	群众	9.5	41.9	38.7	8.0	2.0	69.8	9.3	35.2	44.0	8.9	2.7	67.9	15.3	55.4	26.6	2.2	0.6	76.6	10.8	41.3	40.3	5.8	1.8	70.7
行政级别	科级及以下	18.4	49.3	26.8	5.1	0.3	76.1	21.3	47.0	26.1	5.1	0.6	74.1	24.3	57.2	16.1	2.2	0.2	80.7	21.9	54.0	21.2	2.7	0.2	78.9
	处级（含副处级）	15.0	48.3	33.3	3.3	0.0	75.0	17.2	39.7	39.7	3.4	0.0	74.1	21.7	60.0	16.7	1.7	0.0	80.3	18.3	43.3	36.7	1.7	0.0	75.7

续表

类别		代表市民利益满意度 单项分布状况						政府听证会满意度 单项分布状况						立法规划满意度 单项分布状况						人大监督实效满意度 单项分布状况					
		非常满意	比较满意	一般	不大满意	非常不满意	总体满意率	非常满意	比较满意	一般	不大满意	非常不满意	总体满意率	非常满意	比较满意	一般	不大满意	非常不满意	总体满意率	非常满意	比较满意	一般	不大满意	非常不满意	总体满意率
部门层级	市级	3.6	52.7	38.2	5.5	0.0	70.9	6.0	58.0	32.0	4.0	0.0	73.2	13.0	64.8	18.5	3.7	0.0	77.4	10.9	56.4	29.1	1.8	1.8	74.5
	区、县级	19.7	48.0	27.1	5.1	0.2	76.4	21.5	44.6	27.8	5.7	0.5	76.2	24.4	57.2	16.5	1.7	0.2	80.8	21.2	53.6	22.5	2.8	0.0	78.6
	街道、乡镇	18.8	53.8	22.2	5.1	0.0	77.3	25.9	50.0	23.1	0.9	0.0	80.1	27.6	56.0	13.8	2.6	0.0	81.7	27.4	50.4	19.7	2.6	0.0	80.5
	其他	10.3	41.4	37.9	3.4	6.9	69.0	3.7	33.3	40.7	14.8	7.4	62.1	10.3	55.2	27.6	3.4	3.4	73.1	6.9	41.4	41.4	6.9	3.4	68.3
总体满意率		10.7	44.2	36.4	7	1.7	71.0	11	37.4	41.4	8	2.2	69.4	16.3	57.3	23.9	1.9	0.5	77.3	12.2	44.4	36.3	5.7	1.3	72.0

类别		自贸试验区法制保障满意度 单项分布状况						人大专题询问满意度 单项分布状况						政协工作满意度 单项分布状况						政协反映民意满意度 单项分布状况					
		非常满意	比较满意	一般	不大满意	非常不满意	总体满意率	非常满意	比较满意	一般	不大满意	非常不满意	总体满意率	非常满意	比较满意	一般	不大满意	非常不满意	总体满意率	非常满意	比较满意	一般	不大满意	非常不满意	总体满意率
所在部门	检察官	38.5	51.9	9.0	0.6	0.0	85.6	26.9	54.5	16.7	1.3	0.6	81.2	30.1	47.4	21.2	1.3	0.0	81.3	23.7	54.5	20.5	1.3	0.0	80.1
	法官	32.0	52.2	14.1	1.5	0.2	82.9	25.7	48.5	22.2	2.9	0.8	79.1	25.0	49.3	22.3	2.5	1.0	79.0	24.0	50.2	22.5	2.3	1.0	78.8
	人大机关工作人员	34.6	42.3	19.2	3.8	0.0	81.4	19.2	50.0	23.1	7.7	0.0	76.2	4.1	59.2	34.7	2.0	0.0	73.1	4.1	57.1	34.7	4.1	0.0	72.2
	依法治市办及行政机关工作人员	27.7	53.5	17.3	1.3	0.2	81.4	21.1	49.5	24.7	4.1	0.6	77.3	17.3	51.5	26.9	3.8	0.4	76.3	16.2	52.5	25.2	5.5	0.6	75.6
	专业律师	17.1	56.8	23.7	2.1	0.4	77.6	10.3	44.3	39.0	5.4	0.9	71.5	9.8	43.2	40.6	5.4	1.0	71.1	9.9	42.2	40.1	6.4	1.4	70.5

附录四 上海市法治建设状况问卷满意度单项分布状况

续表

类别		自贸试验区法制保障满意度单项分布状况						人大专题询问满意度单项分布状况						政协工作满意度单项分布状况						政协反映民意满意度单项分布状况					
		非常满意	比较满意	一般	不太满意	非常不满意	总体满意率	非常满意	比较满意	一般	不太满意	非常不满意	总体满意率	非常满意	比较满意	一般	不太满意	非常不满意	总体满意率	非常满意	比较满意	一般	不太满意	非常不满意	总体满意率
性别	男	19.5	54.5	23.7	1.9	0.4	78.1	12.2	43.9	37.9	5.2	0.8	72.3	11.2	42.1	40.0	5.7	1.0	71.3	10.8	41.2	39.9	6.6	1.5	70.6
	女	20.7	58.0	19.2	1.9	0.2	79.4	13.6	48.7	32.1	4.7	0.9	73.9	12.9	49.4	33.5	3.6	0.6	74.1	12.3	49.8	32.1	4.9	0.9	73.6
年龄	29周岁及以下	25.6	57.3	15.8	1.4	0.0	81.4	17.6	49.8	29.4	2.9	0.3	76.3	17.3	51.1	29.2	2.0	0.3	76.6	15.2	50.8	29.6	4.1	0.3	75.3
	30周岁至39周岁	19.0	55.2	23.4	2.1	0.4	78.1	11.6	44.8	37.0	5.7	0.9	72.1	10.9	43.7	39.2	5.3	0.9	71.7	11.0	42.6	39.4	5.3	1.7	71.1
	40周岁至49周岁	17.5	54.3	25.6	2.1	0.5	77.2	11.2	43.3	39.1	5.0	1.4	71.6	8.8	41.6	41.6	6.7	1.4	70.0	8.8	41.8	39.1	8.8	1.5	69.5
	50周岁及以上	18.6	57.5	21.5	1.8	0.6	78.3	11.4	46.3	35.5	5.9	0.9	72.3	11.0	44.2	38.7	5.3	0.7	71.9	10.9	44.8	36.9	6.6	0.7	71.7
在沪居住时间	1年及以下	85.7	0.0	14.3	0.0	0.0	94.2	42.9	57.1	0.0	0.0	0.0	88.6	57.1	28.6	14.3	0.0	0.0	88.6	28.6	42.9	28.6	0.0	0.0	80.0
	1年以上至3年	46.7	53.3	0.0	0.0	0.0	89.3	33.3	46.7	20.0	0.0	0.0	82.7	33.3	40.0	26.7	0.0	0.0	81.3	20.0	53.3	26.7	0.0	0.0	78.7
	3年以上至5年	33.3	54.2	12.5	0.0	0.0	84.1	20.8	62.5	12.5	4.2	0.0	80.0	25.0	50.0	25.0	0.0	0.0	80.0	16.7	54.1	29.2	0.0	0.0	77.5
	5年以上至7年	34.0	50.0	14.0	2.0	0.0	83.2	22.0	60.0	16.0	2.0	0.0	80.4	20.0	54.0	24.0	2.0	0.0	78.4	18.0	60.0	20.0	2.0	0.0	78.8
	7年以上	28.8	53.3	16.3	1.4	0.2	81.8	21.9	49.1	24.3	4.0	0.7	77.5	18.3	51.1	26.7	3.5	0.3	76.7	16.9	52.4	25.1	5.1	0.5	76.0

续表

类别		自贸试验区法制保障满意度单项分布状况					人大专题询问满意度单项分布状况					政协工作满意度单项分布状况					政协反映民意满意度单项分布状况					
		非常满意	比较满意	一般	不太满意	非常不满意	总体满意率	非常满意	比较满意	一般	不太满意	非常不满意	总体满意率	非常满意	比较满意	一般	不太满意	非常不满意	总体满意率	非常满意	比较满意	一般	不太满意	非常不满意	总体满意率
教育程度	大学专科及以下	20.1	57.6	19.6	1.6	1.1	78.8	13.0	47.8	34.2	4.9	0.0	73.8	12.5	47.3	35.3	4.3	0.5	73.4	10.3	50.5	34.2	4.3	0.5	73.2
	大学本科	18.8	56.7	22.3	1.8	0.3	78.3	12.8	44.8	36.6	5.0	0.8	72.7	11.5	45.0	37.7	5.1	0.7	72.3	11.3	43.9	37.2	6.4	1.1	71.6
	硕士研究生	22.0	53.4	22.1	2.2	0.2	78.9	12.3	46.7	34.5	5.3	1.1	72.8	12.2	43.3	38.5	4.9	1.1	72.1	11.5	44.0	37.2	5.6	1.6	71.6
	博士研究生	25.0	62.5	12.5	0.0	0.0	82.5	17.9	53.6	26.8	1.8	0.0	77.5	16.1	57.1	25.0	1.8	0.0	77.5	14.3	50.0	32.1	3.6	0.0	75.0
政治面貌	中共党员	23.6	56.1	18.6	1.4	0.3	80.2	14.9	49.6	30.8	4.0	0.7	74.8	13.6	48.6	32.8	4.5	0.5	74.0	13.1	48.2	32.7	5.1	0.8	73.5
	民主党派	15.6	53.2	26.3	3.2	1.6	75.5	8.6	40.9	41.4	8.1	1.1	69.6	10.8	40.0	41.1	7.0	1.1	70.5	13.5	45.4	34.1	5.9	1.1	72.9
	群众	17.2	55.9	24.5	2.2	0.2	77.5	11.3	42.8	39.3	5.7	1.0	71.5	10.3	42.1	41.4	5.0	1.1	71.1	9.6	41.0	41.0	6.8	1.6	70.0
行政级别	科级及以下	31.6	52.7	14.5	1.0	0.2	82.9	23.4	51.1	21.7	3.2	0.5	78.7	20.4	50.6	25.7	3.1	0.2	77.6	18.3	53.1	24.0	4.5	0.2	77.0
	处级（含副处级）	32.2	45.8	18.6	3.4	0.0	81.3	20.0	46.7	30.0	3.3	0.0	76.7	13.6	55.9	30.5	0.0	0.0	76.6	10.3	60.3	27.6	1.7	0.0	75.9
	市级	30.9	47.3	18.2	3.6	0.0	81.1	16.4	52.7	23.6	7.3	0.0	75.6	5.8	59.6	32.7	1.9	0.0	73.8	3.8	59.6	32.7	3.8	0.0	72.7
部门层级	区、县级	30.7	53.1	15.0	1.1	0.2	82.6	23.1	51.1	23.1	2.5	0.2	78.9	19.3	52.0	25.5	3.2	0.0	77.5	18.4	53.2	23.7	4.7	0.0	77.1
	街道、乡镇	35.3	50.9	12.1	1.7	0.0	83.9	25.6	50.4	18.8	5.1	0.0	79.3	28.2	46.2	23.9	1.7	0.0	80.2	20.5	54.7	22.2	2.6	0.0	78.6
	其他	13.8	51.7	34.5	0.0	0.0	75.8	10.3	41.4	31.0	6.9	10.3	66.9	6.9	44.8	34.5	6.9	6.9	67.6	6.9	37.9	37.9	10.3	6.9	65.5
总体满意率		19.9	55.8	22	1.9	0.3	78.6	12.8	45.7	35.7	5.1	0.9	73	11.8	44.9	37.6	4.9	0.8	72.4	11.4	44.5	37	6	1.2	71.8

附录四　上海市法治建设状况问卷满意度单项分布状况

续表

类别		网络征集民意满意度单项分布状况						政府主动公开信息满意度单项分布状况						政府办事效率满意度单项分布状况						行政复议满意度单项分布状况					
		非常满意	比较满意	一般	不太满意	非常不满意	总体满意率	非常满意	比较满意	一般	不太满意	非常不满意	总体满意率	非常满意	比较满意	一般	不太满意	非常不满意	总体满意率	非常满意	比较满意	一般	不太满意	非常不满意	总体满意率
所在部门	检察官	30.8	49.4	19.2	0.6	0.0	82.1	29.3	57.3	12.1	1.3	0.0	82.9	19.7	57.3	20.4	1.9	0.6	78.7	24.8	49.7	24.2	1.3	0.0	79.6
	法官	7.8	62.7	27.5	2.0	0.0	75.3	13.7	39.2	39.2	5.9	2.0	71.4	3.8	57.7	34.6	3.8	0.0	72.3	46.5	47.5	5.0	0.4	0.6	87.8
	人大机关工作人员	30.3	50.4	17.2	1.7	0.4	81.7	30.8	50.2	16.3	2.3	0.4	81.8	26.0	52.7	17.9	2.7	0.8	80.1	4.2	45.8	47.9	0.0	2.1	70.0
	依法治市办及司法行政机关工作人员	23.5	55.9	19.2	1.5	0.0	80.3	21.3	52.3	23.6	2.3	0.4	78.3	16.8	58.1	22.1	3.0	0.0	77.7	16.2	53.2	27.2	3.2	0.4	76.3
	专业律师	12.5	51.2	32.5	3.2	0.7	74.3	11.5	49.1	32.1	5.9	1.3	72.7	9.9	49.4	33.0	6.2	1.5	72.0	7.8	34.1	49.1	7.1	1.9	67.7
性别	男	13.5	49.9	32.7	3.1	0.7	74.5	12.2	47.3	32.9	6.2	1.4	72.5	10.4	50.1	32.4	5.8	1.3	72.5	8.9	34.2	47.7	6.9	2.3	68.1
	女	17.0	55.2	25.4	2.2	0.2	77.3	16.5	53.9	25.4	3.5	0.7	76.4	12.6	53.0	28.2	5.2	1.0	74.2	11.1	43.0	40.2	5.1	0.6	71.8
年龄	29周岁及以下	20.5	57.0	21.4	1.1	0.0	79.4	19.9	53.1	24.3	2.1	0.5	78.0	15.3	53.1	25.4	5.5	0.6	75.4	14.4	45.4	36.7	2.9	0.6	74.0
	30周岁至39周岁	14.0	51.9	30.4	3.0	0.6	75.2	13.3	50.4	29.7	5.6	1.0	73.9	10.8	50.1	31.6	5.9	1.5	72.6	9.0	35.9	47.0	6.1	2.0	68.8
	40周岁至49周岁	13.7	45.9	35.9	3.5	1.1	73.5	10.8	45.3	35.0	7.0	2.0	71.2	10.8	49.4	34.7	4.1	1.1	72.9	7.6	35.8	47.5	7.5	1.7	68.0
	50周岁及以上	11.8	53.4	30.9	3.5	0.4	74.5	11.2	49.8	32.0	5.7	1.3	72.8	7.9	53.3	31.3	6.3	1.3	72.1	8.0	35.6	45.9	8.5	2.0	67.8

续表

类别		网络征集民意满意度单项分布状况						政府主动公开信息满意度单项分布状况						政府办事效率满意度单项分布状况						行政复议满意度单项分布状况					
		非常满意	比较满意	一般	不太满意	非常不满意	总体满意率	非常满意	比较满意	一般	不太满意	非常不满意	总体满意率	非常满意	比较满意	一般	不太满意	非常不满意	总体满意率	非常满意	比较满意	一般	不太满意	非常不满意	总体满意率
在沪居住时间	1年及以下	42.9	42.9	14.3	0.0	0.0	85.7	42.9	42.9	14.3	0.0	0.0	85.7	28.6	71.4	0.0	0.0	0.0	85.7	28.6	57.1	0.0	14.3	0.0	80.0
	1年以上至3年	26.7	66.7	6.7	0.0	0.0	84.0	26.7	66.7	6.7	0.0	0.0	84.0	6.7	80.0	13.3	0.0	0.0	78.7	13.3	66.7	20.0	0.0	0.0	78.7
	3年以上至5年	25.0	50.0	25.0	0.0	0.0	80.0	20.8	62.5	12.5	4.2	0.0	80.0	12.5	75.0	8.3	4.2	0.0	79.2	20.8	50.0	29.2	0.0	0.0	78.3
	5年以上至7年	28.0	56.0	16.0	0.0	0.0	82.4	20.0	58.0	20.0	2.0	0.0	82.4	24.0	50.0	20.0	6.0	0.2	78.4	18.0	54.0	26.0	2.0	0.5	77.6
	7年以上	23.3	54.8	20.3	1.6	0.0	80.0	22.7	51.1	23.2	2.4	0.5	78.6	16.3	56.9	24.0	2.6	0.2	77.3	17.2	51.1	28.6	2.6	0.5	76.3
教育程度	大学专科及以下	14.1	53.3	29.9	2.7	0.0	75.8	11.4	51.1	31.0	4.9	1.6	73.2	9.2	54.9	29.3	6.0	0.5	73.3	8.2	42.9	39.0	7.7	2.2	69.5
	大学本科	14.9	51.5	30.1	2.9	0.6	75.4	13.8	49.0	30.6	5.5	1.0	73.8	11.4	49.8	32.1	5.5	1.2	72.9	9.8	36.0	46.2	6.3	1.7	69.2
	硕士研究生	14.7	52.6	29.7	2.7	0.4	75.7	14.0	51.2	29.0	4.5	1.3	74.4	11.1	52.4	29.3	5.8	1.3	73.6	9.5	39.9	43.3	5.7	1.5	70.0
	博士研究生	17.9	55.4	25.0	1.8	0.0	77.9	19.6	53.6	23.2	3.6	0.0	77.9	14.3	67.9	17.9	0.0	0.0	79.3	14.3	41.1	41.1	3.6	0.0	73.2
政治面貌	中共党员	16.7	54.1	26.4	2.6	0.2	76.9	15.8	51.6	28.2	3.8	0.6	75.6	12.2	54.0	28.5	4.5	0.9	74.4	10.9	43.3	39.9	4.9	0.9	71.7
	民主党派	14.0	44.1	38.2	3.2	0.5	73.5	10.8	43.0	34.9	9.1	2.2	70.2	8.6	44.1	38.7	6.5	2.2	70.1	6.5	28.8	48.9	11.4	4.3	64.3
	群众	13.3	51.0	32.0	2.9	0.8	74.6	12.4	49.1	31.1	5.9	1.5	73.0	10.7	49.6	32.0	6.3	1.4	72.4	9.1	33.6	48.6	6.7	2.0	68.3
行政级别	科级及以下	24.6	54.6	19.3	1.5	0.0	80.4	23.9	53.3	20.1	2.4	0.3	79.6	18.1	56.6	22.5	2.7	0.2	77.9	18.2	52.2	26.5	2.6	0.5	77.0
	处级（含副处级）	24.1	53.4	22.4	0.0	0.2	80.3	16.9	47.5	35.6	0.0	0.0	76.3	8.3	66.7	21.7	3.3	0.0	76.0	12.3	54.4	31.6	1.8	0.0	75.4

附录四　上海市法治建设状况问卷满意度单项分布状况

续表

类　别		网络征集民意满意度单项分布状况						政府主动公开信息满意度单项分布状况						政府办事效率满意度单项分布状况						行政复议满意度单项分布状况					
		非常满意	比较满意	一般	不太满意	非常不满意	总体满意率	非常满意	比较满意	一般	不太满意	非常不满意	总体满意率	非常满意	比较满意	一般	不太满意	非常不满意	总体满意率	非常满意	比较满意	一般	不太满意	非常不满意	总体满意率
部门层级	市级	9.3	59.3	29.6	1.9	0.0	75.2	14.8	42.6	35.2	5.6	1.9	72.6	7.3	58.2	30.9	3.6	0.0	73.8	7.8	47.1	43.1	0.0	2.0	71.8
	区、县级	25.0	55.3	18.6	1.1	0.0	80.8	22.4	55.3	20.0	1.9	0.4	79.5	16.5	58.6	21.9	2.7	0.2	77.7	17.4	52.9	27.0	2.5	0.2	76.9
	街道、乡镇	29.9	52.1	17.1	0.9	0.0	82.2	29.1	48.7	20.5	1.7	0.0	81.0	23.9	56.4	17.1	2.6	0.0	80.3	22.8	52.6	23.7	0.9	0.0	79.5
	其他	10.3	51.7	31.0	6.9	0.0	73.1	13.8	44.8	37.9	3.4	0.0	73.8	3.4	55.2	37.9	3.4	0.0	71.7	10.3	41.4	34.5	10.3	3.4	69.0
总体满意率		17.0	51.7	28.1	2.6	0.5	76.4	16.2	49.9	28.1	4.8	1.0	75.1	13.3	51.4	29.1	5.1	1.1	74.1	14.8	39.0	39.3	5.4	1.5	72.1

类　别		行政执法满意度单项分布状况						政府服务态度意识和质量满意度单项分布状况						八项规定在上海执行满意度单项分布状况						社会治安满意度单项分布状况					
		非常满意	比较满意	一般	不太满意	非常不满意	总体满意率	非常满意	比较满意	一般	不太满意	非常不满意	总体满意率	非常满意	比较满意	一般	不太满意	非常不满意	总体满意率	非常满意	比较满意	一般	不太满意	非常不满意	总体满意率
所在部门	检察官	21.0	52.9	23.6	1.9	0.6	78.3	21.7	54.8	21.7	1.3	0.6	79.1	42.0	49.0	7.0	1.3	0.6	86.1	21.7	59.2	16.6	1.9	0.6	79.9
	法官	28.8	49.2	18.3	3.3	0.4	80.6	25.9	50.9	20.9	2.1	0.2	80.1	30.1	48.9	18.7	1.7	0.6	81.2	20.5	40.0	25.0	10.1	4.4	72.4
	人大机关工作人员	5.9	49.0	33.3	7.8	3.9	69.0	5.9	54.9	33.3	3.9	2.0	71.8	24.0	64.0	12.0	0.0	0.0	82.4	17.3	63.5	15.4	3.8	0.0	78.8
	政协委员	0.9	40.9	50.4	7.0	0.9	66.8	1.7	63.6	30.6	4.1	0.0	72.6	17.5	70.8	10.8	0.8	0.0	81.0	8.3	72.5	15.0	3.3	0.8	76.8
	依法治市办及司法行政机关工作人员	15.5	53.0	25.1	5.5	0.9	75.4	17.1	58.5	23.1	1.3	0.0	78.3	32.1	53.4	12.9	1.3	0.2	83.2	24.0	57.8	14.3	3.2	0.6	80.3

续表

类别		行政执法满意度单项分布状况						政府服务态度意识和质量满意度单项分布状况						"八项规定"在上海执行满意度单项分布状况						社会治安满意度单项分布状况					
		非常满意	比较满意	一般	不太满意	非常不满意	总体满意率	非常满意	比较满意	一般	不太满意	非常不满意	总体满意率	非常满意	比较满意	一般	不太满意	非常不满意	总体满意率	非常满意	比较满意	一般	不太满意	非常不满意	总体满意率
所在部门	专业律师	9.0	39.8	39.9	8.6	2.6	68.8	9.5	46.9	34.4	7.5	1.7	71.0	13.2	51.9	29.9	4.2	0.8	74.5	13.8	63.5	18.9	2.7	1.1	77.2
	市民	8.3	46.4	36.8	7.3	1.2	70.6	10.2	50.5	29.1	8.6	1.7	71.8	11.3	54.8	29.8	3.5	0.5	74.6	16.2	60.3	18.4	4.5	0.7	77.4
性别	男	9.6	41.2	38.1	8.5	2.6	69.3	10.2	49.1	32.3	7.0	1.5	71.9	16.0	52.4	27.2	3.6	0.8	75.8	16.1	61.8	18.1	3.0	0.9	77.9
	女	10.0	46.5	35.8	6.5	1.2	71.5	11.3	50.7	30.0	6.6	1.4	72.8	16.0	54.6	25.7	3.3	0.4	76.5	15.1	62.6	17.9	3.4	1.0	77.5
年龄	29周岁及以下	13.3	49.0	31.7	5.1	1.0	73.7	13.1	49.3	28.7	8.0	1.0	73.1	17.6	53.1	26.7	2.3	0.3	77.1	18.6	59.0	18.1	3.2	1.0	78.2
	30周岁至39周岁	9.1	42.5	37.8	8.4	2.1	69.6	10.0	49.3	32.4	6.3	1.9	71.9	15.4	51.9	27.9	4.0	0.8	75.4	16.1	62.4	17.7	3.2	0.6	78.0
	40周岁至49周岁	7.2	40.0	42.5	7.6	2.8	68.2	10.0	49.9	32.6	6.4	1.1	72.2	14.4	51.8	28.5	4.2	1.1	74.8	12.8	64.2	18.8	3.0	1.1	76.9
	50周岁及以上	7.4	38.6	39.9	11.1	3.0	67.3	8.0	51.6	32.8	6.1	1.6	71.7	16.2	58.7	21.1	3.8	0.2	77.4	11.9	65.6	18.2	3.4	0.9	76.8
户籍	上海户口	6.0	49.6	34.5	8.0	1.8	70.0	10.4	51.8	27.1	8.4	2.2	72.0	11.0	59.4	25.7	3.6	0.2	75.4	16.9	60.8	16.7	5.2	0.4	77.7
	上海居住证	5.8	46.8	32.7	14.7	0.0	68.7	7.7	51.3	28.2	9.6	3.2	70.1	4.5	53.8	34.6	7.1	0.0	71.2	19.2	57.7	16.0	5.8	1.3	77.6
	其他	12.1	42.2	41.2	3.5	1.0	72.2	10.8	48.5	31.9	8.3	0.5	72.2	14.3	49.5	33.2	2.8	0.3	75.0	14.1	60.6	21.6	3.0	0.8	76.8

附录四 上海市法治建设状况问卷满意度单项分布状况

续表

类别		行政执法满意度单项分布状况						政府服务态度意识和质量满意度单项分布状况						"八项规定"在上海执行满意度单项分布状况						社会治安满意度单项分布状况					
		非常满意	比较满意	一般	不太满意	非常不满意	总体满意率	非常满意	比较满意	一般	不太满意	非常不满意	总体满意率	非常满意	比较满意	一般	不太满意	非常不满意	总体满意率	非常满意	比较满意	一般	不太满意	非常不满意	总体满意率
在沪居住时间	1年及以下	12.0	43.8	39.5	4.0	0.6	72.6	11.7	48.6	31.7	7.4	0.6	72.3	15.8	47.6	33.8	2.9	0.0	75.2	16.0	58.0	22.9	2.6	0.6	77.3
	1年以上至3年	14.9	44.7	33.3	7.0	0.0	73.5	9.6	55.3	26.3	7.9	0.9	73.0	13.2	50.9	30.7	5.3	0.0	74.4	16.7	59.6	14.9	7.9	0.9	76.7
	3年以上至5年	6.6	51.8	32.5	8.4	0.6	71.1	12.7	52.1	27.3	6.7	1.2	73.7	13.9	57.2	26.5	1.8	0.6	76.4	18.7	62.7	15.1	1.8	1.8	78.9
	5年以上至7年	6.2	47.0	36.9	8.2	1.7	69.5	8.4	53.8	27.7	8.1	2.0	71.7	13.9	61.0	21.5	3.0	0.6	76.9	15.7	63.5	15.5	4.9	0.5	77.8
	7年以上	15.3	52.0	26.3	5.2	1.2	75.0	17.2	57.0	24.2	1.2	0.3	77.9	32.2	53.8	12.3	1.4	0.4	83.2	22.3	57.9	16.0	3.3	0.5	79.6
教育程度	大学专科及以下	9.7	41.6	37.3	9.2	2.2	69.5	13.1	51.4	28.4	5.5	1.6	73.8	17.6	56.6	22.5	2.7	0.5	77.6	10.3	64.7	19.0	4.9	1.1	75.7
	大学本科	10.4	41.5	37.5	8.0	2.6	69.8	11.0	47.8	33.4	6.5	1.4	72.1	17.4	50.9	27.1	4.0	0.7	76.1	15.1	62.2	18.7	3.1	1.0	77.5
	硕士研究生	10.1	43.9	37.0	7.4	1.5	70.7	10.8	48.9	31.9	6.8	1.6	72.1	16.2	52.4	27.9	2.9	0.7	76.1	16.6	61.8	18.3	2.5	0.9	78.1
	博士研究生	7.9	47.0	36.8	7.0	1.2	70.7	9.2	54.9	27.2	7.4	1.3	72.7	16.6	58.9	24.9	3.2	0.5	75.9	16.3	62.3	16.3	4.0	0.7	78.1
政治面貌	中共党员	11.7	46.6	33.3	7.2	1.3	72.0	11.9	52.4	29.9	5.0	0.8	73.9	20.8	54.5	21.9	2.4	0.4	78.6	17.0	63.4	16.6	2.3	0.7	78.8
	民主党派	7.0	36.0	39.2	11.8	5.9	65.3	9.7	44.6	36.0	5.4	4.3	70.0	12.4	55.4	28.0	3.1	1.1	74.9	11.3	61.8	22.6	2.2	2.2	75.6
	群众	9.8	39.6	39.8	8.0	2.8	69.1	10.6	46.5	33.6	7.6	1.6	71.4	15.1	49.8	29.6	4.6	0.9	74.7	15.0	61.6	18.9	3.3	1.1	77.2
行政级别	科级及以下	17.4	53.3	23.7	4.6	1.0	76.3	18.7	56.2	23.5	1.2	0.3	78.4	35.1	53.1	10.4	0.2	0.0	84.3	24.3	57.3	14.7	3.1	0.7	80.3
	处级(含副处级)	11.9	45.8	37.3	5.1	0.0	72.9	8.6	65.5	24.1	1.7	0.0	76.2	32.1	51.8	16.1	0.0	0.0	83.2	20.3	61.0	16.9	1.7	0.0	80.0

续表

类别		行政执法满意度单项分布状况						政府服务态度意识和质量满意度单项分布状况						"八项规定"在上海执行满意度单项分布状况						社会治安满意度单项分布状况					
		非常满意	比较满意	一般	不太满意	非常不满意	总体满意率	非常满意	比较满意	一般	不太满意	非常不满意	总体满意率	非常满意	比较满意	一般	不太满意	非常不满意	总体满意率	非常满意	比较满意	一般	不太满意	非常不满意	总体满意率
部门层级	市级	0.0	100.0	0.0	0.0	0.0	80.0	9.3	53.7	31.5	3.7	1.9	73.0	26.4	62.3	11.3	0.0	0.0	83.0	18.2	63.6	14.5	3.6	0.0	79.3
	区、县级	9.3	50.0	29.6	7.4	3.7	70.7	17.7	57.0	24.1	1.1	0.2	78.2	35.7	52.1	10.4	1.3	0.4	84.3	23.5	58.5	14.8	2.8	0.4	80.4
	街道、乡镇	15.6	55.3	24.7	4.0	0.4	76.3	21.7	60.0	16.5	1.7	0.0	80.3	33.9	53.9	11.3	0.9	0.0	84.2	27.6	53.4	15.5	2.6	0.9	80.9
	其他	23.9	47.0	21.4	6.8	0.9	77.3	7.1	64.3	28.6	0.0	0.0	75.7	13.8	55.2	27.6	3.4	0.0	75.9	3.4	75.9	10.3	6.9	3.4	73.8
总体满意率		6.9	34.5	44.8	6.9	6.9	65.5	12.2	49.9	30.3	1.3	1.3	73.1	17.5	52.9	25.8	3.3	0.6	76.6	16.1	59.1	18.8	3.9	1.3	77.1

类别		审判效果满意度单项分布状况						审判质量满意度单项分布状况						检察效率满意度单项分布状况						检察质量满意度单项分布状况					
		非常满意	比较满意	一般	不太满意	非常不满意	总体满意率(%)	非常满意	比较满意	一般	不太满意	非常不满意	总体满意率	非常满意	比较满意	一般	不太满意	非常不满意	总体满意率	非常满意	比较满意	一般	不太满意	非常不满意	总体满意率
所在部门	检察官	41.0	45.5	12.8	0.6	0.0	85.4	36.5	51.9	10.3	1.3	0.0	84.5	54.5	39.7	5.1	0.6	0.0	90.0	54.5	39.7	5.1	0.6	0.0	89.6
	法官	45.9	47.1	6.0	0.4	0.6	87.5	35.8	50.1	12.0	1.4	0.8	83.8	34.2	49.6	13.5	1.7	1.0	83.4	34.2	49.6	13.5	1.7	1.0	82.9
	人大机关工作人员	2.0	66.0	28.0	4.0	0.0	73.2	2.0	60.0	34.0	4.0	0.0	72.0	6.0	58.0	32.0	2.0	2.0	72.8	2.0	60.0	36.0	2.0	0.0	72.4
	依法治市办及司法行政机关人员	28.3	49.6	19.3	2.6	0.2	80.6	28.1	50.3	19.3	2.4	0.0	80.2	31.0	49.7	17.8	1.3	0.2	82.0	29.7	49.4	19.2	1.3	0.4	81.3
	专业律师	9.3	39.8	36.0	11.9	3.0	68.1	9.8	47.7	33.9	6.8	1.8	71.4	10.6	48.5	34.1	5.7	1.2	72.3	10.6	44.5	36.6	6.9	1.3	71.2

288

附录四　上海市法治建设状况问卷满意度单项分布状况

续表

类别		审判效率满意度单项分布状况						审判效果满意度单项分布状况						检察质量满意度单项分布状况						检察效率满意度单项分布状况					
		非常满意	比较满意	一般	不太满意	非常不满意	总体满意率	非常满意	比较满意	一般	不太满意	非常不满意	总体满意率	非常满意	比较满意	一般	不太满意	非常不满意	总体满意率	非常满意	比较满意	一般	不太满意	非常不满意	总体满意率
性别	男	11.5	39.7	34.0	11.2	3.6	68.9	11.7	46.0	33.2	7.1	2.0	71.6	13.3	46.5	33.2	5.7	1.3	72.9	13.4	42.4	35.9	6.6	1.6	71.9
	女	16.4	45.6	29.4	7.8	0.7	73.8	16.7	52.6	26.4	3.9	0.5	76.2	19.1	51.7	25.4	3.3	0.5	77.1	18.3	49.6	27.3	4.5	0.3	76.2
年龄	29周岁及以下	20.2	44.4	28.3	6.1	0.9	75.4	21.3	52.1	23.4	2.8	0.5	78.2	24.2	51.3	23.1	1.2	0.2	79.6	24.2	48.4	24.0	3.2	0.2	78.7
	30周岁至39周岁	12.6	41.5	32.3	10.8	2.7	70.1	12.6	49.1	30.8	6.4	1.2	73.1	14.5	48.4	30.3	5.8	1.0	73.9	13.9	46.5	32.1	6.1	1.4	73.1
	40周岁至49周岁	10.7	40.5	34.1	11.5	3.2	68.8	10.7	44.7	35.9	6.3	2.4	71.0	12.2	44.5	36.4	5.7	1.2	72.2	12.2	40.2	39.0	7.0	1.5	70.9
	50周岁及以上	9.9	41.5	35.1	10.8	2.6	69.1	9.9	47.1	33.1	8.1	1.8	71.0	10.7	50.6	31.6	5.3	1.8	72.6	11.2	44.3	36.9	6.4	1.1	71.6
在沪居住时间	1年及以下	57.1	28.6	14.3	0.0	0.0	88.6	57.1	28.6	14.3	0.0	0.0	88.6	71.4	0.0	28.6	0.0	0.0	88.6	71.4	0.0	28.6	0.0	0.0	88.6
	1年以上至3年	33.3	66.7	0.0	0.0	0.0	86.7	33.3	66.7	0.0	0.0	0.0	86.7	53.3	46.7	0.0	0.0	0.0	90.7	53.3	46.7	0.0	0.0	0.0	90.7
	3年以上至5年	29.2	58.3	12.5	0.0	0.0	83.3	20.8	70.8	8.3	0.0	0.0	83.3	41.7	50.0	8.3	0.0	0.0	86.7	45.8	45.8	8.3	0.0	0.0	87.5
	5年以上至7年	34.0	50.0	14.0	2.0	0.0	83.2	22.0	60.0	14.0	4.0	0.0	80.0	50.0	36.0	12.0	2.0	0.0	86.8	46.0	38.0	14.0	2.0	0.0	85.6
	7年以上	28.7	49.1	19.6	2.4	0.2	80.7	28.4	49.7	19.5	2.3	0.2	80.9	31.1	50.1	16.3	1.2	0.4	82.5	31.1	49.3	18.1	1.2	0.4	81.9

续表

类别		审判效率满意度 单项分布状况						审判效果满意度 单项分布状况						检察质量满意度 单项分布状况						检察效率满意度 单项分布状况					
		非常满意	比较满意	一般	不太满意	非常不满意	总体满意率	非常满意	比较满意	一般	不太满意	非常不满意	总体满意率	非常满意	比较满意	一般	不太满意	非常不满意	总体满意率	非常满意	比较满意	一般	不太满意	非常不满意	总体满意率
教育程度	大学专科及以下	12.6	39.3	37.7	8.7	1.6	70.5	12.0	47.0	31.1	8.2	1.6	71.9	15.3	50.8	27.3	4.9	1.6	74.6	14.8	43.2	36.6	4.4	1.1	73.2
	大学本科	13.7	40.2	32.4	10.9	2.9	70.2	13.9	47.0	31.3	6.3	1.4	73.1	15.2	48.3	30.7	4.8	1.0	74.4	15.1	45.3	32.5	6.1	1.1	73.4
	硕士研究生	12.9	45.8	31.3	8.5	1.6	72.0	13.1	51.6	29.3	4.7	1.3	74.1	15.9	48.4	29.9	4.7	1.0	74.7	15.7	45.9	32.1	5.2	1.1	74.0
	博士研究生	14.3	44.6	33.9	3.6	3.6	72.5	14.3	51.8	30.4	1.8	1.8	75.0	14.3	51.8	30.4	3.6	0.0	75.4	14.3	41.1	35.7	8.9	0.0	72.1
政治面貌	中共党员	15.9	45.5	30.4	7.0	1.2	73.6	16.2	50.9	27.4	4.5	1.0	75.4	19.3	51.2	25.6	3.2	0.7	77.1	19.0	48.5	27.7	4.3	0.5	76.3
	民主党派	8.1	35.7	32.4	19.5	4.3	64.8	9.2	40.5	34.6	12.4	3.2	68.0	10.3	44.9	28.6	13.0	3.2	69.2	10.3	42.2	32.4	12.4	2.7	69.0
	群众	11.8	39.4	34.0	11.4	3.3	69.0	11.8	47.2	33.1	6.4	1.6	72.2	12.7	46.5	34.6	5.2	1.0	72.9	12.6	42.6	37.0	6.3	1.5	71.7
行政级别	科级及以下	31.6	48.7	17.7	2.1	0.0	82.0	30.5	50.0	17.1	2.4	0.0	81.7	36.6	48.5	13.6	1.2	0.2	84.0	35.6	47.3	15.8	1.2	0.0	83.5
	处级（含副处级）	15.5	53.4	29.3	1.7	0.0	76.5	12.1	58.6	29.3	0.0	0.0	76.6	22.4	48.3	27.6	1.7	0.0	77.9	20.7	51.7	25.9	0.0	1.7	77.9
部门层级	市级	3.8	64.2	28.3	3.8	0.0	73.2	3.8	58.5	34.0	3.8	0.0	72.5	7.5	56.6	32.1	1.9	1.9	73.2	3.8	58.5	35.8	1.9	0.0	72.8
	区、县级	32.1	50.0	16.2	1.7	0.0	82.5	30.8	50.7	16.8	1.7	0.0	82.1	37.5	49.3	11.5	1.5	0.2	84.5	38.5	46.8	13.2	1.3	0.2	84.4
	街道、乡镇	33.6	43.1	20.7	2.6	0.0	81.6	31.9	48.3	16.4	3.4	0.0	81.7	37.9	44.0	18.1	0.0	0.0	84.0	30.2	49.1	20.7	0.0	0.2	81.9
	其他	13.8	51.7	27.6	3.4	3.4	73.8	13.8	58.6	24.1	3.4	0.0	76.6	20.7	44.8	27.6	4.3	0.0	77.2	17.3	48.3	27.6	3.4	3.4	74.5
总体满意率		17.9	42.6	28.7	8.6	2.2	73.1	16.6	48.7	28.1	5.2	1.3	74.8	18.3	48.5	27.9	4.3	1.0	75.8	17.7	45.8	30.0	5.2	1.1	74.9

附录四 上海市法治建设状况问卷满意度单项分布状况

续表

类别		检察效果满意度单项分布状况						法院队伍建设满意度单项分布状况						检察院队伍建设满意度单项分布状况						市级党组织依法执政理念和能力满意度单项分布状况					
		非常满意	比较满意	一般	不大满意	非常不满意	总体满意率	非常满意	比较满意	一般	不大满意	非常不满意	总体满意率	非常满意	比较满意	一般	不大满意	非常不满意	总体满意率	非常满意	比较满意	一般	不大满意	非常不满意	总体满意率
所在部门	检察官	53.2	41.7	4.5	0.6	0.0	89.5	42.3	35.9	17.3	2.6	1.9	82.8	52.6	41.0	6.4	0.0	0.0	89.2	40.4	42.3	16.7	0.0	0.6	84.4
	法官	50.6	43.4	5.4	0.2	0.4	88.7	37.8	48.4	11.8	1.5	0.6	84.2	30.8	53.1	14.6	1.1	0.4	82.6	28.8	52.3	17.0	1.4	0.6	81.5
	人大机关工作人员	2.0	58.0	38.0	2.0	0.0	72.0	6.0	56.0	32.0	2.0	4.0	71.6	6.0	60.0	32.0	2.0	0.0	74.0	13.7	60.8	21.6	3.9	0.0	76.9
	依法治市办及司法行政机关工作人员	30.3	49.7	18.1	1.5	0.4	81.6	31.9	50.3	15.0	2.4	0.4	82.2	31.4	55.7	12.3	0.6	0.0	83.6	27.6	53.4	16.7	2.1	0.2	81.2
	专业律师	10.2	45.5	36.5	6.3	1.5	71.3	11.7	51.9	28.4	6.3	2.1	72.7	11.7	53.1	30.3	3.9	1.2	74.0	12.6	49.9	32.9	3.3	1.3	73.9
性别	男	12.6	43.4	35.8	6.5	1.8	71.7	13.7	49.1	28.1	6.7	2.4	73.0	14.2	51.8	28.6	4.0	1.3	74.7	14.8	48.7	31.4	3.5	1.6	74.3
	女	18.8	50.5	26.7	3.5	0.6	76.7	18.5	54.1	22.6	3.6	1.2	77.0	19.8	54.7	23.2	1.9	0.3	78.4	18.2	52.9	26.5	2.1	0.3	77.3
年龄	29周岁及以下	23.6	49.8	24.0	2.5	0.2	78.8	22.5	54.4	18.5	3.8	0.8	78.4	23.9	56.0	19.0	1.1	0.0	80.6	22.6	52.4	23.0	1.4	0.5	79.1
	30周岁至39周岁	13.7	47.0	32.0	5.9	1.4	73.2	15.2	51.7	26.0	4.9	2.2	74.5	15.7	52.4	27.8	2.8	1.2	75.7	14.2	50.8	30.7	3.0	1.3	74.7
	40周岁至49周岁	12.4	40.2	39.1	6.4	1.8	71.0	12.5	48.8	30.0	6.4	2.3	72.2	13.9	50.0	29.4	5.6	1.1	74.0	14.8	46.8	33.4	3.5	1.5	74.0
	50周岁及以上	10.3	46.7	35.1	6.1	1.8	71.5	11.4	48.0	30.5	8.3	1.8	71.8	11.4	54.4	29.2	3.9	1.1	74.2	13.6	50.6	30.9	4.2	0.7	74.4

续表

类别		检察效果满意度单项分布状况						法院队伍建设满意度单项分布状况						检察院队伍建设满意度单项分布状况						市级党组织依法执政理念和能力满意度单项分布状况					
		非常满意	比较满意	一般	不太满意	非常不满意	总体满意率	非常满意	比较满意	一般	不太满意	非常不满意	总体满意率	非常满意	比较满意	一般	不太满意	非常不满意	总体满意率	非常满意	比较满意	一般	不太满意	非常不满意	总体满意率
在沪居住时间	1年及以下	57.1	14.3	28.6	0.0	0.0	85.7	71.4	14.3	14.3	0.0	0.0	94.3	71.4	14.3	14.3	0.0	0.0	91.4	71.4	14.3	14.3	0.0	0.0	91.4
	1年以上至3年	53.3	46.7	0.0	0.0	0.0	90.7	40.0	53.3	6.7	0.0	0.0	86.7	40.0	53.3	6.7	0.0	0.0	90.7	40.0	53.3	6.7	0.0	0.0	86.7
	3年以上至5年	45.8	50.0	4.2	0.0	0.0	88.3	41.7	50.0	0.0	8.3	0.0	85.0	41.7	50.0	4.2	2.0	0.0	88.3	41.7	50.0	8.3	0.0	0.0	86.7
	5年以上至7年	44.0	38.0	16.0	2.0	0.0	84.8	38.0	44.0	12.0	4.0	2.0	82.4	40.0	42.0	16.0	2.0	0.0	86.6	42.0	40.0	16.0	2.0	0.0	84.0
	7年以上	31.5	49.6	17.2	1.4	0.4	82.1	31.1	47.5	18.3	2.1	1.0	81.0	27.0	53.0	17.8	1.9	0.3	83.5	27.0	53.0	17.8	1.9	0.3	80.9
教育程度	大学专科及以下	14.8	43.2	35.5	5.5	1.1	73.0	14.0	47.0	29.5	8.2	0.5	73.4	15.8	54.6	26.2	2.7	1.1	75.8	15.4	53.3	26.2	2.7	0.5	76.5
	大学本科	15.0	46.1	32.1	5.7	1.2	73.6	15.8	50.3	26.0	6.0	1.9	74.4	16.0	49.8	30.3	3.3	1.2	75.9	16.5	52.7	26.5	3.7	0.9	75.2
	硕士研究生	14.8	47.0	32.2	4.5	1.5	73.8	15.0	53.0	25.6	4.3	2.0	74.9	15.9	51.3	29.2	2.3	0.9	76.5	16.5	53.2	27.2	2.1	0.9	75.7
	博士研究生	16.1	44.6	33.9	5.4	0.0	74.3	19.6	53.6	21.4	1.8	3.6	76.8	25.0	46.4	28.6	2.3	0.0	77.9	19.6	57.1	17.9	3.6	1.8	79.3
政治面貌	中共党员	18.3	49.0	27.9	4.0	0.8	76.0	19.0	51.1	23.7	4.5	1.6	76.3	19.1	55.0	22.7	2.3	0.5	78.1	19.7	53.5	24.5	2.4	0.5	77.7
	民主党派	10.8	43.8	30.3	11.4	3.8	69.3	10.3	48.6	30.8	7.0	3.2	71.1	14.0	48.6	29.7	6.5	2.2	72.8	13.0	44.6	35.5	3.8	2.2	72.9
	群众	12.5	43.8	36.4	5.7	1.5	72.0	13.2	50.9	27.6	6.3	2.0	73.4	13.7	51.9	29.6	3.6	1.2	74.7	14.0	47.9	33.6	3.3	1.5	73.8
行政级别	科级及以下	36.3	47.4	14.8	1.4	0.2	83.6	34.8	46.6	15.2	2.6	0.9	82.4	31.4	52.1	11.0	0.7	0.0	84.8	31.4	51.9	15.0	1.7	0.0	82.6
	处级(含副处级)	19.0	55.2	24.1	0.0	1.7	77.9	20.7	48.3	27.6	1.7	1.7	76.9	25.9	53.4	20.7	0.0	0.0	81.0	20.7	48.3	27.6	3.4	0.0	77.2

附录四 上海市法治建设状况问卷满意度单项分布状况

续表

类别		检察效果满意度单项分布状况						法院队伍建设满意度单项分布状况						检察院队伍建设满意度单项分布状况						市级党组织依法执政理念和能力满意度单项分布状况					
		非常满意	比较满意	一般	不大满意	非常不满意	总体满意率	非常满意	比较满意	一般	不大满意	非常不满意	总体满意率	非常满意	比较满意	一般	不大满意	非常不满意	总体满意率	非常满意	比较满意	一般	不大满意	非常不满意	总体满意率
部门层级	市级	3.8	56.6	37.7	1.9	0.0	72.5	7.5	58.5	28.3	1.9	3.8	72.8	7.5	62.3	28.3	1.9	0.0	75.1	14.8	63.0	18.5	3.7	0.0	77.8
	区、县级	38.4	47.1	12.6	1.5	0.4	84.3	35.7	46.3	14.9	2.3	0.8	82.7	37.3	52.5	9.8	0.4	0.0	85.3	30.3	51.3	16.5	1.7	0.2	81.9
	街道、乡镇	31.9	50.9	16.4	0.9	0.0	82.8	36.2	44.8	16.4	2.6	0.0	82.9	37.9	49.1	12.1	0.9	0.0	84.8	37.1	52.6	10.3	0.0	0.0	85.3
	其他	13.8	51.7	34.5	0.0	0.0	75.9	10.3	58.6	27.6	3.4	0.0	75.2	20.7	51.7	27.6	0.0	0.0	78.6	13.8	34.5	41.4	6.9	3.4	69.7
总体满意率		19.9	45.7	28.6	4.6	1.2	75.7	18.6	50.6	24.1	5.0	1.7	75.7	18.4	52.9	24.9	2.9	0.8	77.0	17.8	50.5	27.9	2.7	1.0	76.3

类别		区县党组织依法执政理念和能力满意度单项分布状况						乡镇和街道党组织依法执政理念和能力满意度单项分布状况						审判质量满意度单项分布状况						法治宣传满意度单项分布状况					
		非常满意	比较满意	一般	不大满意	非常不满意	总体满意率	非常满意	比较满意	一般	不大满意	非常不满意	总体满意率	非常满意	比较满意	一般	不大满意	非常不满意	总体满意率	非常满意	比较满意	一般	不大满意	非常不满意	总体满意率
所在部门	检察官	38.5	41.7	19.2	0.6	0.0	83.6	34.6	41.7	20.5	3.2	0.0	81.5	40.4	50.6	7.7	1.3	0.0	86.0	28.7	43.9	25.5	1.3	0.6	79.7
	法官	26.2	48.3	22.5	2.3	0.8	79.3	35.1	54.1	10.0	0.4	0.4	84.6	47.5	45.4	6.4	0.2	0.6	87.8	29.8	55.8	11.7	2.1	0.6	82.4
	人大机关工作人员	5.9	66.7	23.5	3.9	0.0	74.9	3.9	64.7	25.5	5.9	0.0	73.3	2.0	62.0	34.0	2.0	0.0	72.8	4.0	38.0	52.0	6.0	0.0	68.0

续表

类别		区县党组织依法执政理念和能力满意度单项分布状况						乡镇和街道党组织依法执政理念和能力满意度单项分布状况						审判质量满意度单项分布状况						法治宣传满意度单项分布状况					
		非常满意	比较满意	一般	不太满意	非常不满意	总体满意率	非常满意	比较满意	一般	不太满意	非常不满意	总体满意率	非常满意	比较满意	一般	不太满意	非常不满意	总体满意率	非常满意	比较满意	一般	不太满意	非常不满意	总体满意率
所在部门	依法治市办及司法行政机关工作人员	24.8	55.0	16.5	3.2	0.4	80.1	26.6	48.0	19.5	4.5	1.5	78.7	28.8	54.3	15.5	1.5	0.0	82.1	31.5	46.1	20.5	1.3	0.6	81.3
	专业律师	10.3	43.8	39.0	5.6	1.3	71.2	9.6	39.3	39.2	9.3	2.6	68.8	10.4	55.0	27.9	5.4	1.4	73.5	9.6	41.4	40.4	7.2	1.4	70.1
性别	男	11.8	42.9	37.5	6.1	1.6	71.4	11.5	37.9	38.1	9.4	3.0	69.1	12.3	53.0	27.6	5.6	1.6	73.7	11.7	39.9	41.0	5.8	1.6	70.9
	女	16.7	50.0	29.8	3.2	0.3	75.9	15.8	46.0	30.6	6.5	1.1	73.8	17.6	57.8	21.2	3.0	0.4	77.8	16.4	45.7	30.6	6.6	0.6	74.1
年龄	29周岁及以下	21.4	48.9	26.3	2.9	0.5	77.6	19.3	47.0	27.9	4.7	1.1	75.7	20.5	59.3	18.5	1.7	0.0	79.7	20.3	47.5	27.2	4.0	1.1	76.4
	30周岁至39周岁	11.5	46.9	35.2	5.0	1.4	72.4	11.3	41.7	36.4	8.2	2.4	70.3	13.9	55.1	25.3	4.8	0.9	75.2	12.8	42.3	36.5	6.9	1.5	71.6
	40周岁至49周岁	12.7	40.9	38.3	6.7	1.4	71.4	13.0	35.4	38.3	10.2	3.1	69.0	11.0	51.8	30.1	5.2	1.8	73.0	10.6	36.9	44.8	6.4	1.2	69.9
	50周岁及以上	10.7	44.5	38.4	5.7	0.7	71.7	10.1	38.6	38.1	10.7	2.6	68.6	11.2	52.9	27.0	6.8	2.0	72.9	10.7	41.1	41.0	6.5	0.7	70.9

附录四　上海市法治建设状况问卷满意度单项分布状况

续表

类别		区县党组织依法执政理念和能力满意度单项分布状况						乡镇和街道党组织依法执政理念和能力满意度单项分布状况						审判质量满意度单项分布状况						法治宣传满意度单项分布状况					
		非常满意	比较满意	一般	不大满意	非常不满意	总体满意率	非常满意	比较满意	一般	不大满意	非常不满意	总体满意率	非常满意	比较满意	一般	不大满意	非常不满意	总体满意率	非常满意	比较满意	一般	不大满意	非常不满意	总体满意率
在沪居住时间	1年及以下	71.4	14.3	14.3	0.0	0.0	91.4	71.4	0.0	28.6	0.0	0.0	88.6	42.9	42.9	14.3	0.0	0.0	85.7	57.1	14.3	28.6	0.0	0.0	85.7
	1年以上至3年	40.0	46.7	13.3	0.0	0.0	85.3	26.7	60.0	13.3	0.0	0.0	82.7	40.0	53.3	6.7	0.0	0.0	86.7	40.0	40.0	20.0	0.0	0.0	84.0
	3年以上至5年	37.5	58.3	4.2	0.0	0.0	86.7	25.0	66.7	4.2	4.2	0.0	82.5	29.2	62.5	8.3	0.0	0.0	82.5	20.8	50.0	29.2	0.0	0.0	78.3
	5年以上至7年	34.0	50.0	14.0	2.0	0.0	83.2	32.0	44.0	22.0	2.0	0.0	81.0	32.0	56.0	10.0	2.0	0.0	83.6	32.0	48.0	18.0	2.0	0.0	82.0
	7年以上	24.8	53.2	18.7	3.0	0.3	79.8	26.0	47.3	20.8	4.7	1.2	78.4	28.8	53.7	15.9	1.6	0.0	82.0	28.2	44.9	24.4	1.8	0.7	79.6
教育程度	大学专科及以下	15.8	47.0	33.3	2.7	1.1	74.8	13.7	44.8	32.2	8.2	1.1	72.3	13.7	53.0	25.7	5.5	2.2	74.1	15.2	42.4	38.0	4.3	0.0	73.7
	大学本科	13.9	44.4	35.0	5.6	1.0	72.9	13.2	39.4	36.0	9.0	2.4	70.4	14.2	54.4	25.5	4.8	1.1	75.2	13.7	42.0	36.4	6.3	1.5	72.0
	硕士研究生	12.7	47.8	33.8	4.5	1.3	73.2	12.7	43.5	34.4	7.1	2.3	71.4	14.5	55.5	24.9	4.2	0.9	75.7	13.0	41.8	38.3	6.0	0.9	72.0
	博士研究生	16.1	46.4	37.5	0.0	0.0	75.7	16.1	44.6	35.7	3.6	0.0	74.6	14.3	64.3	17.9	1.8	1.8	77.5	12.5	50.0	33.9	3.6	0.0	74.3
政治面貌	中共党员	16.1	51.0	28.4	3.8	0.6	75.7	16.1	45.2	30.5	6.6	1.6	73.5	17.0	56.7	22.1	3.4	0.8	77.1	15.7	44.9	34.2	4.5	0.8	74.0
	民主党派	11.8	35.5	43.0	8.1	1.6	69.6	10.8	30.6	43.5	10.8	4.3	66.6	11.4	45.9	32.4	9.2	1.1	71.5	13.4	38.2	39.2	7.0	2.2	70.8
	群众	11.7	42.0	39.0	5.7	1.5	71.4	10.8	38.5	38.5	9.5	2.7	69.1	12.3	54.1	27.2	5.1	1.4	74.2	11.7	40.1	39.2	7.4	1.5	70.6

续表

类别		区县党组织依法执政理念和能力满项分布状况						乡镇和街道党组织依法执政理念和能力满意度单项分布状况						审判质量满意度单项分布状况						法治宣传满意度单项分布状况					
		非常满意	比较满意	一般	不大满意	非常不满意	总体满意率	非常满意	比较满意	一般	不大满意	非常不满意	总体满意率	非常满意	比较满意	一般	不大满意	非常不满意	总体满意率	非常满意	比较满意	一般	不大满意	非常不满意	总体满意率
行政级别	科级及以下	28.7	53.0	15.6	2.6	0.2	81.5	28.9	47.9	18.1	4.3	0.9	79.9	31.7	53.5	13.2	1.5	0.0	83.1	30.6	45.0	22.3	1.4	0.7	80.7
	处级(含副处级)	13.8	53.4	29.3	3.4	0.0	75.5	15.5	46.6	32.8	3.4	1.7	74.1	15.5	53.4	31.0	0.0	0.0	76.9	17.5	43.9	35.1	3.5	0.0	75.1
	市级	7.4	66.7	22.2	3.7	0.0	75.6	5.6	63.0	25.9	5.6	0.0	73.7	3.8	60.4	34.0	1.9	0.0	73.2	5.7	37.7	50.9	5.7	0.0	68.7
部门层级	区、县级	28.2	51.6	18.0	2.1	0.0	81.2	26.3	47.1	21.0	4.5	1.1	78.6	32.3	53.6	12.8	1.3	0.0	83.4	28.7	46.5	22.9	1.1	0.8	80.2
	街道、乡镇	31.9	58.6	8.6	0.9	0.0	84.3	41.4	47.4	9.5	1.7	0.0	85.7	32.8	50.9	13.8	2.6	0.0	82.8	41.4	44.8	12.9	0.9	0.0	85.3
	其他	13.8	31.0	34.5	13.8	6.9	66.2	13.8	37.9	31.0	10.3	6.9	68.3	17.2	58.6	24.1	0.0	0.0	78.6	22.2	40.7	29.6	7.4	0.0	75.6
总体满意率		15.4	46.0	32.9	4.6	1.1	74.0	16.2	42.8	31.8	7.2	2.0	72.8	18.9	53.5	22.6	4.0	1.0	77.0	15.8	44.0	33.5	5.5	1.1	73.6

类别		政府组织解决困难满意度分布状况						行人遵守交规满意度单项分布状况						劳动关系状况满意度单项分布状况						业主委员会满意度单项分布状况					
		非常满意	比较满意	一般	不大满意	非常不满意	总体满意率	非常满意	比较满意	一般	不大满意	非常不满意	总体满意率	非常满意	比较满意	一般	不大满意	非常不满意	总体满意率	非常满意	比较满意	一般	不大满意	非常不满意	总体满意率
所在部门	检察官	31.2	31.2	29.4	7.3	0.9	76.9	16.6	42.0	33.8	6.4	1.3	73.2	24.4	53.2	19.9	2.6	0.0	79.9	17.2	51.0	21.0	10.2	0.6	74.8
	法官	29.1	46.8	22.0	1.3	0.8	80.4	26.9	48.8	20.4	2.3	1.5	79.5	25.4	47.4	23.3	3.3	0.6	78.7	23.9	44.9	23.3	5.6	2.3	76.5
	人大机关工作人员	3.1	28.1	53.1	15.6	0.0	63.8	5.9	37.3	31.4	21.6	3.9	63.9	5.8	48.1	38.5	5.8	1.9	70.0	3.9	37.3	43.1	9.8	5.9	64.7

附录四 上海市法治建设状况问卷满意度单项分布状况

续表

类别		政府组织解决困难满意度分布状况						行人遵守交规满意度单项分布状况						劳动关系状况满意度单项分布状况						业主委员会满意度单项分布状况					
		非常满意	比较满意	一般	不太满意	非常不满意	总体满意率	非常满意	比较满意	一般	不太满意	非常不满意	总体满意率	非常满意	比较满意	一般	不太满意	非常不满意	总体满意率	非常满意	比较满意	一般	不太满意	非常不满意	总体满意率
所在部门	依法治市办及司法行政机关工作人员	19.5	43.9	29.1	7.5	0.0	75.1	11.3	37.0	32.5	14.1	5.1	67.1	19.7	46.0	28.1	4.3	1.9	75.5	12.6	39.2	32.1	12.6	3.4	69.0
	专业律师	7.5	29.7	48.1	11.5	3.3	65.3	5.4	31.2	39.9	18.5	5.1	62.7	12.7	48.9	30.9	5.9	1.6	73.0	7.4	35.4	40.6	11.6	5.0	65.7
性别	男	9.0	30.0	45.7	12.1	3.1	65.9	6.4	30.9	38.2	18.4	6.0	62.7	13.6	47.2	32.1	5.4	1.7	73.1	8.1	33.6	40.3	12.3	5.6	65.2
	女	10.9	34.0	44.2	8.8	2.1	68.6	7.3	35.5	38.5	15.5	3.2	65.7	15.0	51.2	26.9	5.6	1.3	74.6	9.1	41.9	35.5	10.7	2.8	68.8
年龄	29周岁及以下	13.2	40.3	36.9	8.8	0.8	71.2	10.3	39.8	33.4	11.8	4.7	67.8	19.0	52.1	22.4	4.9	1.5	76.4	11.8	45.6	32.9	7.2	2.5	71.4
	30周岁至39周岁	8.7	28.2	48.8	11.2	3.0	65.7	6.4	30.2	39.3	19.2	4.9	62.8	14.6	47.4	29.7	6.7	1.7	73.3	8.3	34.4	40.6	11.6	5.1	65.9
	40周岁至49周岁	8.9	27.6	47.6	12.8	3.1	65.3	5.0	29.8	42.2	17.5	5.5	62.3	11.6	48.3	34.5	3.8	1.8	72.8	7.1	32.2	41.8	13.1	5.8	64.4
	50周岁及以上	8.9	34.3	43.2	9.8	3.9	66.9	5.9	32.9	37.9	19.1	4.2	63.4	10.1	48.2	35.1	5.5	1.1	72.1	6.8	36.8	36.8	14.9	4.6	65.3
在沪居住时间	1年及以下	50.0	33.3	16.7	0.0	0.0	86.7	42.9	57.1	0.0	0.0	0.0	88.6	28.6	57.1	14.3	0.0	0.0	82.9	28.6	57.1	14.3	0.0	0.0	82.9
	1年以上至3年	46.2	46.2	0.0	7.7	0.0	86.2	20.0	40.0	33.3	6.7	0.0	74.7	26.7	40.0	20.0	13.3	0.0	76.0	26.7	33.3	33.3	6.7	0.0	76.0

续表

类别		政府组织解决困难满意度分布状况						行人遵守交规满意度分布状况						劳动关系状况满意度分布状况						业主委员会满意度分布状况					
		非常满意	比较满意	一般	不太满意	非常不满意	总体满意率	非常满意	比较满意	一般	不太满意	非常不满意	总体满意率	非常满意	比较满意	一般	不太满意	非常不满意	总体满意率	非常满意	比较满意	一般	不太满意	非常不满意	总体满意率
在沪居住时间	3年以上至5年	27.3	36.4	36.4	0.0	0.0	78.2	12.5	58.3	20.8	4.2	4.2	74.2	25.0	54.2	20.8	0.0	0.0	80.8	25.0	37.5	20.8	16.7	0.0	74.2
	5年以上至7年	20.0	47.5	27.5	5.0	0.0	76.5	10.0	46.0	34.0	6.0	4.0	70.4	20.0	60.0	16.0	4.0	0.0	79.2	14.0	48.0	20.0	16.0	2.0	71.2
	7年以上	19.5	39.7	32.0	8.6	0.2	73.9	11.8	36.0	33.7	14.1	4.3	67.4	19.0	46.7	28.6	4.0	1.7	75.4	12.0	41.3	31.9	11.7	3.1	69.5
教育程度	大学专科及以下	9.9	39.0	39.0	11.0	1.2	69.1	6.5	39.1	35.3	15.2	3.8	65.9	8.7	49.5	32.6	8.2	1.1	71.3	5.4	38.6	37.0	13.6	5.4	65.0
	大学本科	9.8	45.5	30.5	11.4	2.8	66.6	6.5	31.6	38.7	17.5	5.6	63.2	14.7	46.9	30.9	5.7	1.8	73.4	8.5	36.1	38.7	11.8	4.7	66.4
	硕士研究生	9.5	32.3	45.3	9.9	3.0	67.1	7.0	33.3	38.3	17.1	3.7	64.7	13.8	51.9	28.1	4.9	1.3	74.4	9.0	37.0	38.7	11.3	4.0	67.1
	博士研究生	12.0	30.0	48.0	10.0	0.0	68.8	10.7	26.8	37.5	19.6	5.4	63.6	16.1	55.4	26.8	1.8	0.0	77.0	14.3	42.9	28.6	7.1	7.1	70.0
政治面貌	中共党员	10.4	35.6	42.0	9.5	2.5	68.4	7.6	36.4	36.2	16.7	3.2	65.7	15.4	50.4	28.3	4.9	1.0	74.9	9.7	38.8	35.8	11.7	3.9	67.8
	民主党派	9.4	21.5	51.4	12.2	5.5	63.4	6.5	29.0	41.4	15.6	7.5	62.3	12.9	45.2	34.9	4.3	2.7	72.3	7.0	30.6	42.5	15.1	4.8	64.0
	群众	9.2	29.2	47.0	12.0	2.6	66.1	6.2	29.6	39.9	18.1	6.2	62.3	13.2	47.4	31.2	6.2	2.0	72.7	7.7	35.6	40.4	11.2	5.2	65.9
行政级别	科级及以下	21.6	39.9	30.3	8.1	0.2	74.9	12.8	39.1	32.4	11.8	3.9	69.0	20.5	47.9	25.3	4.5	1.7	76.2	13.7	42.3	28.9	12.0	3.1	70.3
	处级（含副处级）	16.7	41.7	33.3	8.3	0.0	73.3	6.9	34.5	34.5	20.7	3.4	64.1	18.6	44.1	35.6	1.7	0.0	75.9	8.5	39.0	39.0	10.2	3.4	67.8

附录四 上海市法治建设状况问卷满意度单项分布状况

续表

类别		政府组织解决困难满意度单项分布状况					行人遵守交规满意度单项分布状况					劳动关系状况满意度单项分布状况					业主委员会满意度单项分布状况					
		非常满意	比较满意	一般	不太满意	非常不满意	总体满意率	非常满意	比较满意	一般	不太满意	非常不满意	总体满意率	非常满意	比较满意	一般	不太满意	非常不满意	总体满意率	非常满意	比较满意	一般	不太满意	非常不满意	总体满意率
部门层级	市级	2.9	38.2	47.1	11.8	0.0	66.5	5.6	38.9	31.5	20.4	3.7	64.4	7.3	47.3	34.5	9.1	1.8	69.8	3.7	38.9	44.4	9.3	3.7	65.9
	区、县级	21.2	39.7	31.4	7.5	0.3	74.8	12.1	37.8	33.6	12.1	4.4	68.2	20.6	47.2	26.7	4.2	1.3	76.3	13.6	41.3	29.2	12.7	3.2	69.9
	街道、乡镇	28.1	47.9	19.8	4.2	0.0	80.0	17.2	44.0	27.6	10.3	0.9	73.3	26.1	49.6	21.7	0.9	1.7	79.5	18.1	46.6	25.0	9.5	0.9	74.3
	其他	10.5	26.3	31.6	31.6	0.0	63.2	3.4	24.1	41.4	17.2	13.8	57.2	6.9	48.3	37.9	3.4	3.4	70.3	0.0	41.4	44.8	6.9	6.9	64.1
总体满意率		12.5	33.7	41.8	9.5	2.5	68.9	9.6	34.8	35.9	15.2	4.4	66.0	15.7	48.5	29.2	5.2	1.4	74.4	10.6	37.8	36.4	10.9	4.3	67.9

类别		政府遵守法律满意度单项分布状况					财政保障体制建设满意度单项分布状况					上海律师建设满意度单项分布状况					网络媒体解决困难满意度单项分布状况					
		非常满意	比较满意	一般	不太满意	非常不满意	总体满意率	非常满意	比较满意	一般	不太满意	非常不满意	总体满意率	非常满意	比较满意	一般	不太满意	非常不满意	总体满意率	非常满意	比较满意	一般	不太满意	非常不满意	总体满意率
所在部门	检察官	22.3	58.6	17.8	1.3	0.0	80.4	22.4	51.9	22.4	2.6	0.6	78.6	15.3	53.5	26.1	4.5	0.6	75.7	24.5	40.2	28.4	2.9	3.9	75.7
	法官	28.2	49.8	19.1	2.5	0.4	80.6	21.9	43.5	26.7	6.2	1.7	75.5	21.1	48.6	23.6	4.8	1.9	76.4	21.4	35.1	39.5	3.2	0.8	74.6
	人大机关工作人员	1.9	59.6	26.9	9.6	1.9	70.0	3.9	37.3	51.0	5.9	2.0	67.1	3.9	39.2	47.1	9.8	0.0	67.5	5.7	54.3	31.4	8.6	0.0	71.4
	依法治市办及司法行政机关工作人员	17.0	57.2	21.7	3.6	0.4	77.4	14.8	49.7	29.6	4.9	1.1	74.4	15.8	48.3	31.4	4.3	0.2	75.0	21.6	42.2	29.5	5.8	0.9	75.6
	专业律师	9.2	45.3	37.7	6.5	1.3	70.9	7.9	37.6	45.6	7.1	1.8	68.5	9.8	43.0	39.5	6.7	1.0	70.7	9.1	37.1	46.3	6.2	1.4	69.3
	市民	10.0	45.6	36.7	6.3	1.3	71.4	—	—	—	—	—	—	—	—	—	—	—	—	—	—	—	—	—	—

续表

类别		政府遵守法律满意度 单项分布状况					总体满意率	财政保障体制建设满意度 单项分布状况					总体满意率	上海律师建设满意度 单项分布状况					总体满意率	网络媒体解决困难满意度 单项分布状况					总体满意率
		非常满意	比较满意	一般	不太满意	非常不满意		非常满意	比较满意	一般	不太满意	非常不满意		非常满意	比较满意	一般	不太满意	非常不满意		非常满意	比较满意	一般	不太满意	非常不满意	
性别	男	12.2	51.4	30.4	5.2	0.8	73.8	8.7	37.7	44.3	7.2	2.1	68.8	10.0	42.0	40.1	6.9	1.1	70.6	10.7	36.4	44.8	6.6	1.5	69.6
	女	17.5	52.7	26.6	2.9	0.3	76.8	10.6	43.8	39.1	5.4	0.9	71.6	12.1	48.1	34.0	5.3	0.6	73.2	11.1	40.7	42.1	5.0	1.1	71.1
年龄	29周岁及以下	17.5	52.7	26.6	2.9	0.3	76.8	13.5	47.9	32.9	4.4	1.2	73.6	14.5	53.9	27.6	3.5	0.5	75.7	14.7	45.7	35.3	3.4	0.8	74.0
	30周岁至39周岁	10.5	47.5	34.6	6.1	1.2	72.0	9.2	38.5	43.3	7.2	1.8	69.2	11.1	43.5	37.9	6.6	0.9	71.4	10.4	36.4	45.2	6.7	1.3	69.6
	40周岁至49周岁	7.6	45.1	40.1	6.4	0.8	70.5	7.8	35.3	48.1	6.8	2.0	68.0	9.0	37.4	45.4	7.0	1.2	69.2	8.6	33.3	49.8	6.6	1.7	68.1
	50周岁及以上	7.5	46.3	35.8	8.3	2.0	69.8	7.2	40.1	44.1	7.2	1.5	68.9	7.9	42.6	40.8	7.5	1.1	69.7	9.5	38.5	43.0	7.2	1.8	69.4
在沪居住时间	1年及以下	14.3	71.4	14.3	0.0	0.0	80.0	28.6	57.1	14.3	0.0	0.0	82.9	42.9	42.9	14.3	0.0	0.0	85.7	60.0	40.0	0.0	0.0	0.0	92.0
	1年以上至3年	33.3	53.3	13.3	0.0	0.0	84.0	13.3	66.7	20.0	0.0	0.0	78.7	20.0	60.0	20.0	0.0	0.0	80.0	44.4	44.4	11.1	0.0	0.0	86.7
	3年以上至5年	12.5	62.5	20.8	4.2	0.0	76.7	25.0	45.8	29.2	0.0	0.0	79.2	16.7	54.2	25.0	4.2	0.0	76.7	22.2	66.7	11.1	0.0	0.0	82.2
	5年以上至7年	20.0	52.0	24.0	4.0	0.0	77.6	22.0	54.0	18.0	4.0	2.0	78.0	10.0	66.0	24.0	0.0	0.0	77.2	15.6	43.8	34.4	3.1	3.1	73.1
	7年以上	16.8	57.8	21.3	3.6	0.5	77.3	14.7	48.3	31.1	4.9	1.0	74.1	14.6	46.8	33.0	5.2	0.3	74.0	20.6	41.2	30.9	5.8	1.5	74.7

附录四 上海市法治建设状况问卷满意度单项分布状况

续表

类别		政府遵守法律满意度单项分布状况						财政保障体制建设满意度单项分布状况						上海律师建设满意度单项分布状况						网络媒体解决困难满意度单项分布状况					
		非常满意	比较满意	一般	不太满意	非常不满意	总体满意率	非常满意	比较满意	一般	不太满意	非常不满意	总体满意率	非常满意	比较满意	一般	不太满意	非常不满意	总体满意率	非常满意	比较满意	一般	不太满意	非常不满意	总体满意率
教育程度	大学专科及以下	9.2	51.1	33.2	6.0	0.5	72.5	8.7	41.8	41.3	7.6	0.5	70.1	7.1	47.8	35.9	7.6	1.6	70.2	9.6	47.6	35.5	5.4	1.8	71.6
	大学本科	11.1	47.0	34.4	6.4	1.1	72.1	9.6	39.5	42.1	7.2	1.6	69.7	10.2	44.4	37.9	6.6	1.0	71.2	10.9	37.3	44.4	6.3	1.2	70.1
	硕士研究生	10.4	48.6	34.9	4.9	1.2	72.4	9.2	40.4	43.1	5.2	2.0	69.9	12.1	43.4	38.6	5.4	0.5	72.2	11.0	37.5	43.8	5.8	1.9	70.0
	博士研究生	12.5	58.9	26.8	1.8	0.0	76.4	12.5	44.6	39.3	3.6	0.0	73.0	21.8	41.8	29.1	7.3	0.0	75.0	11.1	38.9	44.4	5.6	0.0	71.1
政治面貌	中共党员	11.4	54.0	29.7	4.3	0.5	74.3	10.6	44.8	37.9	5.2	1.4	71.6	11.8	47.4	34.8	5.5	0.6	72.8	12.3	39.9	40.6	6.0	1.2	71.2
	民主党派	8.1	38.7	39.8	9.1	4.3	67.4	8.1	34.9	47.3	8.1	1.6	68.0	9.1	34.9	45.7	9.1	1.1	68.4	10.1	37.6	42.7	7.3	2.2	69.2
	群众	10.6	43.5	37.7	7.0	1.2	71.0	8.6	36.4	45.6	7.5	1.9	68.5	9.8	42.5	39.6	6.7	1.1	70.8	9.8	36.5	46.4	6.0	1.4	69.5
行政级别	科级及以下	18.9	57.4	19.9	3.4	0.3	78.2	16.4	50.3	28.6	3.6	1.0	75.5	15.2	49.5	30.2	4.8	0.3	74.9	22.5	41.9	28.7	5.4	1.5	75.7
	处级(含副处级)	8.3	60.0	26.7	3.3	1.7	74.0	10.3	46.6	32.8	8.6	1.7	71.0	13.8	41.4	37.9	6.9	0.0	72.4	12.2	41.5	36.6	7.3	2.4	70.7
部门层级	市级	3.6	61.8	23.6	9.1	1.8	71.3	5.6	37.0	50.0	5.6	1.9	67.8	5.7	38.9	48.1	7.4	0.0	68.5	5.7	54.3	34.3	5.7	0.0	72.0
	区、县级	17.3	60.8	19.6	2.3	0.0	78.6	16.3	49.7	28.0	4.9	1.1	75.1	15.0	50.1	30.0	4.4	0.4	75.0	19.8	40.4	31.9	5.8	2.1	74.0
	街道、乡镇	26.5	47.0	19.7	6.0	0.9	78.5	19.8	58.6	19.0	2.6	0.0	79.1	19.8	50.0	26.7	3.4	0.4	77.0	34.6	46.9	17.3	1.2	0.0	83.0
	其他	3.4	44.8	44.8	3.4	3.4	68.3	6.9	31.0	55.2	3.4	3.4	66.9	6.9	44.8	37.9	10.3	0.0	69.7	11.8	47.1	23.5	17.6	0.0	70.6
总体满意率		13.2	48.1	32.2	5.4	1.0	73.4	11.2	40.5	40.2	6.5	1.7	70.6	12.2	44.8	35.9	6.1	1.0	72.2	12.4	37.6	43.1	5.7	1.3	70.8

续表

类 别		国际化大都市法治进程满意度单项分布状况						私人关系网解决困难满意度单项分布状况						社区组织解决困难满意度单项分布状况						工作单位解决困难满意度单项分布状况					
		非常满意	比较满意	一般	不太满意	非常不满意	总体满意率	非常满意	比较满意	一般	不太满意	非常不满意	总体满意率	非常满意	比较满意	一般	不太满意	非常不满意	总体满意率	非常满意	比较满意	一般	不太满意	非常不满意	总体满意率
所在部门	检察官	22.4	45.5	28.2	3.2	0.6	77.2	28.0	59.1	10.6	2.3	0.0	82.6	22.3	41.1	31.3	3.6	1.8	75.7	31.9	51.3	14.3	2.5	0.0	82.5
	法官	25.5	50.9	21.5	1.5	0.6	79.8	20.8	36.8	35.5	5.6	1.3	74.0	24.8	46.6	25.1	1.7	1.7	78.2	22.5	38.4	33.4	4.0	1.7	75.2
	人大机关工作人员	3.9	37.3	43.1	15.7	0.0	65.9	17.8	64.4	15.6	2.2	0.0	79.6	0.0	33.3	46.2	15.4	5.1	61.5	0.0	61.5	33.3	5.1	0.0	71.3
	依法治市办及司法行政机关工作人员	16.3	46.7	28.6	6.7	1.7	73.8	26.9	54.8	16.8	1.0	0.5	81.3	18.4	39.2	30.1	10.7	1.6	72.4	25.4	48.4	22.4	3.5	0.3	79.0
	专业律师	9.0	38.5	38.2	11.6	2.6	67.9	15.5	58.1	24.4	1.5	0.5	77.3	7.0	28.1	49.9	12.5	2.4	65.0	10.1	44.2	39.0	5.3	1.4	71.2
性别	男	9.7	37.7	38.4	11.6	2.7	68.0	16.3	56.7	24.4	1.9	0.6	77.2	8.4	28.4	47.4	12.9	2.8	65.3	11.7	44.0	37.3	5.8	1.2	71.8
	女	12.1	44.0	33.4	8.8	1.7	71.2	19.4	59.5	20.1	0.8	0.2	79.4	9.4	32.6	46.1	10.3	1.5	67.6	14.6	47.1	33.7	3.6	1.1	74.1
年龄	29周岁及以下	15.8	46.8	29.0	7.7	0.8	73.8	22.1	58.5	17.9	1.3	0.3	80.2	11.2	38.4	42.1	7.2	1.1	70.3	17.8	48.4	30.2	3.0	0.6	75.9
	30周岁至39周岁	10.3	39.0	37.4	10.3	3.0	68.8	17.5	60.1	20.5	1.5	0.4	78.6	8.0	27.5	48.7	13.3	2.5	65.0	11.0	46.4	36.1	5.4	1.1	72.2
	40周岁至49周岁	8.1	35.9	40.6	12.9	2.7	66.8	14.0	55.9	27.9	1.4	0.8	76.8	7.4	26.7	47.9	14.7	3.2	64.1	11.5	38.3	42.0	6.3	1.9	70.3
	50周岁及以上	7.9	39.5	38.2	12.0	2.4	67.7	15.7	53.5	28.7	1.9	0.2	76.5	9.5	30.4	46.8	11.2	2.5	66.5	12.0	46.0	35.7	5.0	1.3	72.5

附录四 上海市法治建设状况问卷满意度单项分布状况

续表

类 别		国际化大都市法治进程满意度单项分布状况					私人关系网解决困难满意度单项分布状况						社区组织解决困难满意度单项分布状况						工作单位解决困难满意度单项分布状况					
		非常满意	比较满意	一般	不太满意	非常不满意	总体满意率	非常满意	比较满意	一般	不太满意	非常不满意	总体满意率	非常满意	比较满意	一般	不太满意	非常不满意	总体满意率	非常满意	比较满意	一般	不太满意	非常不满意	总体满意率
在沪居住时间	1年及以下	42.9	28.6	28.6	0.0	0.0	82.9	50.0	50.0	0.0	0.0	0.0	90.0	20.0	60.0	20.0	0.0	0.0	80.0	33.3	50.0	16.7	0.0	0.0	83.3
	1年以上至3年	13.3	66.7	13.3	6.7	0.0	77.3	30.8	53.8	7.7	7.7	0.0	81.5	44.4	55.6	0.0	0.0	0.0	88.9	53.8	30.8	7.7	7.7	0.0	86.2
	3年以上至5年	25.0	37.5	33.3	4.2	0.0	76.7	26.1	47.8	26.1	0.0	0.0	80.0	26.3	42.1	26.3	0.0	5.3	76.8	26.1	52.2	21.7	0.0	0.0	80.9
	5年以上至7年	22.4	46.9	26.5	4.1	0.0	77.6	26.8	56.1	14.6	2.4	0.0	81.5	12.5	50.0	27.5	10.0	0.0	73.0	24.4	56.1	14.6	4.9	0.2	80.0
	7年以上	15.7	45.5	30.4	6.8	1.6	73.4	26.1	56.1	15.4	1.2	0.4	81.4	17.4	37.2	33.3	10.0	2.1	71.8	23.9	49.8	22.6	3.4	0.2	78.8
教育程度	大学专科及以下	10.4	42.9	36.3	8.8	1.6	70.8	14.7	62.7	20.9	1.7	0.0	78.1	9.6	36.7	43.5	9.0	1.1	68.9	14.9	45.7	32.6	6.3	0.6	73.6
	大学本科	10.3	40.1	36.2	11.1	2.3	69.0	17.8	55.7	24.3	1.7	0.5	77.7	8.8	29.5	47.7	11.9	2.5	66.0	12.6	44.3	36.6	5.1	1.3	72.4
	硕士研究生	11.0	39.5	36.8	10.1	2.8	69.1	17.0	61.4	20.2	1.1	0.3	78.8	8.7	30.0	46.0	13.0	2.4	65.9	12.6	46.5	35.3	4.4	1.2	73.0
	博士研究生	12.5	41.1	41.1	5.4	0.0	72.1	23.2	57.1	16.1	1.8	1.8	79.6	7.4	40.7	44.4	7.4	0.0	69.6	11.1	50.0	33.3	5.6	0.0	73.3
政治面貌	中共党员	11.7	43.4	34.8	8.2	1.9	71.0	18.9	58.8	20.4	1.5	0.4	78.9	10.0	32.9	44.7	10.5	1.9	67.7	15.1	47.4	32.3	4.5	0.7	74.3
	民主党派	8.1	35.5	37.1	15.1	4.3	65.6	16.1	56.5	24.2	1.6	1.6	76.8	6.7	25.6	46.7	16.1	5.0	62.6	12.8	40.0	41.7	2.2	3.3	71.3
	群众	9.9	37.8	37.8	12.2	2.6	68.0	16.4	57.2	24.5	1.4	0.4	77.6	8.1	28.0	48.7	12.7	2.5	65.3	10.7	43.8	38.4	5.7	1.4	71.4
行政级别	科级及以下	17.4	45.7	29.7	6.0	1.2	74.4	26.4	56.1	15.0	1.6	0.0	81.4	18.4	39.6	30.5	9.7	1.8	72.6	24.8	49.9	21.4	3.7	0.2	79.1
	处级及以下（含副处级）	16.7	38.3	28.3	15.0	1.7	70.7	27.1	52.1	20.8	0.0	0.0	81.3	15.9	29.5	40.9	11.4	2.3	69.1	28.0	46.0	24.0	2.0	0.0	80.0

续表

类别		国际化大都市法治进程满意度单项分布状况						私人关系网解决困难满意度单项分布状况						社区组织解决困难满意度单项分布状况						工作单位解决困难满意度单项分布状况					
		非常满意	比较满意	一般	不太满意	非常不满意	总体满意率	非常满意	比较满意	一般	不太满意	非常不满意	总体满意率	非常满意	比较满意	一般	不太满意	非常不满意	总体满意率	非常满意	比较满意	一般	不太满意	非常不满意	总体满意率
部门层级	市级	5.6	38.9	42.6	13.0	0.0	67.4	15.6	68.9	13.3	2.2	0.0	79.6	2.4	34.1	46.3	12.2	4.9	63.4	2.4	59.5	33.3	4.8	0.0	71.9
	区、县级	17.7	44.6	29.9	6.8	1.1	74.2	27.0	55.5	15.3	1.7	0.5	81.4	17.4	38.4	32.0	10.2	1.9	71.8	25.6	49.7	20.6	3.8	0.3	79.3
	街道、乡镇	21.6	50.9	25.9	0.9	0.9	78.3	27.2	55.3	17.5	0.0	0.0	81.9	28.6	47.3	22.0	2.2	0.0	80.4	33.7	46.9	18.4	1.0	0.0	82.7
	其他	3.4	58.6	13.8	13.8	10.3	66.2	31.6	57.6	10.5	0.0	0.0	84.2	5.6	33.3	33.3	27.8	0.0	63.3	11.8	52.9	29.4	5.9	0.0	74.1
总体满意率		12.6	41.5	34.4	9.3	2.1	70.6	18.0	54.8	24.5	2.1	0.6	77.5	11.1	32.4	43.7	10.5	2.3	67.9	14.1	44.2	35.5	4.8	1.3	73.0

类别		司法机构解决困难满意度分布状况						社区建设和管理满意度分析						市民遵纪守法满意度单项分布状况						治理非法占道满意度单项分布状况					
		非常满意	比较满意	一般	不太满意	非常不满意	总体满意率	非常满意	比较满意	一般	不太满意	非常不满意	总体满意率	非常满意	比较满意	一般	不太满意	非常不满意	总体满意率	非常满意	比较满意	一般	不太满意	非常不满意	总体满意率
所在部门	检察官	32.2	40.9	23.5	2.6	0.9	80.2	21.0	48.4	26.1	3.8	0.6	77.1	14.0	59.2	24.8	1.9	0.0	77.1	14.7	32.7	40.4	8.3	3.8	69.2
	法官	22.3	40.8	32.4	3.3	1.2	76.0	22.9	42.3	27.7	5.2	1.9	75.8	23.9	45.8	23.6	5.8	1.0	77.2	17.7	38.8	29.6	9.0	4.8	71.1
	人大机关工作人员	0.0	29.0	58.1	12.9	0.0	63.2	3.8	48.1	42.3	3.8	1.9	69.6	5.8	51.9	30.8	11.5	0.0	70.4	0.0	41.7	22.9	27.1	8.3	59.6
	政协委员	—	—	—	—	—	—	4.2	58.3	31.7	5.0	0.8	72.0	1.7	55.0	34.2	9.2	0.0	69.8	0.8	23.7	33.1	34.7	7.6	55.1

附录四　上海市法治建设状况问卷满意度单项分布状况

续表

类别		司法机构解决困难满意度分布状况						社区建设和管理满意度分析						市民遵纪守法满意度单项分布状况						治理非法占道满意度单项分布状况					
		非常满意	比较满意	一般	不太满意	非常不满意	总体满意率	非常满意	比较满意	一般	不太满意	非常不满意	总体满意率	非常满意	比较满意	一般	不太满意	非常不满意	总体满意率	非常满意	比较满意	一般	不太满意	非常不满意	总体满意率
所在部门	依法治市办及司法行政机关工作人员	25.1	44.1	24.8	5.8	0.3	77.6	—	—	—	—	—	—	—	—	—	—	—	—	11.4	37.6	27.6	17.5	5.9	66.2
	专业律师	8.1	34.5	44.7	9.6	3.1	67.0	8.8	46.6	36.6	6.5	1.5	70.9	6.5	49.3	37.5	5.9	0.7	71.0	7.0	34.1	36.1	16.5	6.4	63.8
	市民	10.5	34.1	42.9	9.3	3.2	67.8	11.2	54.2	27.8	6.0	0.9	73.8	8.8	61.1	25.4	4.2	0.5	74.7	0.0	38.9	32.9	18.0	10.3	60.1
性别	男	11.9	38.9	39.5	8.0	1.7	70.3	10.3	47.4	34.5	6.4	1.4	71.7	7.6	51.2	34.5	6.0	0.7	71.8	6.1	33.7	33.9	18.4	7.8	62.4
	女	15.4	44.9	32.3	6.2	1.1	73.5	11.0	51.2	31.1	5.7	1.0	73.1	8.5	55.4	31.1	4.5	0.5	73.4	5.5	37.7	34.9	15.6	6.3	64.1
年龄	29周岁及以下	9.9	33.7	43.6	9.8	3.1	67.5	13.7	52.9	27.1	5.4	1.0	74.6	10.1	58.5	26.7	4.3	0.3	74.8	5.9	41.4	32.6	13.1	7.0	65.2
	30周岁至39周岁	9.1	29.7	48.2	10.0	3.0	66.4	10.6	48.2	34.0	5.7	1.5	72.2	7.9	51.6	34.3	5.3	0.9	72.1	5.5	35.0	36.7	16.6	6.1	63.5
	40周岁至49周岁	10.3	37.8	40.6	8.5	2.7	68.9	8.3	45.5	38.0	6.9	1.3	70.5	7.1	49.7	36.9	5.5	0.8	71.4	6.0	28.4	36.2	21.2	8.2	60.6
	50周岁及以上	—	—	—	—	—	—	6.9	47.8	36.6	7.8	0.9	70.4	5.3	49.5	36.9	7.8	0.5	70.3	5.9	32.9	29.7	22.4	9.1	60.8
户籍	上海户口	—	—	—	—	—	—	12.4	54.8	24.7	7.2	0.8	74.2	9.4	62.4	22.9	5.0	0.2	75.2	—	—	—	—	—	—
	上海居住证	—	—	—	—	—	—	7.1	53.8	30.1	7.7	1.3	71.5	5.8	62.8	24.4	6.4	0.6	73.3	—	—	—	—	—	—
	其他	—	—	—	—	—	—	11.3	53.5	30.7	3.8	0.8	74.2	9.3	58.8	28.9	2.3	0.8	74.7	—	—	—	—	—	—

续表

类别		司法机构解决困难满意度分布状况						社区建设和管理满意度分析						市民遵纪守法满意度单项分布状况						治理非法占道满意度单项分布状况					
		非常满意	比较满意	一般	不大满意	非常不满意	总体满意率	非常满意	比较满意	一般	不大满意	非常不满意	总体满意率	非常满意	比较满意	一般	不大满意	非常不满意	总体满意率	非常满意	比较满意	一般	不大满意	非常不满意	总体满意率
在沪居住时间	1年及以下	33.3	50.0	16.7	0.0	0.0	83.3	11.2	53.6	30.7	4.0	0.6	74.2	9.7	58.9	29.1	1.7	0.6	75.1	0.3	47.4	32.3	10.3	9.7	63.7
	1年以上至3年	41.7	33.3	25.0	0.0	0.0	83.3	14.0	50.9	28.1	6.1	0.9	74.2	8.8	57.0	29.8	4.4	0.0	74.0	2.6	43.9	34.2	12.3	7.0	64.6
	3年以上至5年	33.3	42.9	23.8	0.0	0.0	81.9	15.1	55.4	22.9	5.4	1.2	75.5	9.0	65.7	18.7	6.0	0.6	75.3	2.4	38.8	33.3	17.6	7.9	62.1
	5年以上至7年	31.4	37.1	28.6	2.9	0.0	79.4	10.3	54.9	27.1	6.7	0.9	73.4	8.5	59.9	25.2	6.1	0.3	74.0	0.9	31.8	32.0	25.0	10.2	57.6
	7年以上	23.7	43.0	26.8	6.0	0.4	76.7	16.0	48.3	29.9	5.0	0.7	74.8	12.2	53.8	29.0	4.3	0.7	74.5	11.0	34.5	31.1	17.3	6.0	65.4
教育程度	大学专科及以下	11.8	39.4	40.6	7.1	1.2	70.7	7.6	50.3	33.0	7.6	1.6	70.9	7.0	54.6	30.3	7.6	0.5	72.0	7.1	34.1	25.3	23.1	10.4	60.9
	大学本科	11.0	35.5	41.1	9.3	2.7	68.6	10.6	45.9	35.5	6.7	1.4	71.5	7.8	48.9	36.9	5.6	0.8	71.5	7.8	34.4	34.9	16.4	6.4	64.2
	硕士研究生	10.6	35.6	42.5	8.4	2.9	68.5	10.6	48.5	34.1	5.5	1.3	72.3	7.7	53.6	33.2	4.9	0.6	72.6	6.2	35.1	36.5	16.8	5.3	64.0
	博士研究生	14.0	28.0	48.0	10.0	0.0	69.2	11.1	56.0	26.7	5.4	0.8	74.2	8.8	60.5	25.3	5.1	0.3	74.5	0.7	37.8	32.5	18.5	10.5	60.0
政治面貌	中共党员	12.7	39.1	37.5	8.6	2.2	70.2	11.7	50.1	31.3	5.8	1.1	73.1	9.2	53.3	32.3	4.6	0.5	73.2	8.3	36.1	35.7	14.8	5.1	65.5
	民主党派	8.4	33.0	45.8	8.4	4.5	66.5	7.0	44.3	39.5	7.6	1.6	69.5	7.0	46.2	37.1	7.5	2.2	69.7	6.5	31.5	32.1	21.2	8.7	61.2
	群众	9.9	33.6	44.5	9.2	2.8	67.7	9.9	44.4	37.5	6.4	1.6	71.0	6.9	48.0	38.0	6.4	0.7	70.8	7.7	33.7	34.5	17.2	6.9	63.6
行政级别	科级及以下	26.1	42.2	25.6	5.5	0.4	77.7	18.3	48.0	28.0	4.9	0.9	75.6	13.8	54.6	26.5	4.4	0.7	75.3	12.4	35.5	30.2	16.4	5.4	66.6
	处级及以上（含副处级）	22.7	38.6	31.8	6.8	0.0	75.5	12.1	51.7	27.6	8.6	0.0	73.4	10.2	47.5	33.9	8.5	0.0	71.9	6.9	36.2	32.8	17.2	6.9	63.8

附录四 上海市法治建设状况问卷满意度单项分布状况

续表

类别		司法机构解决困难满意度分布状况					社区建设和管理满意度分析					市民遵纪守法满意度单项分布状况					治理非法占道满意度单项分布状况					
		非常满意	比较满意	一般	不太满意	非常不满意	总体满意率	非常满意	比较满意	一般	不太满意	非常不满意	总体满意率	非常满意	比较满意	一般	不太满意	非常不满意	总体满意率	非常满意	比较满意	一般	不太满意	非常不满意	总体满意率
部门层级	市级	0.0	31.3	59.4	9.4	0.0	64.4	5.5	47.3	43.6	1.8	1.8	70.5	7.3	50.9	32.7	9.1	0.0	71.3	2.0	42.0	22.0	22.0	12.0	60.0
	区、县级	25.7	43.3	25.7	4.8	0.5	77.8	17.4	47.7	28.6	5.5	0.8	75.0	13.3	53.7	28.3	3.8	0.8	75.0	11.2	34.6	31.2	17.4	5.6	65.7
	街道、乡镇	36.7	44.4	17.8	1.1	0.0	83.3	24.1	52.6	19.0	4.3	0.0	79.3	17.2	58.6	18.1	6.0	0.0	77.4	18.6	38.1	29.2	11.5	2.7	71.7
	其他	8.0	40.0	28.0	24.0	0.0	66.4	6.9	58.6	27.6	6.9	0.0	73.1	3.4	48.3	44.8	3.4	0.0	70.3	3.4	51.7	34.5	6.9	3.4	68.3
总体满意率		12.6	36.6	40.3	8.1	2.4	69.8	11.8	48.3	32.5	6.0	1.3	72.7	9.6	52.2	32.0	5.4	0.7	72.9	7.1	35.7	33.8	16.4	7.0	63.9

类别		治理非法客运满意度单项分布状况						治理不文明养犬满意度单项分布状况						治理群租满意度单项分布状况						治理公共场所禁烟满意度分布状况					
		非常满意	比较满意	一般	不太满意	非常不满意	总体满意率	非常满意	比较满意	一般	不太满意	非常不满意	总体满意率	非常满意	比较满意	一般	不太满意	非常不满意	总体满意率	非常满意	比较满意	一般	不太满意	非常不满意	总体满意率
所在部门	检察官	15.4	35.9	34.0	10.9	3.8	69.6	19.9	37.2	26.9	9.6	6.4	70.9	15.3	33.1	35.0	15.3	1.3	69.2	12.1	43.3	26.8	12.1	5.7	68.8
	法官	16.7	39.1	28.4	11.3	4.6	70.4	17.9	34.0	26.9	12.3	9.0	67.9	17.0	29.1	31.0	14.1	8.9	66.2	18.7	32.7	25.0	14.0	9.6	67.3
	人大机关工作人员	0.0	42.6	29.8	19.1	8.5	61.3	0.0	29.2	31.3	27.1	12.5	55.4	2.1	25.5	31.9	29.8	10.6	55.7	8.2	38.8	28.6	12.2	12.2	63.7
	政协委员	0.0	22.1	39.8	30.1	8.0	55.2	0.0	12.2	33.9	42.6	11.3	49.4	0.9	12.4	32.7	39.8	14.2	49.2	0.8	15.3	27.1	35.6	21.2	47.8

续表

类别		治理非法客运满意度单项分布状况						治理不明文亲犬满意度单项分布状况						治理群租满意度单项分布状况						治理公共场所禁烟满意度分布状况					
		非常满意	比较满意	一般	不太满意	非常不满意	总体满意率	非常满意	比较满意	一般	不太满意	非常不满意	总体满意率	非常满意	比较满意	一般	不太满意	非常不满意	总体满意率	非常满意	比较满意	一般	不太满意	非常不满意	总体满意率
所在部门	依法治市办及司法行政机关工作人员	11.0	38.6	28.9	15.1	6.4	66.5	10.4	29.7	32.3	18.4	9.1	62.8	8.5	28.8	34.9	19.7	8.3	61.9	10.0	29.2	28.8	21.6	10.5	61.4
	专业律师	6.4	30.0	37.7	18.0	7.9	61.8	5.8	25.1	34.5	21.6	12.9	57.9	7.4	25.0	37.2	22.5	11.5	57.8	7.4	25.0	29.0	24.0	14.6	57.3
	市民	0.0	38.7	33.0	16.4	11.9	59.7	0.0	32.1	35.0	18.3	14.6	56.9	0.0	24.9	40.0	23.7	11.4	55.7	0.0	30.8	29.2	20.7	19.3	54.3
性别	男	5.5	29.9	36.8	17.9	9.9	60.6	5.0	25.0	34.3	21.9	13.7	57.1	6.2	26.0	36.9	22.7	11.9	57.4	6.2	30.1	30.1	23.1	14.6	57.2
	女	5.3	37.6	33.9	16.6	6.6	63.7	5.4	30.8	33.8	18.8	11.2	60.1	5.5	29.3	38.2	22.7	9.3	58.6	5.5	29.3	27.3	22.2	15.8	57.3
年龄	29周岁及以下	5.3	41.1	31.3	13.7	8.6	64.2	6.0	37.5	32.5	14.7	9.4	63.2	5.0	29.1	38.6	19.0	8.3	60.7	5.8	32.9	27.0	18.5	15.7	58.9
	30周岁至39周岁	5.4	31.7	37.1	17.9	7.9	61.8	5.1	25.6	36.3	21.1	11.9	58.3	5.0	24.9	37.5	22.8	10.1	58.3	5.6	25.6	30.7	23.0	15.0	56.8
	40周岁至49周岁	5.4	26.2	38.4	20.3	9.8	59.4	4.9	19.8	33.5	24.2	17.6	54.0	4.5	18.6	36.9	26.3	13.7	54.7	5.7	23.7	28.5	26.6	15.5	55.5
	50周岁及以上	5.5	29.9	35.6	20.5	8.7	60.5	4.1	22.3	31.6	27.2	14.7	54.8	4.6	19.8	35.5	26.2	13.9	55.0	6.7	26.1	28.5	25.4	13.3	57.5
户籍	上海户口	0.0	35.5	30.5	21.9	12.1	57.9	0.0	29.5	32.5	20.9	17.1	54.9	0.0	23.1	37.3	25.1	14.5	53.8	0.0	27.1	26.9	23.9	22.1	51.8
	上海居住证	0.0	38.5	35.3	15.4	10.9	60.3	0.0	30.8	36.5	19.9	12.8	57.1	0.0	19.9	39.7	31.4	9.0	54.1	0.0	30.1	35.9	18.6	15.4	56.2
	其他	0.0	42.7	35.2	10.1	12.1	61.7	0.0	35.9	37.4	14.3	12.3	59.4	0.0	29.1	43.5	18.8	8.5	58.6	0.0	35.7	29.4	17.6	17.3	56.7

附录四　上海市法治建设状况问卷满意度单项分布状况

续表

类别		治理非法客运满意度单项分布状况						治理不文明养犬满意度单项分布状况						治理群租满意度单项分布状况						治理公共场所禁烟满意度分布状况					
		非常满意	比较满意	一般	不太满意	非常不满意	总体满意率	非常满意	比较满意	一般	不太满意	非常不满意	总体满意率	非常满意	比较满意	一般	不太满意	非常不满意	总体满意率	非常满意	比较满意	一般	不太满意	非常不满意	总体满意率
在沪居住时间	1年及以下	0.6	44.5	34.2	9.8	10.9	62.8	0.6	38.8	37.1	12.4	11.2	61.0	0.3	31.1	43.8	16.7	8.1	59.8	0.3	38.9	26.9	16.3	17.7	57.5
	1年以上至3年	1.8	45.1	32.7	15.9	4.4	64.8	1.8	38.6	35.1	18.4	6.1	62.3	2.6	21.1	43.0	27.2	6.1	57.4	2.7	29.2	35.4	21.2	11.5	58.1
	3年以上至5年	2.4	41.5	26.8	15.2	14.0	60.6	3.0	34.1	26.2	20.1	16.5	57.4	1.8	29.9	36.0	25.0	7.3	58.8	2.4	35.2	28.5	15.8	18.2	57.6
	5年以上至7年	1.1	30.9	34.1	22.6	11.4	57.6	1.1	24.8	33.0	25.5	15.6	54.1	1.1	21.0	35.5	27.8	14.4	53.3	0.8	24.7	28.7	25.7	20.2	52.1
	7年以上	10.5	37.9	30.9	14.5	6.3	66.4	11.2	29.4	33.6	16.5	9.4	63.3	9.1	27.5	30.6	20.2	7.6	62.0	10.1	31.0	28.7	19.9	10.2	62.2
教育程度	大学专科及以下	6.7	32.2	36.1	15.0	10.0	62.1	7.0	27.0	27.6	25.4	13.0	57.9	6.6	25.1	30.6	23.5	14.2	57.3	7.3	33.0	24.6	21.2	14.0	59.7
	大学本科	7.0	31.3	35.7	18.1	7.9	62.3	6.6	26.1	33.3	20.7	12.6	58.7	6.5	23.6	37.0	21.9	11.0	58.5	7.6	26.2	29.4	23.4	13.6	58.2
	硕士研究生	6.4	31.9	37.8	17.0	6.9	62.8	6.2	26.7	35.2	20.7	11.2	59.2	5.5	24.2	39.0	22.1	9.2	59.0	6.6	27.8	29.4	22.1	14.0	58.2
	博士研究生	0.5	38.5	32.4	16.9	11.7	59.9	0.6	31.0	34.1	19.9	14.4	56.7	0.4	24.9	37.6	25.2	11.9	55.4	1.0	28.4	28.5	22.4	19.7	53.7
政治面貌	中共党员	8.0	33.9	36.7	15.5	5.9	64.5	7.5	29.3	33.3	20.2	9.8	60.9	6.7	27.7	35.8	22.0	7.8	60.7	8.0	29.6	28.5	23.2	10.7	60.2
	民主党派	5.5	28.4	37.2	17.5	11.5	59.8	5.5	23.0	28.4	23.0	20.2	54.1	4.3	18.5	36.4	24.5	16.3	54.0	8.6	20.0	28.6	24.9	17.8	55.4
	群众	7.1	30.0	35.6	18.9	8.4	61.7	6.9	24.4	34.7	20.8	13.1	58.2	6.8	21.9	37.5	21.5	12.3	57.9	7.9	24.9	29.2	22.5	15.5	57.4
行政级别	科级及以下	12.2	37.9	29.2	14.9	5.8	67.2	13.0	31.5	30.4	16.7	8.3	64.8	10.3	28.9	34.6	19.5	6.8	63.3	10.9	33.3	27.1	18.6	10.1	63.3
	处级（含副处级）	7.0	33.3	40.4	17.5	1.8	65.3	6.9	24.1	37.9	20.7	10.3	59.3	7.1	25.0	39.3	23.2	5.4	61.1	8.5	27.1	37.3	22.0	5.1	62.4

续表

类别		治理非法客运满意度单项分布状况						治理不明文养犬满意度单项分布状况						治理群租满意度单项分布状况						治理公共场所禁烟满意度分布状况					
		非常满意	比较满意	一般	不大满意	非常不满意	总体满意率	非常满意	比较满意	一般	不大满意	非常不满意	总体满意率	非常满意	比较满意	一般	不大满意	非常不满意	总体满意率	非常满意	比较满意	一般	不大满意	非常不满意	总体满意率
部门层级	市级	2.0	42.9	28.6	18.4	8.2	62.4	0.0	31.4	27.5	29.4	11.8	55.7	2.0	28.6	26.5		14.3	55.5	9.6	36.5	26.9	11.5	15.4	62.7
	区、县级	11.6	35.9	30.8	15.9	5.8	66.3	12.8	29.3	32.7	15.8	9.4	64.1	11.0	27.3	34.8	20.6	6.2	63.2	9.7	31.8	29.8	20.0	8.8	62.7
	街道、乡镇	16.1	42.8	28.6	8.9	3.6	71.8	15.9	39.8	21.2	18.6	4.4	65.9	10.4	34.8	33.9	15.7	5.2	65.9	15.8	37.7	18.4	18.4	9.6	66.3
	其他	3.4	44.8	34.5	6.9	10.3	64.8	3.4	34.5	44.8	10.3	6.9	63.4	0.0	44.8	41.4	3.4	10.3	64.1	3.4	34.5	44.8	6.9	10.3	62.8
	总体满意率	6.6	33.7	34.7	16.8	8.1	62.8	6.5	28.1	33.3	19.8	12.3	59.4	6.2	24.6	36.1	21.8	10.6	58.8	7.2	27.9	28.5	21.8	14.5	58.3

类别		治理交通拥堵满意度单项分布状况						治理有毒有害食品满意度单项分布状况					
		非常满意	比较满意	一般	不大满意	非常不满意	总体满意率	非常满意	比较满意	一般	不大满意	非常不满意	总体满意率
所在部门	检察官	10.8	25.5	28.0	28.7	7.0	60.9	17.2	31.8	22.9	13.4	14.6	65.0
	法官	17.1	24.0	26.0	20.2	12.7	62.5	18.8	31.2	23.2	12.1	14.8	66.0
	人大机关工作人员	2.0	26.0	26.0	34.0	12.0	54.4	2.0	40.0	26.0	12.0	20.0	60.0
	政协委员	1.7	13.4	27.7	34.5	22.7	47.4	0.0	25.7	38.1	15.0	21.2	54.9
	依法治市办及司法行政机关工作人员	8.5	24.6	28.3	23.9	14.8	57.6	10.9	27.9	27.2	16.8	17.2	59.8
	专业律师	5.1	17.7	31.8	28.7	16.6	53.2	6.4	23.4	31.6	16.7	21.9	56.2
	市民	0.0	15.4	28.8	33.8	22.0	47.5	0.0	31.2	33.6	15.9	19.4	56.0

附录四　上海市法治建设状况问卷满意度单项分布状况

续表

类	别	治理交通拥堵满意度单项分布状况						治理有毒有害食品满意度单项分布状况					
		非常满意	比较满意	一般	不太满意	非常不满意	总体满意率	非常满意	比较满意	一般	不太满意	非常不满意	总体满意率
性别	男	4.6	18.3	30.1	29.3	17.7	52.5	5.7	27.0	31.4	20.3	15.6	57.4
	女	4.0	18.1	30.9	29.8	17.2	52.4	5.1	25.5	31.5	20.7	17.1	56.2
年龄	29周岁及以下	4.1	19.5	29.9	29.0	17.5	52.8	5.4	32.9	31.4	17.0	13.3	60.0
	30周岁至39周岁	4.1	16.7	30.5	30.8	17.9	51.7	5.3	23.8	32.2	21.9	16.9	55.7
	40周岁至49周岁	4.2	17.4	30.5	28.7	19.2	51.7	5.4	21.6	31.0	23.6	18.4	54.4
	50周岁及以上	5.4	20.2	31.2	28.8	14.5	54.7	6.0	26.0	30.6	20.1	17.3	56.7
户籍	上海户口	0.0	15.3	28.3	31.7	24.7	46.8	0.0	31.9	30.7	19.3	18.1	55.3
	上海居住证	0.0	17.9	25.0	41.0	16.0	49.0	0.0	31.4	32.1	25.6	10.9	56.8
	其他	0.0	14.6	30.9	33.7	20.9	47.8	0.0	30.2	37.7	17.1	15.1	56.6
在沪居住时间	1年及以下	0.3	17.1	30.6	31.4	20.6	49.0	0.6	31.7	36.6	16.1	15.0	57.3
	1年以上至3年	2.6	20.2	21.1	36.8	19.3	50.0	1.8	34.2	35.1	20.2	8.8	60.0
	3年以上至5年	3.0	16.4	27.9	37.6	15.2	50.9	3.0	33.5	29.3	20.7	13.4	58.4
	5年以上至7年	0.8	16.9	27.9	31.3	23.1	48.2	1.1	30.5	31.8	20.1	16.6	55.9
	7年以上	7.9	21.8	29.7	27.1	13.5	56.7	10.7	27.5	26.9	17.4	17.4	59.3

续表

类别		治理交通拥堵满意度单项分布状况						治理有毒有害食品满意度单项分布状况					
		非常满意	比较满意	一般	不太满意	非常不满意	总体满意率	非常满意	比较满意	一般	不太满意	非常不满意	总体满意率
教育程度	大学专科及以下	6.1	28.2	26.5	26.5	12.7	57.7	9.8	32.2	25.1	20.2	12.6	61.3
	大学本科	5.5	17.4	31.7	28.9	16.5	53.3	6.9	23.9	30.6	20.9	17.7	56.3
	硕士研究生	5.0	19.2	30.7	28.8	16.3	53.6	6.5	24.7	32.6	20.7	15.6	57.2
	博士研究生	0.6	16.7	28.0	32.8	21.8	48.3	0.5	32.3	32.7	19.5	14.9	56.8
政治面貌	中共党员	6.3	20.8	31.4	27.4	14.2	55.5	7.5	28.1	30.9	19.1	14.4	59.0
	民主党派	4.3	16.8	23.8	31.4	23.8	49.3	6.5	19.4	25.8	26.3	22.0	52.4
	群众	5.6	18.1	31.5	28.3	16.4	53.6	7.6	22.4	30.6	21.7	17.7	56.1
行政级别	科级及以下	8.9	24.3	27.3	25.9	13.7	57.7	12.8	29.2	25.2	17.0	15.8	61.3
	处级(含副处级)	10.2	20.3	35.6	25.4	8.5	59.7	5.1	32.2	30.5	16.9	15.3	59.0
部门层级	市级	1.9	28.3	24.5	32.1	13.2	54.7	1.9	41.5	24.5	18.9	13.2	60.0
	区、县级	9.4	21.9	27.9	27.3	13.5	57.3	12.4	27.4	26.5	16.2	17.5	60.2
	街道、乡镇	10.4	29.6	31.3	19.1	9.6	62.4	16.1	33.0	23.2	19.6	8.0	65.9
	其他	0.0	48.3	24.1	13.8	13.8	61.4	3.4	31.0	34.5	13.8	17.2	57.9
总体满意率		5.7	18.8	29.9	28.6	17.0	53.5	6.9	26.8	30.5	19.9	15.8	57.8

B.24 后　记

《上海法治发展报告（2014）》终于面世了。为了使本书的数据更完整、更科学，我们改变了出版时间、调整了结构体系，争取使本书更具权威性、科学性、创新性和可读性。作为资讯类的皮书，本书重点介绍了上海市2013年法治建设情况，并对2014年上海法治建设做了展望。

本书编撰的各个环节都曾得到上海市依法治市领导小组办公室、上海市人大常委会法制工作委员会、上海市政府法制办、上海市政协社会和法制委员会、上海市法学会、上海市委政法委研究室、上海市高级人民法院研究室、上海市人民检察院办公室及研究室、上海市公安局法制办公室、上海市立法研究所、上海市行政法制研究所、嘉定区人民检察院、闵行区司法局、上海市律师协会、华东政法大学、上海交通大学凯原法学院等单位的领导和工作人员的大力支持、指导和帮助。

上海社会科学院副院长、法学研究所所长叶青研究员组织成立了"上海法治市情研究中心"，以专业的团队从事本书的编撰工作。上海社科院法学所的部分科研人员积极参与本书的编撰工作，研究生范政强、何家华、宋晨、王睿哲和于琼参与了本书部分内容的讨论、撰写和校对工作。主编、执行主编和执行副主编对本书架构、内容等进行了认真讨论、通过统稿会完成本书的编撰工作。上海社会科学院国际法学研究生黄洁翻译了摘要和目录的英文部分，王海峰研究员对这些内容进行了校对。上海社会科学院硕士研究生范政强对全书做了校对。上海社会科学院智库科研处的领导对本书的完成提供了极大的帮助。社会科学文献出版社的编辑对本书质量的保证起了重要作用。

上海法治市情研究中心专家咨询委员会委员沈国明、刘平、邹碧华、周永年、阮祝军、施伟东、郑辉、黄立群、季卫东、汤啸天等专家、学者应邀参加了本书编辑部组织的座谈会，对本书的架构、内容、问卷的权重等提出了很多建设性意见。

对上述单位、个人的指导、支持和帮助,我们表示衷心感谢。

本书在立项、选题、调研和撰写过程中,得到上海社会科学院党委书记潘世伟教授、院长王战教授的关心和支持。他们所提出的意见使本书的撰写更具有方向性,在此也向他们表示诚挚谢意。

本书难免存在这样那样的疏漏,敬祈读者批评指正。

上海社会科学院法学研究所

上海法治市情研究中心

2014 年 3 月 31 日

权威报告　热点资讯　海量资源

当代中国与世界发展的高端智库平台

皮书数据库　www.pishu.com.cn

皮书数据库是专业的人文社会科学综合学术资源总库，以大型连续性图书——皮书系列为基础，整合国内外相关资讯构建而成。该数据库包含七大子库，涵盖两百多个主题，囊括了近十几年间中国与世界经济社会发展报告，覆盖经济、社会、政治、文化、教育、国际问题等多个领域。

皮书数据库以篇章为基本单位，方便用户对皮书内容的阅读需求。用户可进行全文检索，也可对文献题目、内容提要、作者名称、作者单位、关键字等基本信息进行检索，还可对检索到的篇章再作二次筛选，进行在线阅读或下载阅读。智能多维度导航，可使用户根据自己熟知的分类标准进行分类导航筛选，使查找和检索更高效、便捷。

权威的研究报告、独特的调研数据、前沿的热点资讯，皮书数据库已发展成为国内最具影响力的关于中国与世界现实问题研究的成果库和资讯库。

皮书俱乐部会员服务指南

1. 谁能成为皮书俱乐部成员？
- 皮书作者自动成为俱乐部会员
- 购买了皮书产品（纸质皮书、电子书）的个人用户

2. 会员可以享受的增值服务
- 加入皮书俱乐部，免费获赠该纸质图书的电子书
- 免费获赠皮书数据库100元充值卡
- 免费定期获赠皮书电子期刊
- 优先参与各类皮书学术活动
- 优先享受皮书产品的最新优惠

3. 如何享受增值服务？

（1）加入皮书俱乐部，获赠该书的电子书

　　第1步　登录我社官网（www.ssap.com.cn），注册账号；

　　第2步　登录并进入"会员中心"—"皮书俱乐部"，提交加入皮书俱乐部申请；

　　第3步　审核通过后，自动进入俱乐部服务环节，填写相关购书信息即可自动兑换相应电子书。

（2）免费获赠皮书数据库100元充值卡

　　100元充值卡只能在皮书数据库中充值和使用

　　第1步　刮开附赠充值的涂层（左下）；

　　第2步　登录皮书数据库网站（www.pishu.com.cn），注册账号；

　　第3步　登录并进入"会员中心"—"在线充值"—"充值卡充值"，充值成功后即可使用。

4. 声明

　　解释权归社会科学文献出版社所有

皮书俱乐部会员可享受社会科学文献出版社其他相关免费增值服务，有任何疑问，均可与我们联系
联系电话：010-59367227　　企业QQ：800045692　　邮箱：pishuclub@ssap.com.cn
欢迎登录社会科学文献出版社官网（www.ssap.com.cn）和中国皮书网（www.pishu.cn）了解更多信息

卡号：7125061383728187

法律声明

"皮书系列"（含蓝皮书、绿皮书、黄皮书）由社会科学文献出版社最早使用并对外推广，现已成为中国图书市场上流行的品牌，是社会科学文献出版社的品牌图书。社会科学文献出版社拥有该系列图书的专有出版权和网络传播权，其LOGO（ ）与"经济蓝皮书"、"社会蓝皮书"等皮书名称已在中华人民共和国工商行政管理总局商标局登记注册，社会科学文献出版社合法拥有其商标专用权。

未经社会科学文献出版社的授权和许可，任何复制、模仿或以其他方式侵害"皮书系列"和LOGO（ ）、"经济蓝皮书"、"社会蓝皮书"等皮书名称商标专用权的行为均属于侵权行为，社会科学文献出版社将采取法律手段追究其法律责任，维护合法权益。

欢迎社会各界人士对侵犯社会科学文献出版社上述权利的违法行为进行举报。电话：010-59367121，电子邮箱：fawubu@ssap.cn。

社会科学文献出版社